元宇宙与数字资产

杨 东 梁伟亮 杨翰方 林宇阳 著

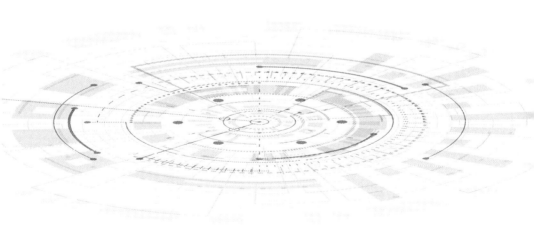

中国出版集团
中译出版社

图书在版编目（CIP）数据

元宇宙与数字资产 / 杨东等著 . -- 北京：中译出版社，2023.1
　　ISBN 978–7–5001–7237–6

Ⅰ.①元… Ⅱ.①杨… Ⅲ.①元宇宙②资产—数字化 Ⅳ.① F49 ② F20-39

中国版本图书馆 CIP 数据核字（2022）第 223823 号

元宇宙与数字资产
YUANYUZHOU YU SHUZIZICHAN

著　　者：杨　东　梁伟亮　杨翰方　林宇阳
策划编辑：于　宇　李梦琳　方荟文
责任编辑：于　宇　方荟文
文字编辑：李梦琳　方荟文
营销编辑：马　萱　纪菁菁
出版发行：中译出版社
地　　址：北京市西城区新街口外大街 28 号普天德胜大厦主楼 4 层
电　　话：（010）68002494（编辑部）
邮　　编：100088
电子邮箱：book@ctph.com.cn
网　　址：http://www.ctph.com.cn

印　　刷：北京盛通印刷股份有限公司
经　　销：新华书店
规　　格：710 mm×1000 mm 1/16
印　　张：20.25
字　　数：232 千字
版　　次：2023 年 1 月第 1 版
印　　次：2023 年 1 月第 1 次印刷

ISBN 978–7–5001–7237–6　　　定价：78.00 元

版权所有　侵权必究
中　译　出　版　社

《元宇宙与数字资产》编委会

主　　任　鲁　昕

副 主 任　李振华

编委成员　程志云　胡颖华　宋　易　郑槐泠　王钟萍
　　　　　　沙　涵　刘媛媛　申宇轩　王艺璇　宋　扬
　　　　　　苏冠南　郝中林　邱敏喆　彭泉力　吕晓薇
　　　　　　闫培益　宋奕娇　张一宁　郑雅心　孔祥云
　　　　　　卫卓群　徐任琦　靳　寒　陈浒扬

推荐序一

对时间秩序的信任

如何做到全人类都信任？遵照"一体两翼"的战略引领，中国人民大学杨东团队提出"法律帮助区块链"的创新思维，旨在建立元宇宙与数字资产的全新关系。东南大学李幼平团队紧接着提出建议，借助"时间规律帮助法律"，进一步帮助杨东团队解决普适性与泛在性问题，以期早日将创新思维大规模推广应用。这里的"普适"指"放之四海而皆准"，"泛在"指"每一个人都平等拥有"。

唯物主义者认为，自然规律比法律更令人信任，更普适，也更泛在。

在交谈中，杨东团队具体表达了"用NFC（non-fungible coken）取代NFT（non-fungible token）"的想法。他们认为，在以数据流动、共享为目标的环境下，应以"以链治链＋以法入链"为内容的"法链"协同监管理念作为基本原理遵循，探索科技驱动型的监管模式。对NFT的监管，在对其进行准确定义的基础上，监管层面应引导淡化"代币"和"通证"概念，将"共票"（coken）机制与NFT相结合，即创建NFC的"共票"新概念。共票借助众筹机制实现元宇宙数据权益共享，既对"token"进行批判，又代表元宇宙的正确发展方向。

我们认为，杨东团队已经接纳"一体两翼"的逻辑引领，用"区块链+法律"的双结构思维，成功地解决了人与人相互信任的问题，但仍然很难解决普适与泛在，难以大规模推广。只有改依"大自然时间秩序"这个"天律"，才可能保证普适与泛在同在，从而低成本取得最后的突破。

为什么法律必须依托"时间秩序"这个"天律"？

区块链依托的是对"块高"唯一性的信任。例如，第999区块前一块的块高是998，后一块的块高是1 000，按先来后到的唯一性排列，如此做法，几乎没人反对，也就能够做到"不可不信"。然而，这种信任是有漏洞的，中本聪本人也承认存在51%的拜占庭风险。其实，在中国，在北斗时空服务普及原子钟统一授时的情况下，仅需把"时序"改为"时戳"，区块链风险即可规避。这正是中国早在2017年制定四维统一内容标签（UCL）国家标准所做的提前布局。

五年前的2017年，东南大学起草的《统一内容标签格式规范》（GB/T35304-2017）的目的，是寄希望于闵可夫斯基的四维时空（x,y,z,ict）有能力为人类之间的互相信任提供工具[①]，帮助已经混乱不堪的互联网解决"一体两翼"的自我治理问题。

2020年7月，习近平总书记宣布，北斗三号全球卫星导航系统正式开通，标志着北斗系统进入全球化发展新阶段。即正式开始向全球提供包括回程短信在内的时空服务，迈出"一体两翼、自我治理"坚实的一大步，为区块链技术升级提供了全新的环境。

---

① 一百多年前，爱因斯坦的数学老师闵可夫斯基提出（x,y,z,ict）四维时空的概念，其中，x，y，z是三维空间，属实部；i代表虚部，c是光速，t是时间。它是虚拟现实（virtual reality）学说的萌芽，也是钱学森"灵境"思想的内核。

推荐序一

中国人民大学杨东教授是引领区块链重塑执法基座的前瞻性学者，他提出的"众筹金融""共票理论""以链治链"等原创性理论，率先强调了"数字文明""数据成为新的生产要素"。杨东教授紧跟元宇宙前沿热点，注重理论与实践的结合，带领科研团队基于此前完成的众多具有社会现实意义的研究，对国内外企业的充分调查，以及对美、英、日、韩等全球多国法律政策的深入分析，最终立足于中国国情，吸收有关数字资产的实践经验与研究成果，完成了这本《元宇宙与数字资产》，为当今数字经济研究领域开辟了新视角，为元宇宙数字经济发展和全球数字治理提出了中国理念和中国方案。

李幼平
中国工程院院士

推荐序二

积极拥抱数字经济创新浪潮，大力实施元宇宙+发展战略

元宇宙是一个极为宏大的概念，它为我们描绘了一个前所未有的立体互联网虚拟空间。元宇宙起源于科幻概念，近两年延展于各类数字场景，汇聚了高性能芯片、高性能计算集群、高性能网络、虚拟现实、数字孪生、数字建模、图像渲染、密码学、区块链、人工智能、边缘计算、云计算等前沿技术。元宇宙是一个与现实世界平行运行但又相互映射的数字孪生世界，孕育着全新的身份系统、经济系统，甚至新的社会结构和社会秩序。

目前受限于算法、算力、全息技术的发展，元宇宙还未成为人们理想中的"数字宇宙"，但全球科技巨头已经在大力布局元宇宙相关技术产品，包括各类人机交互设备硬件、组件、附件/外围设备、操作系统、应用程序、开发工具、身份体系、安全协议等，积极投身元宇宙开发。Facebook甚至改名为Meta，宣布5年内把科幻小说中描绘的终极互联体验搬到现实世界，成为一家"元宇宙公司"。元宇宙产业正以前所未有的速度吸纳着来自世界各地的投资资本，成为数字经济领域最富有技术创新潜力、应用创新活力的新兴业态。

与此同时，国内外政府也在积极布局元宇宙的相关发展和监管规划。2022年3月，美国通过发布《关于确保负责任地开发数字资产的行政命令》为数字资产的发展创设良好的行政监管环境。同年，日本也通过相关立法对加密资产发行融资等行为进行监管与规制；韩国首尔计划在2023年之前拥有公共服务元宇宙；迪拜虚拟资产监管局在The Sandbox上建立了元宇宙总部。我国也高度重视数字化转型和数字经济发展，2021年12月，中共中央、国务院印发《"十四五"数字经济发展规划》，提出到2025年，我国数字经济迈向全面扩展期，数字经济核心产业增加值占国内生产总值（GDP）比重达到10%。2022年7月，上海市人民政府办公厅印发《上海市培育"元宇宙"新赛道行动方案（2022-2025年）》，提出了上海未来元宇宙新赛道发展的技术路线、主要任务和重点工程。2022年8月，北京市四部门联合印发《北京城市副中心元宇宙创新发展行动计划（2022-2024年）》，提出未来三年将副中心打造成元宇宙应用示范区及元宇宙主题乐园。

当前元宇宙还处于发展初期，相关概念还没有统一，技术还不够先进，场景还不够成熟，制度供给还不够齐全，监管合规也没有明确的标准。因此，在元宇宙蓬勃发展的同时，容易产生一些乱象，给数字经济的健康发展带来一定的阻碍。总的来说，元宇宙的发展要符合当前国家所倡导的创新驱动、技术自主可控、服务实体经济发展、防范金融风险等战略定位和政策导向。尤其是，要重点思考如何将元宇宙与实体经济融合，避免脱实向虚，以更好地服务实体经济发展，创造新的就业和经济增长点。

近年来，关于元宇宙新赛道、各领域数字化转型的案例有很多，但从学术的角度看，真正阐明元宇宙的运行逻辑、元宇宙经济体系的构成、数字资产的演变与法律属性的学术著作还不是太多。杨东教授深耕数字经济领域多年,立足于中国国情并吸收国内外数字经济发展成果,基于数字经济的运行规律提出了"平台－数据－算法"PDA分析范式、"共票""以链治链"等学说,为其元宇宙研究奠定了坚实的基础。在此基础上,他带领团队完成了这本《元宇宙与数字资产》,为元宇宙与数字资产的发展描绘出了更为完整的图景。希望该书的出版,能大有裨益于学界、业界。

是为序。

姚　前
中国证监会科技监管局局长

自 序

以原创理论建构中国自主知识体系，推动元宇宙发展

　　信息技术的迭代升级激发了产业科技集群的颠覆与创新。在数字经济时代，区块链、人工智能、大数据等技术集群为元宇宙的应用提供了技术核心和支撑，这些技术也依托元宇宙拥有了广阔的应用场景。2021年被称为"元宇宙元年"，NFT、元宇宙房产等数字资产快速发展，元宇宙的经济体系日益丰满，相应的实践也越来越丰富。但随着元宇宙的发展，相关问题也逐渐出现：理论与实践始终无法准确回答元宇宙是什么、元宇宙与数字资产是什么关系等基础问题，元宇宙的治理规则也亟待确立。元宇宙不仅在产业层面引发了极大的热潮，还涉及游戏，AR、VR等硬件产品，数字藏品等数字资产领域。在国家政策层面，国内外政府都已经开始布局针对元宇宙的相关发展和治理规划。

　　笔者认为，元宇宙是一个由各种技术逐步集成的数字生态系统，其以区块链为底层技术，以VR、AR等为入口技术，以人工智能、大数据、云计算等为支撑技术，实现主体、行为、产业、经济、社会、治理等全面数字化，重构数据流量入口和经济社会构造，形成了基于身份、组织、行为、资产这一四维空间的"数据地球"和人类文明新形态，实现了人类社会从工业文明向数字文明的

跃进。其本质是对工业经济和工业社会的再造,形成基于区块链的超越空间、地域、民族的数字孪生空间,与物理世界互动、相融且实现物理世界的全面数字化的人与自然相和谐的、物质文明和精神文明相融合的人类命运共同体和"数字地球"。作为一个高速发展的新兴数字经济产业,一个既平行于现实世界又受到现实世界深度影响的数字孪生世界,在元宇宙的发展进程中,也可能存在有关技术、社会秩序、权益保护等的诸多风险,尤其是在数字资产领域。一方面,元宇宙催生了各类新型数字资产,为 NFT 数字藏品、虚拟房产等各类数字资产提供了更广阔的投资交易空间,容易成为新形式的洗钱、诈骗、传销等违法犯罪行为的"摇篮";另一方面,元宇宙及其相关数字资产作为新兴事物,缺乏行之有效的监管措施和法律规范,存在大量借助元宇宙概念投机、炒作等扰乱正常的经济秩序的行为,损害参与其中的投资者、消费者、创作者的权益。因此,不能放任元宇宙及其相关数字资产无序发展,需要在全面、深入研究元宇宙相关产业的发展情况及主要业态的基础上,有针对性地分析其具体风险及治理途径,制定具有前瞻性和包容性的法律政策和监管法规,为元宇宙相关数字经济的发展划清红线、指明方向,推动元宇宙合规、有序发展。

元宇宙根本上是一个经济系统。经济系统必然会有激励机制,必然会有加密货币系统,它自然存在,却又缺乏监管。所以确保元宇宙世界里经济、金融和数字资产的安全是最主要、最根本的。中国人民大学也承担了一些国家有关部门最高级别的加密货币监管重点课题,包括我承担的法律数字货币课题,都是在研究法律数字货币和数字资产、加密货币等内容。未来在元宇宙中,如何更好地促进相互发展,并且保证安全可靠,能够大力支持老百姓的利益,并且国家是能管控的，至关重要。既要为"一带一路"倡议打破美元垄断，提供好的制度保障，又必须在政府的有效监管范围之内发展。

元宇宙发展和区块链技术发展联系非常紧密，互为表里关系。区块链技术是人工智能、大数据等其它各类技术底层性、技术性的基础。如果说大数据是一条河流，人工智能是河坝，那么区块链就像河床，它为整个智能社会提供底层的基础性技术。区块链技术不仅仅是一个技术，更是一个生态关系，是一个代码级法律，是一种治理，更是一种规则。该技术为元宇宙的发展提供了一种规则、场景、经济激励制度和社会治理方式，为元宇宙产业落地发展提供了技术之外的规则和制度保障。通过区块链等技术将隐私加密，并结合多方安全计算、平台加密、研发计算等，把个人隐私信息充分保护以后，在安全保障基础之上才能够大力推广，政府才能放心，元宇宙才能更好地发展。

数字资产问题是未来元宇宙发展中需要最先开始布局的。元宇宙会全面数字化，包括人、资产、账户，在万物互联时代，实现整体数字化。在这种情况下，数字资产本身是未来大趋势、大方向，全民数字化、资产数字化、数字资产的合理保护和利用是元宇宙中最重要、最基础的。不仅如此，元宇宙根本上是一个经济系统。经济系统必然会有激励机制，也必然会有加密货币系统，因此，确保元宇宙世界里经济、金融和数字资产的安全是最主要、最根本的，安全发展底层的激励机制和内在系统性构建是当前必须要认真思考、研究的一个大问题。

元宇宙本质上是对过去十多年移动互联网的全面迭代创新，但其并不是简单取代，而是具有颠覆性质的升级、重构。它并不完全否定移动互联网成就,但是又会产生新的流量入口。对此,我们需要充分吸取过去移动互联网发展所带来的一些教训,让元宇宙的经济和平台更加规范、更加健康,在法治轨道上发展。发展元宇宙必须优先保护个人隐私,保护个人数字资产,必须对经济运行的激励机制、金融形态有很好的监管。保护老百姓的利益,保护国家安全。

关于元宇宙的定义,目前并没有统一的标准,这一诞生于数字经济的新生事物,其发展之快、变化之多令人始料未及。当前,关于元宇宙新赛道、各领域数字化转型的案例有很多,但真正阐明元宇宙的运行逻辑、元宇宙经济体系的构成、数字资产演变与法律属性的学术著作甚少。而如何正确处理虚拟世界与现实世界的关系、元宇宙与数字资产的关系,如何正确看待数字资产的法律属性与交易规则,是极为基础与关键的问题。

笔者基于建构中国自主知识体系的宏大格局,立足于中国国情并吸收国内外数字经济发展的最新成果与经验,基于数字经济的运行规律提出了"平台-数据-算法"PDA分析范式、"共票""以链治链"等理论。在与哈佛大学、耶鲁大学、斯坦福大学、牛津大学、剑桥大学、东京大学、一桥大学、墨尔本大学等世界一流高校开展深度交流后,这些理论获得了包括以上机构及联合国国际电信联盟、英国央行、英国金融服务局、日本央行、日本金融厅、澳大利亚证券与投资委员会、澳大利亚联邦储备银行(澳大利亚央行)、澳大利亚贸易委员会等政府机构的认可,这些理论指引为本书元宇宙数字资产的研究奠定了坚实的基础,本书在此基础上开展了充分的推广应用的探讨。

整体来看,《元宇宙与数字资产》一书,以元宇宙的概念、应用、经济体系、数字资产类型等为切入点，对元宇宙经济体系及其运行逻辑进行了梳理，同时为元宇宙的发展与治理提供了新的范式与路径。

同时，必须对经济运行的激励机制、金融形态要有很好的监管。国家把比特币"挖矿"清退，把数字货币交易所赶出中国，都是为了健康发展。因为我们现在很难对比特币"挖矿"和数字货币交易所进行有效的监管。监管不住就会带来很大的风险，老百姓被诈骗，萌生各种违法犯罪行为。这种情况下，先赶出去，这是权宜之计，并不等于说将来就彻底割裂脱离了。待元宇宙的发展成熟了，我们有规范、有法律、有监管，政府的监管能力、治理能力、数字治理水平能力得到提高，我们就可以通过试点，把它规范起来，以保护老百姓的利益，保护国家安全。

2019年10月24日，在中央政治局就区块链技术发展和现状趋势进行集体学习，以及习近平总书记发表重要讲话以后，中国人民大学在全国高校中第一个成立跨院系校级区块链研究院。这些得益于我们之前所做的一些工作。2014年笔者开始在贵阳等地方政府进行区块链技术的推广，有了区块链技术在政府层面和产业层面的推广落地，就有了今天元宇宙的爆发和推广。2022年2月，中国人民大学成立了首家元宇宙研究中心，可能理工类高校不大理解，怎么文科为主的人民大学会成立全国高校中的首家元宇宙研究中心？这是由于元宇宙本身是一个综合性的技术，特别是区块链还跟经济、社会、法律、金融有非常紧密的关系。在区块链这一交叉融合的落地应用技术之上，我们有了非常好的技术研究和人才培养的基础。比如在人才培养方面，我们最近获得了北京市关于数字经济区块链的人才培养的教育成果奖一等奖。多年来我们致力于包括区块链技术在内的理论研究和应用推广,因此我们成立全国首家元宇宙研究中心,不是偶然,是种必然。

station推进"中国式现代化"新的历史起点上,对元宇宙与数字资产的深入研究需要建立在深厚的数字经济理论基础之上,不仅要立足百年历史变革大背景,更需要用理论去指导实践,引导数字经济的创新发展。笔者团队潜心研究数字经济理论多年,在元宇宙的研究上,也是国内最早开展系统研究的学术团队之一。相信通过本书,可以为元宇宙与数字资产的发展描绘出一个更为清朗的图景。同时,在推进元宇宙的发展中,争取属于我们的全球话语权。

目 录

绪 论
数字资产是元宇宙经济的血脉

第一章
元宇宙与元宇宙经济样态

第一节　元宇宙概念的三层维度·11

第二节　元宇宙经济的主要构成要素·24

第三节　元宇宙经济样态的实践·34

第二章
元宇宙关键技术

第一节　具身智能·59

第二节　数字孪生·66

第三节　虚拟数字人·72

第四节　神经渲染·78

第三章
数字资产的定义

第一节　数字资产概念的演进·85

第二节　数字资产及相关概念的关系·88

第三节　元宇宙数字资产的法律属性·90

第四章
元宇宙中数字资产的分类

第一节　主要国家和地区关于区块链数字资产的分类状况·101

第二节　区块链数字资产分类监管的必要性逻辑·111

第三节　主要国家区块链数字资产的监管概览·114

第五章
元宇宙中数字资产平台及监管

第一节　PDA 分析范式下的数字资产平台·129

第二节　数字资产发行平台·131

第三节　数字资产交易平台·132

第四节　数字资产市场准入和许可制度·142

第五节　数字资产交易税相关规定·145

第六节　对数字资产交易平台的监管·150

第六章
NFT：元宇宙中数字资产其一

第一节　元宇宙中的 NFT · 187

第二节　NFT 的风险与监管 · 198

第三节　数字藏品领域的 NFT · 214

第四节　我国 NFT 侵权第一案："胖虎"打疫苗 · 219

第七章
稳定币：元宇宙中数字资产其二

第一节　元宇宙中稳定币的运行 · 229

第二节　稳定币的分类 · 232

第三节　稳定币的法律基础及规制漏洞 · 240

第四节　我国司法实践中对稳定币的认定标准 · 243

第五节　稳定币不稳定？UST 风险事件分析 · 244

第八章
碳资产：元宇宙中数字资产其三

第一节　碳资产概述 · 255

第二节　区块链 – 共票理论助力碳资产运营的机制分析 · 260

第三节　共票理论助力碳资产交易：案例分析 · 282

绪 论
数字资产是元宇宙经济的血脉

绪 论 数字资产是元宇宙经济的血脉

2021年被称为"元宇宙"元年,这一概念在全球信息技术、经济、政策领域掀起了巨大的浪潮。"元宇宙第一股"罗布乐思(Roblox)在纽交所上市、脸书(Facebook)宣布要在未来五年内转型为元宇宙公司、字节跳动收购虚拟现实(Virtual Reality,以下简称VR)软硬件制造商PICO、百度上线数字藏品平台……从游戏、社交、文娱领域的应用开发,到VR、区块链、算力等软硬件技术设施的研发,全球科技巨头纷纷加大了在元宇宙产业链上的布局。在国家政策层面,世界主要国家陆续出台关于数字经济、数字资产的法规政策,推动元宇宙相关数字产业发展,以期在未来的数字经济时代取得竞争优势。例如,美国政府发布《关于确保负责任地开发数字资产的行政命令》,以推动数字资产良性发展;韩国政府公布《数码新政2.0》,将元宇宙列为数字内容开发的重点项目;我国上海市政府推出《上海市数字经济发展"十四五"规划》,强调要加快研究部署未来虚拟世界与现实社会相交互的元宇宙平台……元宇宙集成新一代数字科技,已经成为继移动互联网之后最大的流量入口。

元宇宙是基于区块链技术与物理世界交互相融的数字世界。作为一种全新的数字生态系统,其创设了人在数字世界的数字身份,引入了新的经济组织协作模式(如去中心化自治组织Decentralized Autonomous Organization,以下简称DAO)、新的价值创造方式、新的要素资源和利益分配方式,在促进数字经济发展中具有重要的引擎作用。但元宇宙在根本上是一个经济系统,这些相较于传统互联网经济的新变化使元宇宙经济系统出现了一些新的特征,它颠覆了传统互联网经济的商业模式和价值模式,暗含着新的生产关系和新的分配方式。一方面,不同于互联网的大数据经济,元宇宙经济改变了数据这一要素的所有及利用模式,从传统的平台垄断控制变为个人创造、个人所有、个人控制;另一方面,在元宇宙经济中,人以数字替身(avatar)的身份进入数字世界时,其在数字世界进行的生产、交换、消费等经济活动在一定程度上已经脱离了物理世界中的物质生产。伴随着法定数字货币等数字货币的诞生与发展,以及围绕新的数字资产形成的经济活动和商业模式,元宇宙经济呈现出与现实世界完全不同的经济规律和价值逻辑。换言之,元宇宙经济已经成为区别于传统数字经济的一种新型数字经济。

元宇宙经济的核心在于数字资产。以 The Sandbox、Decentraland 为代表的虚拟土地;以非同质化权证(Non-Fungible Token,以下简称 NFT)艺术品、NFT 头像为代表的 NFT 数字藏品;以 LUNA 币、比特币为代表的虚拟货币;以 OpenSea 为代表的数字资产交易平台……随着"数据"这一新型生产要素的开发,数字资产的类型、外延得到了极大的丰富和扩张,元宇宙经济较于传统互联网经济也变得更加全面、更加数字化。

从本质上看,数字资产是数字经济时代一种具有经济价值属性的数据,是以电子数据形式存在,并具有潜在经济价值的可变资产,与现实资产最大的不同在于,数字资产是以数字化的方式呈现。虽然国内外目前对数字资产尚未有统一的定义,但随着区块链等新技术飞速发展、元宇宙产业链的加速布局,新的资产类别正在不断涌现。除了具有一定历史的加密数字货币,NFT 数字藏品、NFT 头像、虚拟房地产、虚拟道具,以及 USD Coin(USDC)、央行数字货币(CBDC)为代表的由各国央行推出以国家信用为背书的数字稳定币等均被纳入到数字资产的范畴。各类数字资产与国际上主流的元宇宙产品、平台紧密相连、息息相关,为元宇宙相关产业吸引着巨量的资本、融资和用户，数字资产已经成为元宇宙经济发展中不可忽视的核心要素，是元宇宙经济的"血脉"。

在这些数字资产中，发展最为迅速、最为火爆的即是NFT。我国在2022年近半年已经涌现了70余家数字藏品交易平台，包括腾讯、阿里巴巴、京东在内的互联网巨头也纷纷开设NFT交易平台，2022年全球NFT交易量已经达到了相当惊人的2 400万笔。据预测，这一数据将在2027年上涨到4 000万笔。NFT在本质上是一种特殊的、具有稀缺性的链上数字资产，通过加密技术获得唯一性和稀缺性，并可以通过区块链、智能合约转移所有权。NFT既可以与现实世界的实体资产进行绑定，作为一种实体资产的数字化所有权凭证，也可以指向诞生于数字世界的原生性数字资产，如数字艺术品、数字头像。显然，目前的NFT产品仍与加密数字货币呈现一种紧密连接的关系，国际上主流的NFT交易平台如OpenSea均建立在以太坊、比特币等公链之上，具有强烈的金融属性，存在大量的资本炒作风险。如在2021年，加密艺术家Beeple的数字艺术作品《每一天：前5000天》（*Everydays*：*The First 5000 Days*）以6 930万美元的价格拍出；同年，一款NFT头像拍出惊人的1 050万美元[①]、推特（Twitter）创始人的"第一条推特"被制成NFT图文以超过290万美元的价格成交……这些NFT数字藏品往往能以天价售出。

不难预见，以NFT为代表的数字资产是未来数字经济发展的

[①] 参见《Beeple NFT数字艺术品在佳士得拍卖会上拍出6930万美元》，网址：https://www.sohu.com/a/455834462_120681458；《1050万美元！Tpunks再现NFT头像天价》，网址：https://www.chinaz.com/2021/0901/1298782.shtml。以上网址最后访问日期：2022年8月19日。

大趋势、大方向，元宇宙经济的发展也将牢牢依托着数字资产这一底层构建。元宇宙经济中的数字资产主要是指基于区块链技术形成的具有一定经济效益和价值的数字凭证，既可以是数字世界中形成的原生性数据资产，即数据资产化，也可以是现实世界资产的数字化，即资产数字化。加快元宇宙相关产业布局、推动元宇宙良性发展的核心在于合理利用数字资产、发挥数字资产的真正价值，这也是资产数字化和数据资产化进程中最基础、最重要的步骤。其中最为关键的命题，即数字资产的安全性问题。党的十八大以来，我国明确以"总体国家安全观"为指导，统筹"传统安全与非传统安全"，《国家安全战略（2021—2025年）》更进一步提出需要加快提升网络安全、数据安全、人工智能安全等领域的治理能力。数字资产的本质仍是数据，数字资产的安全性从根本上亦是"数字安全"。此外，数字资产的安全性也关系到数字资产的健康发展。

区块链技术在数字资产安全发展的过程中起到了关键性作用，让数字资产的真实性和安全性得到了前所未有的保障，它解决了数字经济发展中的数据确权、流转安全以及信任问题，通过智能合约、分布式记账技术（DLT）、去中心化使整个数据流转过程变得透明安全，从技术层面为所有的资产交易能够记录在不可篡改的区块链之上提供了保障。但是仅凭技术是无法完全保障数字资产的安全性问题，因为数字资产的安全不仅建立在资产的确权和交易上，还有稳定、合规、隐私保障等诸多问题需要解决。当前元宇宙经济中的数字资产基本都带有一定的金融属性，例如虚拟房地产、加密货币、NFT数字产品，其法律属性却尚在不明确状态，缺乏完善的监管体系，极易出现资本炒作、投机、资产流失、金融泡沫等风险，甚至是洗钱等违法行为。因此，若想在元宇宙世界中安全可靠地发展数字资产，使数字资产体系、数字金融体系如现实社会的资产体系、金融体系一样安全、合规、有效，就不能脱离法律、政策的管控与监管。数字资产作为元宇宙经济发展最需要长远布局的、必须进行系统性建构的底层基础，必须在政府有效的监管范围内良性发展，同时，有效的监管也是保证元宇宙经济不会崩盘的根本。

党的二十大报告提出，要推进"中国式现代化"的建设。从数字资产的发展趋势来看，数字资产及其对应市场在金融行业中占比日益增大。各类数字资产是否能受到现有监管体系的监督、如何对具有多重属性和价值的数字资产进行分类分级监管、监管框架如何在保障创新和数字经济发展的同时保护投资者……对世界各国都是亟待解决的难题。从世界各国对于数字资产的监管方式来看，其态度和措施主要包括观望、平衡分析比例和综合监管。对于我国而言，促进元宇宙经济的发展，探索激励、引导和促进型的规制措施是为必然。在国家强调"创新驱动"和"发展数字经济"战略的背景下，以二十大精神为指导，结合我国数字经济发展的实践，充分发挥数字经济赋能经济发展的优势，对元宇宙及数字资产规制问题进行专门研究。元宇宙经济作为一种新型的数字经济，在监管问题上，必须将数字资产作为重要着力点，在明确数字资产不同类型及法律属性的基础上，进行分级、分类的有效监管。并且，由于元宇宙经济中的数字资产以区块链为底层技术，因此，通过"以链治链"的方式加以确权、监管或许是一种有效的方式。

第一章

元宇宙与元宇宙经济样态

第一节
元宇宙概念的三层维度

综观当前学界、业界，在元宇宙的研究和实践中，整体的理论支撑不足。虽然有多家研究机构成立了专门的研究部门且已发布多份研究报告①，专业性学术论文也如雨后春笋般，从各个学科角度对元宇宙进行研究。但就元宇宙的概念而言，由于国内还未有成熟落地的元宇宙场景，目前学界对于元宇宙的概念莫衷一是，并且多参考自业界，而业界则是基于自身元宇宙的场景和实践，以及自身商业布局得出的元宇宙的定义。如风险投资家马修·鲍尔（Matthew Ball）提出了决定元宇宙的关键特征"元宇宙必须跨越物理世界和虚拟世界，包含一整套完备的经济系统，提供前所未有的互操作性"。Tapscott集团首席执行官唐·塔普斯科特（Don Tapscott）则从区块链和数字经济的角度指出，"元宇宙被认为是一个整合区块链、扩展现实、5G和云计算、人工智能、数字孪生等新兴技术以实现虚实相融的新试验场景，是全球互联网的下一阶段，元宇宙将利用区块链技术构建一个基于社区标准和协议的去中心化平台"。②"元宇宙第一股"Roblox结合其产品的特性，将元宇宙定义为"具有八大要素的产品"。Facebook也从自身商业模式出发，将元宇宙视为真实世界的虚拟映射，"用户可以在虚拟世界完成物理世界中的绝大

---

① 据不完全统计，目前国内学术机构中，中国人民大学、清华大学、北京大学、复旦大学等成立了元宇宙相关专门的研究中心，并发布有学术性研究报告。
② 参见《元宇宙的数字化经济体系如何构建？》，https://mp.weixin.qq.com/s/xLn7U0b4_uVfMIXJ5xmTnA，最后访问日期：2022年9月12日。

部分事情，包括社交和工作，游戏仅是元宇宙中的一小部分"。

我们认为，元宇宙是一个由各种技术逐步集成的数字生态系统①，其以区块链为底层技术，以VR、增强现实（Augmented Reality，以下简称AR）等为入口技术，以人工智能、大数据、云计算等为支撑技术，形成的打通线上线下，实现主体、行为、产业、治理等全面数字化，重构数据流量入口和经济社会构造，形成的基于身份、组织、资产、行为这一四维空间的"数据地球"和人类文明新形态，实现人类社会从工业文明向数字文明跃迁。元宇宙的本质是对工业经济和工业社会的再造，形成基于区块链的超越时间、地域、民族的数字孪生空间，与物理世界互动、相融且实现物理世界的全面数字化的人与自然相和谐的、物质文明和精神文明相融合的人类命运共同体和"数字地球"。②具体从以下三个维度展开。

一、技术维度：元宇宙的基础设施

从技术维度看，元宇宙是区块链、VR、AR、大数据、人工智能等技术的集成。这些技术构成了元宇宙系统的基础设施，在硬件层面维持元宇宙系统的运行。

（一）区块链是元宇宙的底层技术

区块链蕴含着重塑生产关系的力量，是一种新的信任工具。③

---

① 高一乘，杨东.应对元宇宙挑战：数据安全综合治理三维结构范式[J].行政管理改革，2022（3）.
② 杨东，梁伟亮.论元宇宙价值单元：NFT的功能、风险与监管[J].学习与探索，2022（10）.
③ 杨东.后疫情时代数字经济理论和规制体系的重构——以竞争法为核心[J].人民论坛·学术前沿，2020（17）.

无论哪一类的元宇宙平台，其系统的运行都无法离开区块链，区块链是元宇宙的技术基础。从元宇宙的运行来看，在构成元宇宙的各大要素中，核心要素包括身份、行为、组织、资产。所有这些数字世界中的要素，如果需要保真，均需通过区块链技术得以实现。

具体而言，元宇宙中的用户在元宇宙中拥有的"数字替身"，应当具有可识别性，以承担社交和交易的功能，且可与其他数字替身进行同步、可持续地交互体验并进行经济活动。元宇宙中数字替身往往具有不可替代、不可分割，但可验证、可流通的特性。同时，NFT 本身作为区块链数字资产，具有可交易的特性，这些皆满足了元宇宙中社交和经济活动的需求。

元宇宙中的行为以数据形式呈现，也应依托区块链技术确保真实可信不被篡改。以元宇宙房产交易为例，Decentraland 项目等主要的虚拟世界平台，为了维持虚拟房产的稀缺性和交易秩序，将每笔交易记录在区块链，通过分布式记账技术实现可验证和无法篡改。

至于元宇宙中的组织，依托区块链去中心化和分布式记账技术（DLT），以 DAO 为典型的可实现元宇宙多维连接、高效互动的协作方式推动了社会的"再组织化"进程。DAO 应用区块链作为基础设施，这一组织模式在元宇宙中的意义不亚于公司制在大航海时代的意义。作为构成元宇宙的基本单元，DAO 为元宇宙主体组织模式的重构提供了全新的可能。①

元宇宙中的资产，也称区块链数字资产，是元宇宙中交易的

---

① 杨东,高一乘.论"元宇宙"主体组织模式的重构[J].上海大学学报（社会科学版），2022（5）.

媒介和元宇宙经济的血脉，基于区块链技术，可以实现数据点对点的流通。在现有业态下，NFT以及表现为各种形态的通证（token）等数字资产，都承担这种交易媒介和促进经济活动的功能。区块链技术使互联网真正变成价值互联网。

（二）VR、AR等技术是元宇宙的入口

目前，有学者对元宇宙的发展持审慎态度，其理由就是VR、AR等硬件设施还没有普及到现实生活当中，由此判断元宇宙只是概念炒作。[①] 但这显然不是用发展的眼光看问题，从PC时代到移动互联网时代再到元宇宙时代，用户流量入口均由相应设备承载。如移动互联网时代，用户通过手机等终端设备搜索和浏览信息，进行社交和参与经济活动，手机等设备便是移动互联网时代的流量入口。

元宇宙强调沉浸感、低延迟的交互体验，为在技术上保障这种体验感，避免现有算力局限导致的延迟和终端性能限制，元宇宙的构建需依托VR、AR等交互技术和网络运算技术。由此，VR、AR等技术便成为元宇宙的入口，用户通过VR、AR等技术进入元宇宙虚实相融的数字世界。这从国内外技术巨头对元宇宙的定义和业态布局中也可看出。Roblox结合其产品特性，将元宇宙定义为"具有八大要素的产品"，将沉浸感、低延迟置于十分重要的位置。Facebook作为全球互联网社交平台巨头，则将元宇宙视为真实世界的虚拟映射，"用户可以在虚拟世界完成现实世界中的绝大部分

---

① 杨永忠.走向元宇宙：一种新型数字经济的机理与逻辑［J］.深圳大学学报（人文社会科学版），2022（1）.

事情，包括社交和工作，而游戏仅是元宇宙中的一小部分"。我国互联网巨头腾讯公司并未在公开场合对元宇宙的概念做出定义，但从其产业布局上看，腾讯正在着力打造集视频、音乐、游戏等的多元互联网矩阵，腾讯提出并强调虚实相融的"全真互联网"也与元宇宙概念存在相似性。① 阿里巴巴作为电商巨头，在元宇宙布局上与 Facebook 类似，强调 AR、VR 等虚实交互技术，将元宇宙视为"AR/VR 眼镜上的下一代互联网"，即"元宇宙可视为窗口式二维平台向三维虚拟世界的突破性转变"。②

（三）大数据、人工智能等是元宇宙的支撑技术

在区块链解决元宇宙底层技术，VR 和 AR 等技术打造元宇宙流量入口的基础上，还需大数据、人工智能、5G、云计算等关键技术作为元宇宙的技术支撑。数字时代，数据是重要的生产要素，算法是分配机制。③ 从生产要素的角度看，我们正经历从工业经济到数字经济的升级换代期，也表明了从石油时代到数据时代的转变。在元宇宙中，原本无限的数据要发挥价值，都需通过分析、处理，以实现元宇宙与现实世界虚实相生和交互体验。在智能算法的参与下，零散、不具有价值的数据在经过分析、处理后，成为一般意义上具有价值的大数据。

从元宇宙的组织体来看，元宇宙中运行的组织——DAO 最早

---

① 参见《元宇宙公司观之腾讯》, https://mp.weixin.qq.com/s/WZqlSHDx21E1ChKVw7hRGQ，最后访问日期：2022 年 8 月 19 日。
② 参见《元宇宙公司观之阿里巴巴》, https://mp.weixin.qq.com/s/DqDfSbyRck3tyuqziSfTGg，最后访问日期：2022 年 8 月 19 日。
③ 杨东，臧俊恒. 数据生产要素的竞争规制困境与突破[J]. 国家检察官学院学报，2020（6）.

即来自以太坊创始人维塔利克·布特林（Vitalik Buterin）对智能合约下经济运作的认识。在计算机学中，DAO被认为是一系列精密的智能合约或智能合约系统。[①]是在参与者的共识基础上，将组织不断更迭的运营和管理规则以智能合约的形式逐步编码在区块链上，不通过第三方干预，而是以智能化管理手段和通证经济为激励，实现组织的去中心化、开放化和智能化运转，以达到价值流转和效能最大化。[②]如元宇宙房地产平台Decentraland，在其架构实现的共识层和土地内容层/内容分布层，都是通过智能合约维持运行，其中共识层利用智能合约将土地地块的相关信息存储于一个分类账中，土地内容层/内容分布层通过智能合约实现与共识层的沟通。基于数据基础上的智能合约等技术，是元宇宙运行的支撑技术。

二、经济社会维度：元宇宙是发展模式的变革

继人类从农村向城市集中的第四次人口大迁移后，从线下到线上、从链下到链上的第五次大迁移正在进行，这是后工业经济时代人类社会最大的社会变革，是工业经济到数字经济的升级换代。元宇宙被视为互联网的全新升级，正加速社会经济变革的历程。在技术维度之外，元宇宙还是社会经济发展模式的一次变革。

[①] Henning Diedrich, Ethereum. Blockchains, Digital Assets, Smart Contracts, Decentralized Autonomous Organizations[M], South Carolina: Create Space Independent Publishing Platform, 2016: 31.
[②] 丁文文，王帅，李娟娟，袁勇，欧阳丽炜，王飞跃.去中心化自治组织：发展现状、分析框架与未来趋势[J].智能科学与技术学报，2019（2）.

（一）对工业经济体系下过度中心化的革新

元宇宙依托区块链等技术，在改造工业经济体系下过度中心化发展模式的基础上实现去中心化经济生产模式。这主要体现在生产要素与生产关系、社会经济组织形式上。

1. 生产要素与生产关系的去中心化

元宇宙构建于区块链技术之上，以数据为生产要素、算法和算力为生产力，代表着新的生产关系。区块链连接着数据、算法和算力，将复杂的规模化任务去中心化地分散在每个链上用户的节点上，这使元宇宙中每个用户都可以根据实际需要对数据进行算法处理，进而实现数据与算法的去中心化。

如 Roblox 作为游戏和社交平台，并不实际创造游戏也不直接干预平台专有货币 Robux 交易，而是"放权"给玩家，为玩家提供工具和平台来制作他们自己的作品。以"边玩边赚"（play-to-earn）为模式的沙盒（Sandbox）游戏，用户可在游戏中"做任务"或者出卖、出租手中的土地赚钱。可见，元宇宙经济正构建在与现实物理世界不甚相同的去中心化区块链技术之上。DAO 作为区别于中心化公司的新型组织形式，将有极大可能成为元宇宙经济的主体。

2. 生产协作方式的去中心化

生产协作方式表现为一定社会经济模式下的经济组织形式。我国当前的经济组织形式主要是公司制。公司起源于远洋贸易兴盛、主权政府不再肆意征收私人财产的大航海时代，在这踏浪蹈海的时代背景下，靠个别商人联合起来的组织形式已经不能满足远航的需要，必须同时向社会筹集资金。①社会生产力的发展呼吁和促使能进行长期、大型投资的组织的产生。合伙性质、无限责任的传统公司又随着社会发展形成了股票制。股票的产生使公司的组织范围进一步扩大，进而从事更大规模的投资与生产。公司内部形成的金字塔式的层级结构，围绕董事会等决策中心运作，使公司组织的执行力和效率得以增强。

在元宇宙中，生产、消费和经济运作都与传统生产协作方式存在差别。元宇宙经济模式下，DAO 有极大的可能代替传统的公司制，成为元宇宙世界经济活动的主体。正如笔者基于共票理论、众筹理论对数字经济时代所指出的："从公司化的组织将逐步向社区化的组织转变，不再需要股东和中心化的公司组织，而是以社区化、无组织点对点的模式。每一个社区参与者、价值创造者都可以获得共票，进行直接流通，并获得相应的回报，打破资本主义金融垄断的形式。"②

如 Bankless DAO、Maker DAO 等以 DAO 为核心治理模式的新型工作方式，其构建了一种由多个核心单元组成的复杂结构，每个单元都有独立的任务和预算，由一个或多个协调人管理，以实现组织内的长期目标。相应地，组织会为单元成员发放项目通证，将权力从核心团队转移到社区手中，这些项目通证不仅代表治理权，还意味着项目的分红，以激励参与者为项目贡献流动性、算力和劳

---

① 龚焱，李磊，于洪钧.公司制的黄昏：区块链思维与数字化激励[M].北京：机械工业出版社，2020：45.
② 杨东：《众筹共票机制是重构数权经济时代的权益分配机制》，https://mp.weixin.qq.com/s/CHSoUHiozFQFPy2-vdXwSA，最终访问日期：2022 年 8 月 19 日。

动等。①

（二）改变过度消耗资源、污染环境的发展模式

工业经济时代社会生产大多是以化石能源的消耗为代价的。如果从18世纪60年代人类进入蒸汽时代起算，大机器工业取代手工业，煤炭、石油、天然气等化石能源为工业生产提供了源源不断的动力。在社会物质生产上，工业经济时代到来后，虽然比此前一切世代创造的全部生产力还要多、还要大，但是也极大地消耗了资源、污染了环境。在第二次世界大战后的20世纪60年代，新的世界秩序逐渐形成，全球局势整体平稳，世界经济呈现快速发展态势。但与此同时，这样的快速发展是基于资本的高投入和资源的高消耗，并伴随着重大的环境污染。在随后的20世纪70年代，世界范围内爆发了大规模石油危机。并且，随着科学技术和社会经济的发展，工业经济时代企业大批量制造和刚性生产模式的缺陷日益暴露出来。在这些问题中，人类不断反思：经济的增长不能长期以资源消耗为代价，世界经济应该由一种新的经济形态来取代，这种以有形资源消耗为代价的工业经济时代。

进入21世纪，人类第四次科技革命悄然而至，新技术不断涌现并逐渐成熟。这是在蒸汽技术革命、电力技术革命、信息技术革命基础上的又一次技术迭代。随着人工智能、大数据、5G、物联网等数字技术的发展，全球正在迈入智能社会，社会生产力提高，重复性工作将被机器人取代。②在此基础上，更加契合消费的生产

---

① 《元宇宙行业报告：DAO去中心化自治组织是元宇宙必有的组织方式》，https://mp.weixin.qq.com/s/5lZlGVHhGqjxBgZeJDBinA，最后访问日期：2022年8月19日。
② 杰瑞·卡普兰. 人工智能时代［M］. 李盼译，杭州：浙江人民出版社，2016：04.

成为可能。在"工业4.0"突破传统制造模式实现智能化柔性生产的基础上,多批次、小产量生产成为可能,消费者个性化需求得以满足。[①] 现今数字时代的企业经营具有更大的虚拟性和灵活性,企业不断通过新的创意来实现市场扩张,并利用先进的高科技手段在全球范围内通过软性操作系统整合优势资源,以增加企业运行的效率与活力。同时,数字时代的企业经营还可避免工业经济时代常规运行中的大量硬件设施投入与能源消耗,从而大幅度降低经营成本。其中的智能工厂不仅能根据消费者需要生产出个性化产品,还能让消费者参与到产品的再设计中,使生产进一步与消费契合。这个由生产决定消费到消费决定生产的转变过程,极大地降低资源消耗,同时减少了对环境的污染。

元宇宙经济这种低资源消耗、低环境污染的发展模式还体现在要素资源的集结和资本的流通上。元宇宙中的生产协作方式和发展模式是众筹理论的生动写照。众筹金融(We Finance)原指通过互联网方式发布筹款项目并募集资金。在区块链经济理论中,众筹金融是指基于前沿信息技术,实现支付清算、资金融通等协同管理功能,具有快速便捷、高效、低成本优势,能够打破资本垄断,实现消费者福利的创新型经济模式。[②] 众筹作为一种新金融模式,有着改变传统金融模式的内核技术和权益表征,与区块链技术有着非常高的融合度。众筹理念下的共享权益,区别于资本主义话语体系中的"股份",能够以点对点、去中介的方式实现资金和资源的共享,克服并解决传统金融领域中间环节太多、信息不对称、不能有效定

---

① 林航,谢志忠.体验经济视角下制造业升级路径探讨[J].现代经济探讨,2015(11).
② 杨东."共票":区块链治理新维度[J].东方法学,2019(3).

价等各种弊端，降低融资成本，提高效率。①

三、价值维度：元宇宙是现代文明的再造

（一）工业文明向数字文明跃迁

从推动技术升级和社会经济进步的层面看，元宇宙将数字经济的发展推向了一个新高度，有助于加快工业文明向数字文明跃迁的进程。数字经济的发展主要体现在确权方式、资产表达形式、劳动和生活方式上。

第一，确权方式。工业经济时代，产权是交易的基础，如土地所有权的清晰界定对于土地的利用和价值实现至关重要。而在元宇宙中，则是由产权的清晰界定到注重数据生产要素的共享和价值利用。

第二，资产表达形式。元宇宙中借助区块链技术，再造社群信用，使去中介化、去担保化逐渐成为可能。同时，资产表现形式则是逐渐数字化、多元化。

第三，劳动和生活方式。作为生命价值的承载体，人需要劳动实践场域，以定义生命价值。不同经济时代呈现不一样的劳动方式，农业时代的农牧劳动、工业时代机器生产、数字经济时代的数字劳动，形式各异。元宇宙中提供了大量以数据要素为核心的劳动场景，为每一个成员的劳动实践提供了便利。人是生命个体，劳动与实践都需要一定时间和空间，这样才有可能实现全面自由发展、

---

① 参见杨东：《众筹共票机制是重构数权经济时代的权益分配机制》，https://mp.weixin.qq.com/s/CHSoUHiozFQFPy2-vdXwSA，最后访问日期：2022年8月17日。

彰显生命价值。[1]

(二) 资源分配体系的新逻辑

在元宇宙的数据新型激励机制的基础上，对个体的数据会按照贡献度进行合理定价，给予适当的利益分配，这种做法可以在某种意义上打破垄断资本的剥削以及对资本的依赖。同时，基于区块链技术的共票理论能够成为资源分配体系新逻辑的重要基础，以共同富裕为理念的新型激励机制，需要以数据生产要素为核心，再按照贡献程度进行科学分配，从而精准地将每个个体数据的价值发挥、共享、流动起来。

共票理论能够直接锚定数据价值。具体而言，一是数据锚定，共票在区块链技术的支持下，能够发挥去中心化的优势，从源头为每一位数据主体所提供的数据进行锚定，进而追踪数据价值创造链条的全过程。二是价值信息透明，区块链技术能够让链上的主体均掌握所锚定的数据信息，将数据价值公开透明地呈现于数据提供者和数据价值创造的各个主体，进而为按贡献分配资源提供依据。

共票理论为数据价值共享提供了全新思路。具体而言，一是价值发现，运用该理论能够在锁定高价值数据的同时为数据使用者提供路径指导；二是让每个参与者分享数据共享的红利，通过区块链为数据赋权，让每个数据提供者都有参与数据共享的权利，并从调动数据共享积极性的层面解决数据流通性的激励问题。[2]

---

[1] 吕鹏.“元宇宙"技术——促进人的自由全面发展［J］.产业经济评论，2022（1）.
[2] 杨东，高一乘：《加快建立中国特色社会主义数字经济理论》，http://www.cssn.cn/index/skpl/202203/t20220302_5396488.shtml，最后访问日期：2022年9月12日。

(三)社会治理体系的新框架

元宇宙不是中心化的单一组织,而是建立在区块链基础之上多种技术的集合,是新发展模式和新文明形态的体现。对元宇宙社会的治理,其体系应在现有社会治理体系的基础上进行重构。治理针对去中心化的数据,具体主体是数字替身和去中心化组织。在元宇宙发挥社交功能和作为内容平台时,现有的治理体系和框架能够对其进行有效规制,而对于元宇宙经济系统,则需要重构治理体系和框架。

元宇宙经济是技术依托下的众筹新形式,维持这种形式是其价值所在。将 Token 翻译为"代币"的做法,我们认为就没有体现这一价值,反而促生了追求炒作,以及巨大泡沫的数字货币市场。"币改"的概念也与可炒作的数字货币相联系,因而与区块链理念不符合,错误理念下,以炒作套现的数字货币市场无法实现可持续化。公权力机关更加着眼于融资风险且倾向于将此种交易视作违法,监管主体态度不置可否,实质是放任投资者加入虽被认定非法但却缺乏监管、风险极大的交易市场。[1]笔者提出的共票理论可以为新治理体系提供理论支撑。

政府的规制建立在数据之上,共票模式下的规制方式也以数据为核心。需要提供能够随时发掘、采集、追踪数据的有效机制。共票机制整合各类前沿技术,推动规制模式从了解客户到了解数据的转变,其治理的核心理念是智慧、平等、透明。同时,共票与数据嵌合有利于精准识别关键数据,此外,数据可以通过共票为主体创

---

[1] 杨东."共票":区块链治理新维度[J].东方法学,2019(3).

造价值，使得主体主动积极地共享数据。围绕数据进行规制还需要一定的配套设施，其一是构建区块链上的大数据分析和风险预警机制，预防风险，同步跟踪，并为事后监管提供足够的证据。依据相关经验设置风险预警线，一旦接近风险预警线，相关机构便可介入。其二是建立区块链的标准，旨在确认、开发、管理和利用相关技术问题，维护消费者权益，增强市场应用相关技术的信心。

第二节 元宇宙经济的主要构成要素

元宇宙经济体系是指元宇宙中的用户共同进行经济创作、市场交易的体系。元宇宙经济运行包括三项底层架构：物品稀缺性的构建、价值锚定以及经济活动。元宇宙中的物品由代码组成，理论上可以无限复制，因此不具备物理上的稀缺性，为锚定其价值须人为地构建稀缺性，实践中通常借助 NFT 技术或人为设定来实现物品的稀缺。价值锚定主要通过通证、区块链市场的自发调节以及现实世界对链上虚拟资产的价值换算实现。经济活动则依赖元宇宙中的各种构成要素共同实现，主要包括身份、组织、资产和行为。

一、数字身份

（一）数字身份的内涵及外延

元宇宙的本质是对工业经济和工业社会的再造，形成基于区块链的超越时间、地域、民族的数字孪生空间，现实中的个体投射到数字世界中对应着不同的数字身份。因此，在典型情况下，用户以数字身份的方式在元宇宙当中生存交互。元宇宙是一个纯粹的数字生态系统,这意味着用户通过创建数字身份的方式,以数字人或虚拟人身份在元宇宙中进行生存、交互。相较于目前的互联网交互,元宇宙用户的数字身份可以在既定环境中形成用户的视觉形象、技能以及社会互动,这样就超出了传统的账号,取代了文本性的自我描述。在此意义上,数字身份被描述为一种用户交互式的社会表征。[1] 根据工信部《2018年中国区块链产业白皮书》中对数字身份的解释,个人数字身份可以被定义为"在网络环境下,由个体在线活动提供,能被检测到或被数据算法得出的所有能表明主体身份信息的数据聚合体和数字化映射"。[2]

个人数字身份伴随互联网的兴起而出现,涉及科学、技术、伦理、法律、政治学、管理学、社会学及哲学等领域。元宇宙凝聚了信息革命的最新成果,包括区块链、物联网、人工智能以及大数据等技术。在各种新兴科技的推动下,数字身份的外延不断丰富、复杂,兼具价值性、多样性和流变性等特征。[3] 从法律的视角对元宇宙中个人与其数字身份的关系进行分析,也可能得到不同的结论。有学者从数字媒体视角分析两者存在以下三种身份关系:一是对数字身份的认同,在元宇宙中二者之间形成了一个整体性的表达;二是个人与数字身份之间彼此独立,后者仅仅被视为一种游戏工具;三是将数字身份作为补偿物,即数字身份被视为个人某些品质的理

---

[1] 陆青.数字时代的身份构建及其法律保障:以个人信息保护为中心的思考[J].法学研究,2021(5).[英]文森特·米勒.数字文化精粹[M].晏青,等,编译.北京:清华大学出版社,2017:156.
[2] 工业和信息化部信息中心.2018年中国区块链产业白皮书,2018-05.
[3] 葛秋萍,王珏.大数据技术应用中个人数字身份的伦理规制[J].中州学刊,2020(10).

想投射。①

(二)数字身份的特征

作为数字经济时代的产物,数字身份具有明显区别于传统身份的诸多特征。一是数字身份具有多元性,网络时代下,人们可以根据不同情境构建多元的数字身份,这些数字身份会因具体场域、应用目的和所得服务的种类不同而变化。二是数字身份具有超域性,无论人们身处何处,每个人的身份都可以通过数字身份来加以确证,可以利用数字身份来进行联系和沟通。三是数字身份具有流动性和可变性,时间、地域、工作环境和家庭生活等情况发生变化,数字身份也会随之变化。如果个人数字身份未能得到及时更新,那么主体的当前身份和历史身份便可能发生混淆。②

(三)数字身份的分类

传统的数字身份指的是"网络环境下用于表明数据交换方身份的一项计算机技术"。③随着大数据技术的开发与运用,传统的双向数据交换更多地被数据采集方单向采集、整理(模型算法)、预测所取代。根据不同的划分标准,数字身份可以分为以下两种形式。

第一,按照应用领域不同,数字身份可分为电子公共服务领域的个人数字身份和非电子公共服务领域的个人数字身份。前者主要应用于公共管理和公共服务,如一些国家公共部门正在实施的数字身份计划,由此产生了"数字身份"的法律新概念,它要求数字身

---

① 陈吉栋.超越元宇宙的法律想象:数字身份、NFT与多元规制[J].法治研究,2022(3).
② 董军,程昊.大数据时代个人的数字身份及其伦理问题[J].自然辩证法研究,2018(12).
③ 钟红山.数字身份的法律效力及其应用[J].商业经济研究,2004(17).

份具有唯一性和可排他性，一个自然人只能拥有一个法律效力的数字身份。① 由于目前元宇宙的构建者主要是大型互联网平台而非政府部门，所以非电子公共服务领域的个人数字身份则可能被应用到元宇宙领域。元宇宙的底层逻辑是区块链技术，区块链具备防篡改等特征，可保证个人数字身份的唯一性。

第二，按照个人数字身份提供主体意愿，可分为主体主动提供的、被监测记录的、被模型化的或用其他数据分析工具预测得到的。主体主动提供的数字身份，指的是在一定的网络环境中产生的，其生成、持续使用以及弃用是一个具有完整逻辑链条的过程。由于数字身份是进入元宇宙的必要条件，任何参与元宇宙活动的主体都应当自愿提供部分个人数据，以便在虚拟世界中创建特定数字角色。

二、组织形式

（一）传统市场主体组织形式

习近平总书记在中共中央政治局第三十四次集体学习时强调，发展数字经济是把握新一轮科技革命和产业变革新机遇的战略选择。其中一方面就在于数字经济健康发展有利于推动构建新发展格局，数字技术、数字经济可以推动各类资源要素快捷流动、各类市场主体加速融合，帮助市场主体重构组织模式。

传统科层组织的弊端在数字化浪潮中愈发彰显，日益成为经济发展的"布罗代尔钟罩"。以公司组织为例，股份公司的特点之一

---

① 陈仕伟. 大数据技术异化的伦理治理［J］. 自然辩证法研究，2016（1）.

是所有权与经营权的分离，当前以股东本位原则为核心的公司组织结构无法反映公司职工的意志，从而扩大了贫富差距，激化了社会矛盾。同时，公司制度旨在降低交易成本，而数字经济时代的最大价值来源于交易本身，以"交易大爆炸"为核心的数字经济亟须能在更大范围内撮合交易的组织模式。数字时代用户数据反映出需求端的信号，成为影响消费行为的关键因素之一，许多科层制的公司因为自上而下的组织结构无法及时有效地掌控这一信号而丧失了竞争力。① 无论是新生代互联网公司抑或传统企业都在寻求契合时代变迁的组织结构和形式。元宇宙整合了大数据、移动互联网、人工智能和物联网等新兴网络信息技术，对数字经济时代组织体系的重构具有重大的推动作用。在全新的经济样态下，以阿里为代表的商业生态系统、以 Linux 等开源软件为代表的大众生产模式、以海尔为代表的企业内创客平台、以网络论坛和社交软件为代表的虚拟社区等新的组织形式或组织现象层出不穷。②

（二）去中心化自治组织的特征

本部分重点介绍元宇宙中一种新型的市场主体组织形式——去中心化自治组织（DAO）。DAO 这个概念最早出现的时候主要指代依赖智能合约的全新商业运作模式。而真正具有"类公司"意义的"去中心化自治组织"概念，则是将组织不断迭代的管理和运作规则（共识）以智能合约的形式逐步编码在区块链上，从而在没有第

---

① 杨东，高一乘.论"元宇宙"主体组织模式的重构［J］.上海大学学报（社会科学版），2022（5）.
② 孟韬，赵非非，董政.网络时代的新组织形成与"四维"形式研究［J］.产经评论，2021（1）.

三方干预的情况下，通过智能化管理手段和通证经济激励，使得组织按照预先设定的规则实现自运转、自治理、自演化，进而实现组织的最大效能和价值流转的组织形态。[①] 元宇宙中的DAO基于去中心化、扁平化、开放化以及智能化等特征，对于传统企业组织结构产生了以下重要影响。

第一，去中心化是指DAO中不存在中心节点以及层级化的管理架构，DAO中的节点与节点之间、节点与组织之间业务往来不再由行政隶属关系所决定，而是遵循平等、自愿、互惠、互利的原则，由彼此的资源禀赋、互补优势和利益共赢所驱动。第二，扁平化是指企业管理过程中的各种信息、事件的传播不需要借助于层级制度上传下达，而是可以越过各中间层，快速地传达到决策层和基层，进而可以快速地对信息做出反应。这个过程相当于将传统公司的立体结构压为平面，从而使各成员处于同等地位之上。[②] 第三，开放化是指DAO基于区块链技术所具有的开放性特征，因而DAO的数据也是公开和透明的。运用分布式记账系统，数据库中的数据都会被同步到整个区块链网络中，区块链所有点对点的参与主体都可以读取和存储数据。第四，智能化是指DAO依赖于智能合约，因此整个组织中的运转规则、参与者的职责权利以及奖惩机制等均公开透明，有利于组织运作的高效性和智能化。

公司制成就了工业革命，企业得以建立一套制度体系从事工业化大生产，进而通过发行股票来完成资本融通。在元宇宙时代，随着区块链技术、智能合约技术、大数据技术等技术的发展，市场主

---

① 丁文文，王帅，李娟娟，袁勇，欧阳丽炜，王飞跃.去中心化自治组织：发展现状、分析框架与未来趋势[J].智能科学与技术学报，2019（2）.
② CHOHAN U W. The decentralized autonomous organization and governance issues[J]. 2017.

体的界限开始变得模糊,并且逐步走向融合,更加适应数字经济的组织形式正在不断涌现。①

三、数字资产

"数字资产"是本书论述的重点,本部分涉及的数字资产内涵和外延等内容将在本书第三章进行详细论述,考虑到结构的完整性,在此做简要介绍。

(一)数字资产的概念

作为元宇宙经济的基本要素之一,我们将数字资产看成是元宇宙经济的血脉。"数字资产"这一概念最早于1996年由海伦·迈耶(Helen Meyer)提出,起初出现于出版、音像等领域。当书籍、音乐和视频等出版物转化为二进制形式发布后,为方便进行分发和计量,版权所有者将此种形式的文件称为"数字资产"。尔后,互联网技术的发展极大地拓展了"数字"对经济社会的影响,海量的碎片化信息成为大数据时代的"石油"。数字资产的范畴随之扩大,泛指一切以二进制形式存在的信息。2013年,阿尔普·托伊加尔(Alp Toygar)等认为,"从本质上说,数字资产拥有二进制形式数据所有权,产生并存储在计算机、智能手机、数字媒体或者云端等设备中"。区块链技术出现后,比特币、首次公开发行数字代币融资(ICO)、证券化代币发行(STO)等产物随之呈现在世人面前,中央银行推出的数字货币呼之欲出,数字资产的外延再次得到

---

① 杨东,高一乘.论"元宇宙"主体组织模式的重构[J].上海大学学报(社会科学版),2022(5).

拓展，数字货币、比特币等均归为一类数字资产。由此可见，从数字资产概念的演化看，其外延在不断拓展，"数字"的属性不断被弱化，"资产"的属性不断被强化。

（二）数字资产与物理资产的联系

数字资产并非完全独立于现实物理资产的全新概念，二者存在着紧密的关联。首先，数字资产与物理资产的经济实质相同。其次，数字资产与物理资产的核算方式相同。再次，数字资产与物理资产的价值创造过程相同。实体资产映射到数字世界之后，信用关系的存在形式发生转变，但资产的内在价值和使用价值保持不变。最后，数字资产同样融合了资产的多种属性。

（三）数字资产与物理资产的区别

同时，数字资产作为资产的数字化表达，具有不同于传统物理资产的显著特征。第一，数字资产是将生产和交易的全量信息以数字的形式展现并流通，这与传统电子票据具有明显差异，后者仅仅记录用于流通的信息，前者则记录资产的产生、交易、合同等底层与真实价值背景相关的信息。第二，数字资产的本体是附着在数字内容之上的相关权利。正如"土地不是资产，土地所有权才是资产"，数字资产的基础本体是数字对象而非实体对象。第三，数字资产以数据的形式存在。不管是物理世界属性还是互联网原生的数据，都要先转换成可资产化的数据，"资产－资产数据化－数据资产化"是资产数字化的必经流程。

（四）数字资产的类型化区分

数字资产作为数字经济时代的基本要素，在实践中对应着不同的类型化区分。日本按照经济本质，将数字资产分为投资型资产（证券型代币）、其他权利型资产（功能型代币）和无权利型资产（支付型代币）；按照是否符合集合投资计划，将数字资产划分为电子记录转移权利（第一项有价证券、第二项有价证券）和不构成有价证券的数字资产。美国则根据数字资产是否符合联邦证券法"投资合同"规定的豪威测试（Howey Test）将其分为证券类数字资产和非证券类数字资产。类型各异的数字资产在美国面临着不同标准的监管要求：对于证券类数字资产，由美国证券交易委员会（SEC）监管；而非证券类数字资产由归属的监管机构和执法部门从打击数字资产交易中的金融犯罪和保护市场参与者的角度进行监管。各监管主体包括：金融犯罪执法网络（FinCEN）、商品期货交易委员会（CFTC）、货币监理署（OCC）和州金融管理局（DFS）、国家税务局（IRS）、外国资产管理办公室（OFAC）等。

四、行为

元宇宙主要以区块链为技术底座，依托去中心化作为重要的治理模式。虚拟世界中，主体的行为模式与现实世界既有联系也有区别。一方面，元宇宙建立在数据的基础之上，主体之间的交互以交易和社交为主。另一方面，在元宇宙中，人们可以依照自己的意愿建造各种基础设施。本节将主要介绍元宇宙中的交易系统和社交系统。

（一）元宇宙的交易系统

元宇宙中的交易具有去中心化、完全可溯源性及全局可见的区块链特征，在相关交易中，交易发布方将交易关联中的标识信息进行加密并存储在区块链的相关区块中，该交易任务详情均能以链式查询的方式被溯源和定为交易核心信息。这种无法篡改的交易创建及发布模式具有极强的公信化、透明化及可靠性，交易对手方能够以区块查询方式筛选到自己需要的交易信息并进行甄别、研判并进行风险与收益自担的交易决策，从而构建一种良性、健康的交易模式。[1] 因此，元宇宙交易机制的核心，并不是为了区分交易主体或交易规模以设置交易门槛，而是为了最大限度地构建相关方的交易安全屏障。

一般来说，元宇宙虚拟交易的主体并非完全是数字技术从业人员，而专业的虚拟类型（如虚拟网络、虚拟终端、虚拟量化等）访问交易极易造成财产欺诈方面的风险。换言之，一些不法分子可以针对交易者对元宇宙中交易规则的不熟悉及其运行方式的认知模糊进行欺骗交易，从而引发财产利益被侵害的风险。

（二）元宇宙的社交系统

"元宇宙社交"虽然听起来很复杂，但核心可以简单概括为三点：人人都可参与创造的虚拟世界、所有人都能随时随地进入这个虚拟世界、所有人都可以在这个虚拟世界里产生大部分现实世界的

---

[1] 程韵.元宇宙中虚拟财产交易的法律规制［J］.互联网天地，2022（5）.

社交行为。① 虚拟社交系统在元宇宙中属于游戏，而其突出的强社交性和用户的虚拟身份则为元宇宙探索呈现提供了加持。"虚拟社交"通过现代的计算机手段，能够实现与全球不同地区间人们的交流与互动，这其中社交产品是虚拟社交的承载。社交产品从过去直白的单线间信息交换功能到现今拥有多维交互功能的移动平台。在技术的更新、互联网的迭代与人的认知进化相互加持下，人们也在不断探索着更加多元的社交方式。从最开始的熟人社交网络到现在的陌生人社交网络，人类技术的每一步发展都在拓展着社交方式的边界。

第三节
元宇宙经济样态的实践

一、元宇宙房地产

随着电影《头号玩家》和《失控玩家》风靡全球，元宇宙房地产成为热门话题。元宇宙房地产构建于虚拟世界中电子数据的基础之上，不是物理世界中可供人们居住的形式。目前购买虚拟土地的主体以游戏玩家为主，他们在游戏平台上按照自己的想法对房屋进行开发、建设以及维护。虚拟土地的买主相当于现实世界中的房地产开发商，他们拥有虚拟建筑的产权，不仅可以收藏，还可交易，甚至可以在建筑里举办美术展览、音乐会以及放映电影等活动。

---

① 郭佳.元宇宙时代的虚拟社交营销能否长久[J].国际公关，2022（5）.

（一）元宇宙房地产平台：The Sandbox 与 Decentraland

1.The Sandbox

2013 年，Pixowl 公司推出一款名为沙盒（The Sandbox）的移动游戏，该游戏主打高自由度的用户生成内容（UGC）玩法，其模式有故事模式和自由模式两种：故事模式相当于指导教程，玩家可以按照剧情和指导完成任务；自由模式下，玩家可以扮演"上帝"，随心所欲地用四种元素打造自己的"世界"。2018 年，Pixowl 将"沙盒"移植到了以太坊，这使得它成为了最早"触链"的元宇宙项目之一。"上链"之后，互联网前端市场允许用户将其制作出的作品进行上传、发布和出售。

在区块链版的 The Sandbox 游戏中，使用的"通证"被称为"沙币"（SAND），这是一种基于以太坊 ERC-20 协议的功能型代币，玩家可以用其来购买游戏中的地产或者 UGC 资产等 UGC 内容，并可以在以太坊区块链中创建自己的游戏体验、在元宇宙中买卖土地和资产并从中获利。在 The Sandbox 这一虚拟世界中，主要有三大类资产：土地 LAND，代币 SAND，NFT 资产类（人物、道具等），这几类代币构建了 The Sandbox 的经济体系。人们可以透过取得基于以太坊 ERC-721 协议创造的 NFT——LAND，解锁游戏里的房地产、土地等。SAND 和 LAND 形成 The Sandbox 世界的双代币体系，作用是让玩家们参与 DAO 的平台管理作业，SAND 的持有者可以通过工具 Game Maker 来创建 NFT 数字资产，将其上传到商店，从而影响游戏环境的变动。如果用户愿意，也可以把手中的 SAND 兑换成以太币等其他代币，或者直接兑换成美元。目前，The Sandbox 的地价是所有元宇宙项目当中最高的，在 2021 年

11月,其中的一个地块以430万的美元被拍卖,创造了元宇宙地价记录。①

The Sandbox 由三个主要组件组成:Voxel 编辑器(命名为 VoxEdit)、市场 VoxNFT,以及游戏本身,官方提供了一套工具,用户可以打造自己的元宇宙地产、虚拟手办,然后靠出售商品赚钱。在拥有这些虚拟空间或者说元宇宙"房产"后,用户可以进行建设、装修,可以开设商场,可以用作博物馆展示虚拟藏品,也可以直接出租。除了自己不能真实地居住在里面,元宇宙"房产"似乎是拥有真实世界中房地产的绝大多数属性,可以买卖、租赁、开发、建设等。目前 Sandbox 还是以开发者和地主为主,每个地主和开发者的盈利模式也要根据自身的开发技术和能力决定。

The Sandbox 的每块土地都是基于 ERC-721 标准的 NFT,通过(x,y)坐标确定每块土地的唯一性。多块土地组合变成房产。土地最基础的用途是在土地上部署内容,从而影响和改变世界。持有土地的用户可以通过部署游戏、场馆收取门票、租赁土地等方式获得收益,构建一个以地为基础的经济体系。The Sandbox 的虚拟世界中每一块地都可以视为一个小世界,一旦用户购买了一个 LAND,该用户就拥有了该地块完全的所有权和对其中所有东西的控制权。用户不仅可以在其 LAND 上自由地发布、设计和运行自己的游戏,决定运行的游戏、实施的游戏机制、使用的资产,以及其他玩家是否可以加入等,还可以将 LAND 租给游戏创作者以赚取收益。

在游戏中,任何用户都可以通过 Game Maker 创建自己的场景,如果条件许可,创建好的游戏可以放在市场中进行交易。土地

---

① 陈永伟,程华.元宇宙经济:与现实经济的比较[J].财经问题研究,2022(5).

所有者的选择权增加。团队保留了将近25%的土地给自己和合作伙伴，可以保证这一部分的土地不会被空置。75%的土地是拍卖给个人的，这一部分需要依靠个人创建或从市场中购买已建好的内容。由于不必自己去创建并且有较多的选择，因此部署难度是低于Decentraland的。

2.Decentraland

Decentraland开始于2015年，是原生在区块链世界的元宇宙项目，至今已经经历了"石器时代""青铜时代"和"铁器时代"三个阶段。本质上，Decentraland是区块链上向用户分配数字地产所有权的一种概念证明，2017年8月，Decentraland的通证MANA开始众筹，用户可以用MANA购买土地并与其他用户互动。2020年2月Decentraland推出的"铁器时代"版本中，加入了对VR的支持。开发者能够创建用户之间共享的应用程序，并据此盈利。铁器时代也开始实施点对点通信，支持执行互动内容的脚本系统和虚拟世界交易中加密货币的快速支付系统。在Decentraland中，土地（Land）是一切创作和创新的价值载体，一共有92 598个地块，其中的43 689个地块可被销售，其余的包括33 886个街区地块、9 438条道路和3 588个广场。和现实世界一样，土地的区位特征决定了其价值，地段越好的土地价格越贵。在购买土地之后，用户可以根据需要，在上面进行改建，用于各种用途。①

此项目中的"地产"是一种由智能合同维护的不可替代的数字资产，该土地被划分为通过唯一笛卡尔坐标（x, y）可区分的地块。这些地块的面积各为256平方米（16米×16米）。每个土地token

---

① 陈永伟，程华.元宇宙经济：与现实经济的比较［J］.财经问题研究，2022（5）.

包括其坐标、所有者等信息，可以用 MANA 购买。用户可以在自己的地块上建立从静态 3D 场景到交互式的应用或游戏。一些地块被进一步组织成主题社区，创建成为具有共同爱好和用途的共享空间。

土地建设：土地持有者需要自己创建，或者到游戏开发商处购买。社区的发展主要依靠社区组织，如果社区消极懈怠，极大可能造成土地大量荒废。相反，社区中那些比较积极的小区则会内容比较丰富。

综上所述，元宇宙房地产中用户可以以数字化身的形式通过的有限三维虚拟空间集被称为土地。通过唯一笛卡尔坐标（x，y）划分为可区分的地块，如果用户获得了多个相邻的地块，他们就获得/创造了所谓的"地产"。地产所有权使分散土地内的业主能够建造前面提到的更大的开发项目。这些相邻的地块和开发项目又可以出租给其他虚拟租户，这使得虚拟财产/土地所有者能够以类似于现实生活中的方式从其租户那里产生现金流/收入流。

（二）元宇宙房地产的架构

1. 元宇宙房地产的实现机制

作为元宇宙房地产的代表性项目，The Sandbox 和 Decentraland 的底层逻辑包括共识层、土地内容层/内容分布层以及实时层。共识层利用智能合约，以正确的格式存储不可伪造的土地地块的相关信息，然后将其存储在一个分类账中。被存储的关键指标是：所有者、地块的坐标和地块内的内容。土地内容层/内容分布层通过智能合约与共识层进行沟通，从分散的数据库中获取内容文件。当元宇宙中的玩家经过某一特定虚拟坐标时，该处的土地便会自动呈现出来以供玩家查看。从本质上讲，实时层是所有玩家在全球范围内整合其他用户、语音和文本通信以及与环境互动的地方，使其成为元空间体验的重要组成部分（见图1-1）。

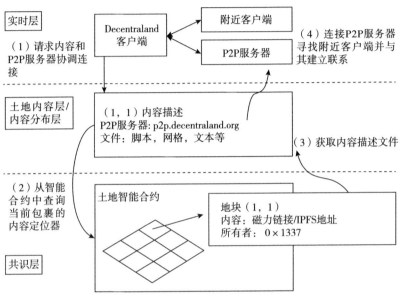

图1-1 元宇宙房地产的底层逻辑

2. 元宇宙房地产的经济体系

虚拟世界每一块地都可以视为一个小世界，一旦你购买了一个LAND，你就拥有了完全的所有权和对其中所有东西的控制权。因此元宇宙世界的房产有属于自己的盈利模式。

内容策划：用户会聚集在具有共享利益的邻域周围。将自己的领地选在高流量中心的周围可以驱动用户使用领地所有人发布的内容。

广告宣传：品牌可以在高流量地块上或附近借助广告牌来推广产品、服务和活动。

出租获取租金：相邻的地块和开发项目又可以出租给其他虚拟租户，这使得虚拟财产/土地所有者能够以类似于现实生活中的方式从其租户那里产生现金流/收入流。

出售地皮：用户可把自己购买的地皮贩卖给其他用户，因该游戏结合区块链技术，用户购买的地皮可拥有终身持有权，过程中也不必担心被游戏运营商删除。

以上的盈利模式可以构建一个以土地为基础的经济体系。一方面，这一部分对比了不同平台的土地的数量，平台内的土地是固定的，这种稀缺性支撑着元宇宙房产的价值。另一方面，也对比了影响土地价格的因素，可以看出主要取决于地理位置与配套措施，因为二者决定了流量的大小。

3. 元宇宙房地产的价值机制

包含 The Sandbox 和 Decentraland 在内的元宇宙房地产项目具有内在的价值体系。元宇宙房地产的价值，来自投资者和投机者对该数字资产的价值认同，这一价值认同又取决于该元宇宙对参与者有效需求的满足。最终的价值，取决于该元宇宙是否能够通过满足参与者的精神需求，从而形成可持续发展的虚拟经济体系。

首先，元宇宙土地价值的核心驱动因素是稀缺性。每个元宇宙中都有不同数量的总地块供应，特定元宇宙中的土地数量越多，可以建造的潜在参与者和项目就越多。虽然物理法则并未为元宇宙土地数量设置上限，但元宇宙开发者往往会提前说明将要创建的地块总数。其次，元宇宙房地产具备内容策划、广告宣传、土地出租以及地皮出售等多样化的盈利模式，可以满足特定人群的盈利需求。这意味着具备不同技能的参与者都可以在元宇宙房地产项目中从事一定的劳动，并且获得相应的劳动报酬。最后，元宇宙房地产具有实用性,虽然虚拟世界中的房屋无法实际居住,但其仍然可以满足参与者的其他需求。例如,歌手可以在元宇宙中举办音乐会,会场的搭建、布置以及维护、运营等之所以能够实现,是因为元宇宙中已经对相应土地进行了注册和开发。再比如,房屋可以提供一个安全的绿洲,以及一个方便的替代银行的存储,和社交和角色扮演的机会。因此,元宇宙里的地块不仅是一种数字资产,还是元宇宙参与者互动的前提和基础。总体来看,元宇宙房地产的价值体系可以总结为配套措施与地理位置两个主要因素(见表1-1)。

4. 元宇宙房地产的特征

第一,投资属性大于居住属性。虚拟的数字房产资产的倒卖,都有唯一固定的坐标(x,y)和对应的拥有者,因此价格也可能在几次倒卖中升值。以下表1-1这个最新成交的LAND作为案例,这宗虚拟土地在2017年末首次出售时仅113美元,中间经过了5次倒卖,价格翻了214倍。也有许多参与者表示,虚拟地块非常具有投资价值,买下的虚拟地块作为数字资产,要传给后代。

表1-1 The Sandbox中元宇宙房地产的价值机制

平台	土地规格数量	影响土地价格的要素
The Sandbox	共166 464(408×408)块LAND 游戏中分为四类大小的房产:分别为3×3、6×6、12×12和24×24	位于优质地密集处,生态配套完善、资源优质,价格越高 靠近大地块、区域性中心,价格越高 地块首次出售时间较为久远的,周边生态越完善,价格越高 离知名品牌所属地块越近,价格越高

第二,沉浸式体验与"无限制"的自由。正如扎克伯格提到的,元宇宙中有两大很重要的基本元素:虚拟替身和个人空间。人的体验与感受才是大多数普通消费者入局的初心,属于自己的个人

空间无疑是虚拟房地产的一大卖点。虽然大多数用户购买NFT和虚拟土地是出于投机的原因，但也有一些用户这样做是因为与这些虚拟环境产生关联。比如，他们首先想获得的，就是沉浸式体验与无物理限制的畅想自由。他们获得的不仅仅是虚拟的数字房地产，更是可以根据他们自己的想象随意开发虚拟土地的自由。可以建造自己的虚拟房屋，建立自己的品牌，或者展示自己非功能性的游戏收藏，供用户参观和欣赏。在建筑设计上，元宇宙中不会受到物理法则的影响，只要愿意，各种造型的建筑都可以被建造出来，哪怕土地只有500平方米，也可以通过建造上粗下细的建筑来扩大建筑面积。此外，元宇宙的虚拟建筑，具有强大的互动性，成了虚拟房产与现实房产两者最大的不同，大家更需要的是氛围。

第三，价值的再创造。对The Sandbox中的土地来说，总量固定、极易保存，且因为区块链的特性可以确保不受破坏，而且过往的交易记录还可以查看，确保不会买到假的，最重要的一点是，拥有庞大的用户并被用户所认可。元宇宙世界房产火热，产生了一些提供物业的公司。Metaverse Property是整个行业中第一家基于虚拟现实的房地产公司，通过各种元宇宙实施方案提供对新兴虚拟土地行业的服务，在Decentraland、Sandbox、Upland和其他商业上可行的元宇宙平台上拥有并经营一系列高质量的开发物业。元宇宙物业还为虚拟财产的购买和销售提供便利。

此外，元宇宙地产宣布推出Metaverse REIT，还组建了第一个虚拟房地产投资信托基金——元宇宙房地产投资信托基金，为投资者提供了元宇宙最佳房地产的投资机会，且没有繁重的进入壁垒，例如在区块链和元宇宙市场培养技术技能。消费者可以通过元宇宙地产的房地产投资信托令牌获得机会，一个由该公司虚拟土地和房地产投资组合支持的 NFT。

现实世界里房地产的价值来源于固定不动的地段，是所谓的"不动产"。土地之上附属的教育、商业、休闲、景观等不可复制的资源又组合成了土地的稀缺价值。而在元宇宙里，土地无限多，交通完全无障碍，资源全部可以复制，因此在元宇宙里是不存在"地段价值稀缺"一说的，所以元宇宙里的"囤地"毫无意义。元宇宙可能是最能贯彻"房住不炒"这一理念的地方。

元宇宙是现实世界的投影和折射。现实世界里的"衣食住行"中的"住"是刚需，那么元宇宙里的"住"也必定是刚需，理想的居住环境是人们发自内心的渴望，而元宇宙里理想的房地产形态应该是一个虚拟的家，兼具装饰与收藏，服务社交功能，并且是屋主个人品味的投射。

当前，元宇宙中还未确立统一的规则，这些卖出的土地和房产所属虚拟空间分别是不同的平台。真正的元宇宙类似我们手机的操作系统，绝大部分手机都使用安卓或者 iOS，让所有人不管使用什么型号的手机，都接入到一个系统上。而现在的这些虚拟平台，其实就相当于在一部手机上安装的一个个游戏，互相之间不具有认可性，光是 2021 年卖出地皮的虚拟平台就有三四家。像 Decentraland 这类虚拟地产交易平台的底层技术都是区块链，而区块链的特点是公开透明、可溯源、不可篡改、交易记录安全性等，因此其安全性具有一定保障。目前元宇宙仍处于开发初期，实际上"元世界"的程度尚未达到。

同时，新的事物也必然伴随新的风险。目前，"元宇宙炒房"往往基于 NFT 进行。从这个意义上说，虚拟房地产交易，存在"炒房"又"炒币"之嫌。且元宇宙房地产项目具有金融化倾向及暴涨暴跌、炒作欺诈、非法集资、赌博洗钱等风险。

更重要的是，我国对 NFT 的法律性质、交易方式、监督主体、监督方式等尚未明确。一些其他形式的虚拟资产交易行为，在我国及其他很多国家都未得到法律认可。事实上，任何创新产品的价值增长，都应建立在安全的市场环境、正常的金融秩序中，意识到并防范住潜在风险，才有助于引导行业健康发展。因此，新事物的超前发展，既不能无界也不能无序，既需要包容也不能纵容，应该鼓励监管与技术创新并行。

区块链技术可以促进房地产市场交易过程中的额外信任，可以被用来验证、保护房地产交易，并使交易中的很多部分自动化完成。目前元宇宙还处于开发初期，实际上"元世界"的程度尚未达到，在"元宇宙"真正到来前，我们不妨先着眼于现实世界，思考未来元宇宙时代的有关房地产的具体监管等措施，实现数字世界与物理世界的融合。

5. 数字土地和现实土地的异同

第一，来源不同。数字土地的来源是某一家互联网公司；而现实土地来源则是各国的政府。在购得土地后，政府对于土地还有着众多规划，比如容积率、配套设施甚至还会要求限价。

第二，交易过程与限制。物理世界的不动产转让是通过金钱进行交易，交易的过程涉及银行、金融公司、律师和产权公司；而元宇宙中的一切产权和交易行为都是有迹可循，这意味着独一无二、私密性和所有权。数字土地在土地本身、交易过程等环节均少了许多的限制。

第三，产权问题。元宇宙世界里的房产属于永久产权；而物理世界中大多数情况下人们购买房产仅是拥有一定年数的使用权。在我国，城市的土地属于国家所有；农村和城市郊区的土地，除由法律规定属于国家所有的以外，属于集体所有。

二、元宇宙教育业

（一）创新应用

在元宇宙教育的探索上，韩国的实践具有代表性。目前，韩国提供教学功能的元宇宙平台较多，其中融合 3D 技术研发的平台可视效果虽好，但运行成本偏高，因此高校更倾向使用 2D 效果的平台"聚集小镇"（Gather.town）。该平台费用低廉，支持各类虚拟交互活动，学生可以自主创建并共享地图。

2020 年韩国实行线上教学以来，已有多所高校采用教育元宇宙模式开展线上教学活动，包括新生入学仪式、毕业典礼、校园游览、e 运动会、博览会、社团演出、图书馆、博物馆、人文教育、生物学及医学教育等各种场景。

（二）沉浸式教学

人工智能、大数据、区块链等技术正在改变传统的教育模式。韩国高校结合自身学科特点积极推进教育元宇宙概念与高等教育教学实践的融合，目前被广泛应用于高等教育领域的现场实践和外语学校等。

1. 现场教学

韩国部分高校使用 ZEPETO 平台设计教学活动。这是韩国极具代表性的一款元宇宙平台软件，发布于 2018 年 3 月，由韩国 SNOW 公司推出。在这款带有换装功能的社交手游 App 中，用户通过自拍生成与自己容貌相近的 3D 虚拟分身，并可以根据自己的创意进行包括捏脸、化妆、装扮房间等，塑造独一无二的虚拟分身形象。ZEPETO平台最重要的功能是可以与互联网上的其他用户拍照合影，通过动作、文字、语音等进行社交活动。教师可以任意选择教室背景，开设房间后邀请学生加入网络课堂，以语音或文字信息的形式开展交流互动，完成教学任务。ZEPETO平台搭建的教育元宇宙实现了两方面的成果：用户根据自身容貌DIY虚拟分身，与其他用户实时开展沉浸式网络社交互动；用户可以根据教学需要，即兴创作、分享互动小游戏，布置活动空间。

相比1对N模式的网络社交平台，虚拟分身们通过小组活动参与游戏，可展开1对1的实时会话。用户们还可以根据个人喜好，将教学现场设置成教室以外，比如咖啡厅、地铁站等情景，使学习变得更加生动有趣。

2. 外语学习

韩国各大型企业与教育机构合作，引入元宇宙概念，研制出一系列数智化的教育类产品。最主要的产品是KT公司旗下的"Super VR ENGAGE"，这是一款联合英语教育机构打造的虚拟社交学习平台，不仅可以为用户提供虚拟形象风格的VR外语对话服务，而且支持用户与母语者的虚拟分身在平台中互动交流，并可同时容纳20名学生进行长达1小时的会话练习。

韩国梨花女子大学在"聚集小镇"平台尝试构建教育元宇宙空间，希望帮助学生在短期内提升韩语能力，取得了较好的学习效果。在虚拟教学场景中截取教材内容，保存为图片，上传至平台的虚拟教学场景中，同时嵌入体现韩国文化的图片、音频和视频等资料，学生开展线上活动时可以任意观看这些资料。

"聚集小镇"平台构建的外语类教育元宇宙空间实现了三方面

的成果。一是，教与学的互动性大幅提高，增大了语言习得的成效，加深了学生对韩国文化的理解；二是，通过自主探索、发现与应用联动的"游学"手段，学生的外语学习兴趣大大提升；三是，在感受与沉浸的交互作用下，传统的外语教学已不再以教师为中心，逐渐向以学生为中心的自主学习模态转变，学习更高效，方法更便捷。

（三）教育元宇宙的创新性及优缺点

表 1-2 教育元宇宙的创新性及优缺点

教育元宇宙的创新性	教育应用的优点	教育应用的缺点
沟通新型化	摆脱制约，实现线下学校的各种功能	• 相比在现实世界中建立的人际关系，教育元宇宙中更容易形成淡漠的游戏关系 • 若信息安全无法保障，有可能泄露个人隐私
学习自由化	学生从"消费"到"创造"转变，实现自主学习	• 在高度自由的虚拟世界中，网络管理员无法预测用户的所有行为 • 匿名化的社交可能诱发各种犯罪行为
教学表象化	虚拟分身通过表情变化、肢体互动拥有更强的吸引力，能够有效激发学习积极性，增强学习效能	• 自控能力差的学生容易产生"虚实混乱"，无法适应现实世界，进而逃避现实

（四）教育元宇宙在我国的应用价值

我国正处于科技大变革和教育大转型叠加的时代，新一轮科技革命和产业变革深刻影响着世界的格局。智能时代的教育工作者应当主动关注元宇宙等技术引发的教育模式变革，尽快适应科技赋能教育的新模态，及时了解并学习元宇宙等新技术，拓展云端智慧教育的深度和广度；同时，坚守教育工作的初心使命，寻求科技创新赋能教育高质量发展的可持续发展路径，在新发展理念的大背景下准确识变、科学应变、主动求变。

1. 准确识变，在"变"中寻求发展新机

2018年，我国教育部印发的《教育信息化2.0行动计划》中明确提出，构建网络化、数字化、智能化、个性化、终身化的教育体系，优化"平台+教育"的服务模式与能力，利用平台模式实现资源众筹众创，改变数字教育资源自产自销的传统模式，解决资源供需瓶颈问题。元宇宙概念将加速推动全球传统教育向云端智慧教育转型升级。

2. 科学应变，准确把握"变"与"不变"的辩证关系

智能时代的教育工作应明确云端、线下相结合的教学模式，以科技赋能教育，而不是用机器替代教育。教与学的关系依然要定位在人与人之间，而不是人与机器之间。厘清这一关系后，我们还需要研究云端和线下的教学联系，进而明确两者结合的实际意义。云端课堂便于教师提前录制或创建学习内容，可以实时打磨并逐步完善，提高教学效率。与线下课程相比，教师在云端的讲课内容缺乏生动性，存在一定的交互局限性，不利于开展培养学生高阶思维能力的复杂活动。但云端课堂便于学生表达观点，灵活安排自己的学习进度，能够提高自主学习的积极性和探索未知领域的能力。与云端课堂相比，线下课程能够实现更全面的人际互动交流，增进学习的陪同感。站在教育元宇宙的历史交汇点，我们要清楚地认识到，不断变化的是科技，所有的创新和变革都是为了更好的育人效果。

3. 主动求变，夯实"变"所需要的技术基础

智能时代的教育工作要加快推进教育新基建，持续加强网络全域覆盖是保障云端智慧教育高质量发展的重要基石。新基建是新一代信息技术发挥效能的基础和关键，目前我国西部欠发达地区的网络覆盖尚不完善，在完全实现云端智慧教育方面依然存在较大的局限性。

基于"元宇宙＋教育"的新基建需要顶层设计和科学布局。一是要进一步提升5G基站覆盖率，提高移动网络速度，减少网络延迟；二是要把控数字化教育资源的"源头"，优化资源结构，提高资源质量；三是要打造多元的教育元宇宙产品，服务学生成长；四是要制定推动教育新基建发展的政策方针，引导在线教育先试先行。

4. 有效规避高速变革带来的现实风险

智能时代的教育工作者应思考教育对象所处的教育环境，有效规避可能出现的现实风险。我国已经制定了防范智能手机沉迷或网络游戏上瘾的相关制度，下一步需针对应用教育元宇宙的学生用户加大研究力度，分析其活动模式、沉迷条件和元宇宙学习对其产生的影响等，探索教育元宇宙的防沉迷措施，并进一步完善网络数据监管体系。此外，用户在元宇宙平台留存的个人信息极有可能被窃取，应建立健全相应法律法规，完善监管制度，加快研发用户信息保护装置。相关机构应从教育元宇宙平台的研发和发布源头严格把关，完善教师和学生信息的处置环节。密切关注元宇宙世界中可能衍生的新型职业。随着元宇宙技术的快速发展，在韩国的社交网络中，元宇宙建筑师、虚拟分身设计师、时尚设计师、化妆师等与VR产品相关的职业已成为热门话题，随之而来的还有元宇宙职业教育和平台研发企业、投资机构等。虽然我国"元宇宙＋教育"的模式刚步入探索初期，但是必须尽早考虑可能出现的相关职业和

服务机构，做好应对方案，推进相关管理制度与法律法规的同步搭建。

三、元宇宙演出

（一）元宇宙演出平台：ZEPETO

2018年在韩国推出的亚洲最大元宇宙平台"ZEPETO"，是一个可以使用户根据真实容貌创建自己的虚拟分身并享受各种和现实生活相似的虚拟场景。许多韩国艺术家通过运用元宇宙平台举办音乐会以及发布原创音乐内容的方式，成功地拓展了与全球粉丝的沟通渠道，并且提升了韩国各类音乐在全球的地位。不仅如此，ZEPETO也可以在虚拟音乐会的项目中收获更多的新用户，并且开发额外的特殊商品以及虚拟标志来吸引新用户的加入。

2021年5月，韩国举办了第23届"首尔鼓节"，这一首尔的代表性节日是一个全民参与的专业表演艺术节，吸引了来自世界各地的顶尖音乐节家参与其中。节日以线上和线下的方式举行，线上则是使用元宇宙平台ZEPETO举办的，参与者可以在元宇宙平台ZEPETO中游览节日现场，与流行鼓手一起参加粉丝见面会，以及照片区活动等。由于元宇宙空间没有人数限制，更多的鼓乐爱好者能够参与其中，并传递韩国节日的能量。在节日期间，以元宇宙的节日空间为背景让自己的数字分身拍照留纪念，还可以得到现实中的炸鸡优惠券和便利店商品券，这种特殊的营销方式使得更多人对元宇宙艺术节产生浓厚的兴趣，从而为"首尔鼓节"创造了更大的收益。

（二）运用"元宇宙"的优越性

第一，运用"元宇宙"方式的表演艺术为我们带来方便。基于元宇宙的表演艺术平台，只要有智能手机并有网络的地方，无论是哪里都可以观看，不用提前预订、不用前往剧场、不受礼仪约束、不用在意服装，虽然和现场观看的感受无法完全相同，但在元宇宙中可以看到高清晰度的演出细节影像和精彩片段，为观众更快获得演出信息提供了方便。

第二，运用"元宇宙"方式的表演艺术在演出时间、空间方面发挥了优势。现今繁忙的社会中，时间和金钱一样重要，缩短时间成本能够为人们带来更大的效益。表演艺术中最重要的是需要演出场地这个空间，表演需要一个舞台以及容纳观众的席位。而在元宇宙中，只要有供表演者演出的舞台即可进行，在这个空间中，观众可以在各自希望的地方观看演出，因此对于运营者来说，就不会发生没有合适演出场所而导致演出无法正常进行的情况。

第三，运用"元宇宙"方式的表演艺术在经济上更节约。演出门票是在演出供应者和演出消费者之间连接演出这个商品的媒介，演出门票的价格受成本、其他竞争产品的价格比较、观众对演出产品的价值评价、演出制作目标等因素的影响。对于观众来说，线上入场券相比线下价格更加低廉，再加上更多和实体演唱会一样出售的粉丝商品（海报、T恤、荧光棒等），激发了观众的购买欲，并且节约了观众往返剧场及住宿等费用。从运营者的角度来看，运用"元宇宙"方式表演，首先是可以节省很多演出的制作费用，其次在演出现场没有人数的限制，运营者可以通过运用AR/VR等尖端技术创造生动的舞台，预告片和精彩片段的制作可以让观众感受演出的盛况，再加上艺术家和观众的实时视频对话,也能够吸引更多的消费者。

四、元宇宙游戏

(一)元宇宙游戏的概念

准确地说,元宇宙并非一款游戏,而是利用科技手段进行链接与创造的,与现实世界映射并交互的虚拟世界,以及具备新型社会体系的数字生活空间。[①] 元宇宙游戏是元宇宙经济样态的一种表现形式。元宇宙本质上是对现实世界的虚拟化、数字化过程,元宇宙游戏则需要对内容生产、经济系统、用户体验以及实体世界内容等进行大量改造。由于元宇宙中虚拟世界与现实世界在经济系统、社交系统、身份系统上密切融合,且每个用户都可从事内容生产和"世界"编辑,因此元宇宙类似现实世界中不同主体在同一个系统进行互动的"生态系统"。虚拟空间是元宇宙的底层逻辑,这也就意味着虚拟游戏是元宇宙的基础载体。

(二)元宇宙游戏的背景

目前绝大多数元宇宙游戏的内容源于二十多年前在各国兴起的大型多人在线角色扮演游戏(MMORPG),这是一种多身份角色扮演游戏和大型多人在线游戏的集合。当下的元宇宙雏形大量可见MMORPG内容的影子:一方面,MMORPG几乎都需要玩家之间的交流,这一游戏内容也是目前元宇宙所充分提倡的内容之一——社交,元宇宙游戏也会通过各种手段促进和鼓励玩家们进行沟通交

[①]《什么是元宇宙?为何要关注它?——解码元宇宙》,http://m.news.cn/gd/2021-11/20/c_1128081990.htm,最后访问日期2022年8月27日。

流。另一方面，MMORPG 的核心是角色扮演，大多数 MMORPG 提供了不同类型的职业供玩家选择。在这些职业中，不同的玩家会选择各有特色的角色去扮演，并且会根据游戏设定自发地按照一些规则为世界内其他人提供功能和内容。与之相对应，元宇宙游戏会提供给用户极大的外观、职业、信仰、爱好等调整空间，其目的就在于让用户脱离现实的生活，从而全心全意地投入到虚拟世界中。

元宇宙游戏形式的原型是 VR 技术，VR 是一种与现实世界相似或完全不同的模拟体验。在设备方面，标准虚拟现实系统使用虚拟现实耳机或多投影环境来生成逼真的图像、声音和其他感觉，以模拟用户在虚拟环境中的实际存在，使用虚拟现实设备的人能够环视人造世界，在其中移动，并与虚拟特征或项目进行交互。这种效果通常由 VR 头戴式设备产生。当前像《头号玩家》中这种需要佩戴繁重的穿戴设备才能进入的虚拟世界，算是最初级的元宇宙。随着技术的发展，虚拟现实穿戴设备已经越来越轻便，在 Meta 最新推出的远程会议系统 workrooms 中，虚拟现实设备已经可以较好完成人的眼球跟踪和手势识别，为元宇宙的沉浸体验奠定了基础。

（三）元宇宙游戏的现状

Facebook 改名 Meta 后，迅速推出了其进军元宇宙的第一款游戏雏形，即旗下的 VR 社交平台 Horizon Worlds。Horizon Worlds 定位为游戏社交平台，2020 年已推出 Beta 版本，用户可以在其中创建游戏、派对等，并邀请朋友加入其中。在游戏设备上，Horizon Worlds 主要依靠的是自家的 OculusVR 头戴设备，用户可以创建一个没有双腿的化身形象，在虚拟世界中四处游荡并与其他用户的化身进行互动，甚至可以一起玩游戏。除游戏外，Horizon Worlds 同样鼓励 UGC 内容的出现。通过内置的"Horizon Creation Tool"就可以进行原创内容的生产。Meta 表示，用户可以使用简单易懂的世界构建工具和一系列的教程来将各种奇妙的构思带到 Horizon Worlds。

除了 Meta 公司以外，Roblox 也积极开发元宇宙游戏世界。Roblox 成立于 2004 年，是一家沙盒游戏（Sandbox Games）公司。旗下同名产品 Roblox 是一个提供在线游戏和游戏创作的平台，并且是世界最大的多人在线创作游戏。至 2019 年，已有超过 500 万的青少年开发者使用 Roblox 开发 3D、VR 等数字沙盒游戏内容，吸引的月活跃玩家超 1 亿。[①]沙盒游戏由沙盘游戏演变而来，自成一种游戏类型，通常游戏地图较大，往往包含多种游戏要素，包括角色扮演、动作射击等。该游戏中的大多数作品都是用户自行建立的，在游戏中玩家也可以开发各种形式类别的游戏，实现了一个游戏多种玩法，主要面向的是儿童和青少年群体。Roblox 提供多平台支持，玩家可以和好友及其他人在电脑、移动设备、Xbox One 和 VR 设备上一起加入游戏。在 Roblox 中还可以使用聊天、私信、群组等功能与好友交流。[②]

五、元宇宙音乐

（一）元宇宙音乐概述

不仅房地产和游戏行业在元宇宙世界中大放异彩，元宇宙音乐

[①] Roblox hits 100 million monthly users; Google testing Play Pass, The gaming economy，最后访问日期：2022 年 8 月 2 日。

[②] Roblox 商业模式与经营现状，https://xueqiu.com/1333325987/180738863，最后访问日期：2022 年 8 月 2 日。

也同样具有非凡的潜质。元宇宙音乐，也叫做音乐 NFT。NFT 中文名称"非同质化权益凭证"中的"非同质化"，即底层资产之间不能够自由分割和交换，由此能够赋予底层的实体资产或者数字资产唯一性的验证。NFT 向音乐行业注入了强大的活力，并有可能从根本上改变人们欣赏音乐的形式。

音乐作为艺术品，有其鲜明的特征。一方面，与艺术画作相比，音乐在 NFT 的应用上能够承载更加丰富的内容。另一方面，音乐以数字代码的形式存在，这使得它的展现形式更加多样。从原声专辑、音乐会门票，到限量版体验，NFT 把音乐产品玩出了花样。音乐 NFT 可以理解为加密音乐，音乐人将作品和相关信息上传（登记）到区块链上，通过数字加密技术存储，采集生成智能合约，实现可信版权，这些数据信息不可篡改，具有唯一性和永久性，是独一无二的数字资产。音乐 NFT 可以来自一张专辑、一首歌、艺术家周边（T 恤、贴纸等），同时也可以是一种音乐流派或媒体格式等任何内容。

（二）元宇宙音乐实践

相比于元宇宙游戏，虚拟世界的音乐行业起步较晚，但仍然引起了大量关注。例如，2020 年 12 月，知名电子音乐人电子鼠（deadmau5）发行了他的限量版系列 NFT 收藏卡，还有一件视听作品的价格超过 8 万美元。这次发行为音乐产业与 NFT 的结合打开了一扇窗。此后，摇滚乐队林肯公园（Linkin Park）的创办者、联合主唱麦克·信田（Mike Shinoda）将自己创作的一段音乐作品《One Hundredth Stream》作为 NFT 在平台发行拍卖，最终以 3 万美元成交。在国内，元宇宙音乐也逐渐被大众所接受。例如，2021

年5月25日，歌手阿朵在个人微博发布了新歌《水知道》，全曲采用NFT技术进行数字加密，并将封面和歌曲的署名权公益拍卖，这是国内首次NFT数字歌曲公益拍卖。

（三）元宇宙音乐的影响

在音乐领域NFT之所以能够被市场所认可，不仅在于元宇宙音乐内容的独特性，还因为其具有传统音乐无法比拟的优势。第一，音乐NFT能够有效减少盗版或滥用音乐的行为。过去数字音乐作品很容易被复制，NFT是发行在区块链上的数字资产，它可以和现实世界中的一些商品绑定。音乐NFT可以理解为加密音乐，数据信息不可篡改，具有唯一性和永久性，是独一无二的数字资产。第二，音乐NFT有利于保障艺术家权益。在元宇宙的世界中，音乐人可以使用以太坊和NFT直接以自己的方式与他们的粉丝互动并向他们分发自己的作品（例如专辑、歌词、音乐视频、单曲、EP等）。这种直接面向用户的模式使音乐人能够充分利用他们的创作作品，可缓解困扰传统音乐行业和企业音乐服务许久的中间商寻租问题。第三，音乐NFT有助于听众和音乐人之间的互动。对于大多数粉丝来说，与喜爱的音乐人相关的纪念品、周边等越是稀有，意义与收藏价值就越大。NFT限量的特点不仅能够让粉丝获得情感上的满足感，还能使粉丝成为独特原创内容的少数体验者。除此之外，音乐人还可以在出售NFT这一数字资产时，给粉丝一些"额外奖品"。这些"额外奖品"包括线下见面机会、独家演唱会门票、独家周边、艺术家独家歌曲制作和录制背后故事等。

第二章
元宇宙关键技术

元宇宙作为现有互联网新技术的集合发展，强调虚实相融、实时性的交互体验，以构建与现实世界孪生的镜像世界，其中包括交互技术、人工智能与区块链等一般技术。AR、VR等交互技术和网络运算技术，则可以改善延迟和突破终端性能的限制，保障沉浸式体验。人工智能技术既能影响用户的创造性活动和行为方式，也能链接现实与数字世界。区块链技术主要作用于搭建元宇宙经济体系。元宇宙中的生产要素、生产方式及资产流转均与区块链技术紧密结合。除此之外，为实现元宇宙"虚实相融的新经济和文明系统"，其核心关键技术还包括四个方面：具身智能、数字孪生、虚拟数字人、神经渲染。

第一节
具身智能

随着深度学习、强化学习、计算机图形学、机器人学等方向的快速发展，人们对于从互联网上获取的"静态"数据有着越来越强的学习能力。这促使了学界由"互联网AI"（Internet AI）向着"具身智能"（Embodied AI）发展。所谓具身智能，指的是通过与周边环境交互进行学习。这种学习方式就像古人类产生生物智慧的历程一样，古人类通过与自然环境交互学会了分辨同类伙伴和危险的猎食动物，通过与自然环境的交互学会了各项必须的生命活动，进而产生了人与人之间交流的语言。具身智能要求具有交互功能的环境来进行训练学习。过去几年里，我们所熟知的深度学习训练数据集有很多（如Image Net和CIFAR），但是这些并不是具身智能学习训练所能够使用的训练集，具身智能要求具备一个机器人可以进行探索和交互的虚拟环境。这样使得一个具备听说读写看能力的机器人成为必要。

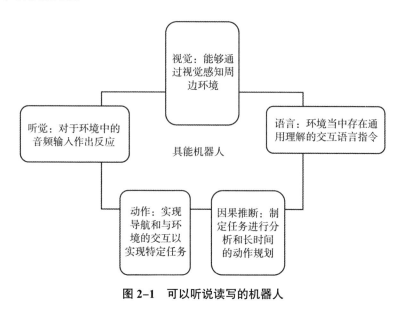

图 2-1 可以听说读写的机器人

基于对于交互环境的复杂要求，我们有一些常见的虚拟环境可供使用，如 AI2-THOR，Habitat-Sim，Deep Mind Lab 等。不同于只用于训练强化学习智能体的游戏模拟环境，这些环境可以用于训练通用任务的智能体，包括上面所说的听说读写各个方面。

一、具身任务

在具身智能交互环境中，我们可以提出一系列相关的具身任务[①]，如视觉探索（Visual Exploration）、视觉导航（Visual Navigation）、具身问答（Embodied QA）、视觉语言交互理解

---

① A Survey of Embodied AI:From Simulators to Research Tasks:https://arxiv.org/abs/21o3.o4918v5。

（Vision-and-Language Interaction）等任务。这些任务之间本身可能就具有一些相关性或者包容度，例如，视觉探索在视觉导航里就是一个重要的模块，机器人需要首先对于环境有一个大致探索的认知，才能识别到目的地并进行导航。

具身智能被认为是人工智能最终需要实现的目标，因为从认知和神经科学的角度，智能是通过与环境的交互并最终进行感知认识活动产生的。但是聚焦于当下，具身智能更多地将关注点投入在视觉、语言、因果推断的融合模型之上，并将融合模型放入一个可交互环境当中。接下来我们将具体地讨论集中具身智能研究的任务，这些任务不仅仅要求机器人对于已知的环境进行正确认识，同时对于未知环境仍然具有较好的迁移性。

目前研究较多的是视觉探索（Visual Exploration）任务。该任务要求智能体通过自发的探索环境，收集3D环境的各种信息，从而为一些涉及更高层次理解，如导航、操控等的任务提供先验信息。视觉探索往往发生在导航等任务之前或者与导航等任务同时进行。通常，智能体可以在导航等任务开始前自由地在一定预算内探索环境（例如有限的步骤数）。视觉探索过程中会利用自身探索的内部环境记忆对于环境构建一个先验的地图，下游的导航等任务会依据该地图实现物体的定位等。但这样的地图往往会因为探索的局限性导致地图与真实环境的偏差，所以智能体也需要在进行导航等任务时同步更新地图，这会使其与下游任务的结合更加紧密。

在传统的机器人控制中，视觉探索的模块往往涉及即时定位与地图构建（Simultaneous Localization and Mapping，以下简称SLAM）的使用。SLAM方法常常涉及搭载特定传感器的主体，在没有环境先验信息的情况下，于运动过程中建立环境的模型，同时估计机器人自身的运动。传统的SLAM方法主要包括定位和建图两个问题，这两个问题目前已经有许多深入细致的研究，但是这种纯依赖建图的方法仍然存在改进空间。由于SLAM依赖于传感器的数据，SLAM对于传感器的测量误差敏感，实际运用中往往需要精细的微调。而基于网络学习的方式只需要机器人的RGB图像，使其更具准确性和鲁棒性。

智能化的视觉探索应用前景十分广泛，特别是探索那些动态变化的陌生环境，例如救援机器人或者深海探索机器人，智能化探索显得尤为重要。进行视觉探索最普通的方法即是让智能体在环境中进行随机游走，当碰到障碍物时就更改方向或停止探索，但这样的探索显然不能探测到一些不易观察的环境，所以在实际运用当中有以下几种更为实用的探索途径。

基于角点的探索：让智能体优先去寻找较难预测的角落，这样可以保证智能体对于不易到达的点的探索。但是这种对于角点的预测往往并非完全准确，所以实际仍然会遇到动作执行不稳定、误差大的问题。

基于覆盖的探索：让智能体尽可能地覆盖更多的区域。这种方法确实能保证探索的质量，但是过多的探索过程往往对于下游的任务来说是多余的，同时在环境足够大时，全部的探索对于机器人来说并不现实。

基于重建的探索：智能体根据自身视角获取的观测信息去构建基于其他视角的地图。例如，假想在房间的一个地方放置一个摄像头，构建基于摄像头角度的辅助视图。这样可以帮助机器人判断视线之外的位置是否有障碍物，某个位置是否存在特定路标等，对于机器人建图有补充效果。

视觉导航任务中，智能体可以给定一些先验知识或者语义指导。通常智能体会被告知前往某个具体的位置点，或者根据定位导航到某个物品处。正如前文提到，基于网络学习的方法往往对于传感器测量误差不敏感，同时这种方法可以融入对于环境的语义理解，利用已经探索过的环境对于未知环境作出理解和认知。随着研究的深入，专家们针对视觉导航任务举行了一些不同的挑战赛。最著名的包括：Habitat Challenge[①]，机器人挑战赛（RoboTHOR Challenge）、iGibson Sim2Real Challenge 等，其中 iGibson Sim2Real Challenge 是基于位置的导航任务，任务中包括无障碍的场景、有可交互物品的场景、存在其他智能体的场景；Habitat Challenge 中，有基于位置和基于物品的导航任务；RoboTHOR Challenge 是单纯的基于物品的导航任务。

基于物品的导航任务（Object Navigation）是具身智能任务中最直观也是最具有挑战性的任务之一。任务聚焦于导航到未知环境中某个具体标签的物品。智能体在一个随机的位置初始化，被要求寻找并定位到特定物体。这个任务与基于位置的导航不同的是，智能体需要理解任务要求的物品是什么，这就涉及更深层次的语义理解的问题，也是该任务的挑战所在。

目前一些方法包括通过强化学习，使智能体尝试从自监督的方式中，学习到一个交互损失函数，并通过自监督的方式让智能体调整或纠正行动错误。另外一种方式是通过构建物体关联图（ORG），学习物体之间的类别关联或空间关联信息，进而辅助智能体进行定

[①] Abhishek Kadian, Joanne Truong ,A.Gokaslan, A.Clegg,E. Wijmans, S.Lee,M.Savva,S. Chernova,andD. Batra, "Are We Making Real Progressin Simulated Environments? Measuring the Sim2Real Gapin Embodied Visual Navigation," inarXiv:1912.o6321,2019.

位导航。

具身问答任务（Embodied Question Answering）的提出大大推进了通用人工智能系统领域的发展。在具身情形下，为了实现问答任务，智能体需要具备多方面的 AI 智能理解能力，包括视觉认知、语言理解、问答系统、常识推理、任务规划、导航等。因此，具身问答被认为是当下最复杂、最有前景的具身智能研究话题。具身问答任务可以拆分为两大类子任务类型：导航任务和问答任务。导航模块对于智能体探索环境并找到问答相关的问题具有重要作用。一旦智能体停止导航，路径当中的序列图像会被传入问答模块，利用深度学习方法输出问题的答案。

图 2-2　具身问答任务

二、挑战与前景

当前具身智能的仿真环境在功能和保真度方面都达到了一定水平，这使得它们与用于强化学习的传统环境不同。尽管具身智能仿真环境如此多种多样，但具身智能虚拟环境在现实性、可扩展性和交互性等领域仍存在一些挑战。具身智能仿真环境具备的仿真性和物理引擎对于具身智能的研究有极大的影响，甚至可以说，很多时候，虚拟环境的不完善性成为具身智能任务突破的瓶颈。当前，仍然缺乏一个具备高物理特性、高仿真度的虚拟环境。目前很多虚拟环境仍然是基于游戏模拟器，例如著名游戏《我的世界》，基于真实环境的模拟器只有 Habitat-Sim[1]、iGibson[2] 等，屈指可数。但我们相信随着 3D 重建技术和物理引擎的发展，这样的虚拟环境可以逐渐成为现实。

除了虚拟引擎的仿真性限制，具身智能的数据可扩展性较差。与基于图像的数据集不同，它可以很容易地从众包或互联网中获得。收集大规模基于世界的 3D 场景数据集和 3D 对象资产的方法和工具是稀缺的。这些 3D 场景数据集对于构建各种具身虚拟环境至关重要，当前收集逼真的 3D 场景数据集的方法需要通过摄影测量扫描物理房间，例如 Matterport 扫描仪、Meshroom[3]，甚至是移动 3D 扫描应用程序。但是，这类产品在收集大型 3D 对象和场景扫描方面成本巨大，因为用于摄影测量的 3D 扫描仪成本高昂且无法有效普及。因此，可扩展性的瓶颈在于开发用于大规模收集高保真 3D 对象或场景扫描的工具。但随着神经渲染等新兴技术的发展，我们也许很快就可以获得大规模的优质数据集。

---

[1] M.Savva,A.Kadian,O.Maksymets,Y.ZhaO,E.Wijmans,B.Jain,J.Straub,J.Liu,V.Koltun,J.Maliketal.,"Habitat:Aplatform forem-bodiedai research," in Proceedings Of the IEEE International Conference On Computer Vision, 2019, pp.9339–9347.

[2] F.Xia,W.B.Shen,C.Li,P.Kasimbeg,M.E.Tchapmi,A.TOshev,R.Mart 1n-Mart 1n,andS.Savarese, "Interactive gibson bench mark: Abench mark forinter active navigation incluttered environments," IEEER Ob Oticsand Aut Omati On Letters,vol.5,no.2,pp.713–720,2020.

[3] Alicevision, Blender-a3 Dmodellingandrenderingpackage，Alice vision, 2018.[Online]. Available: https://github.com/alicevision/meshroom

在当前许多具身仿真虚拟环境中，与物体的交互往往可以简单地通过一些范式，如"拿起某个桌子上的花瓶"这样的句式进行交互，或者简单地调用一些预先设定好的交互接口即可完成。但实际上，真实环境的智能体往往涉及机械臂的控制等复杂因素。真实环境中智能体往往能对物体进行粗略的运动控制，但缺少对于对象状态变化的精确把控，因此，需要在对象属性和具体的操作复杂性之间进行有效平衡。具身智能对"互联网 AI"的复杂度进行了提升，需要智能体能够在 3D 仿真环境中利用多感官的传感器数据，对于长序列特征进行学习，这对于记忆长序列的特征提出了新的挑战，更进一步，对模型识别时序特征的重要部分也提出了要求。我们所熟识的处理时序数据的网络有循环神经网络、注意力机制模型、预期占用度量图、语义地图等。但是究竟哪一种网络最适合，如今人们仍没有定论。对于更复杂一点的任务如具身问答任务，有两种具有前景的方法可以减少搜索空间，降低样本复杂度从而提升模型鲁棒性。分别是模块化方法和引入先验知识。

具身虚拟环境的发展一直是具身智能研究取得进展的关键驱动力。为了了解具身智能的虚拟环境和具身智能的一些任务类型，本章对具身智能进行了一个简要的概述，希望能够给予读者一个对具身智能较为全面的理解。

第二节
数字孪生

数字孪生（Digital Twins）是一个实时的、动态的、现实世界中物理模型的数字虚拟表示，它会根据对象的实时数据进行更新，从而使工程师们可以通过模拟、机器学习、推理来帮助优化实践决策，提高现实操作的科学性和有效性。

一、概念引入

举一个具体的例子，军用战斗机在设计之前都会有一张设计图纸，但这样画在电脑上的设计图纸并不是我们所讲的数字孪生，数字孪生的虚拟模型是在飞机飞行过程中动态变化的，例如飞机零件的材料性能变化也会导致数字孪生模型的改变，可以说数字孪生是实体在虚拟模型中的实时映射。换言之，数字孪生是一个虚拟模型，用于准确地反映物理对象。所研究的对象（例如风力涡轮）会配备各种与重要功能领域相关的传感器。这些传感器产生与物理对象不同方面的性能相关的数据，如能量输出、温度、天气条件等。然后，这些数据将转发到处理系统并应用于数字副本。

获得这类数据后，虚拟模型就可以用来运行模拟，研究性能问题和生成可能的改进，最终目的是产生有价值的见解，而见解又可以反过来应用于原始物理对象。如今工业界已经有很多类似这样的模拟想法的现实产品，可以看作"数字孪生"的雏形。人们利用以下这些技术，来模仿和增强人的体验方式。

表 2-1 数字孪生的雏形

仿真方式	现实场景
电子书	纸质书
电子音乐	现场音乐
电子琴软件	真实的琴
游戏模拟器	真实游戏
动画软件	动画影片

人们不仅可以模仿已知的、有经验的各种事物，还可以创造性地模仿各种未知的、从未体验过的事物，例如影视界可以用软件创造出诸如龙、凤、麒麟、阿凡达、白雪公主、七个小矮人等故事中的形象，当然也可以创造出更多的闻所未闻、见所未见的各种形象。特别是当这种模仿与VR/AR技术结合在一起的时候，所有的场景都栩栩如生，直入心境。于是，在由数字孪生构成的虚拟世界中，所有的不可能都变成可能，所有在现实世界无法体验和重复的奇妙、惊险、刺激场景，都可以在数字空间得以实现，最大限度地满足了人的感官体验和精神需求。当前数字孪生技术主要用于收集传感器数据建模后，对于真实的物理模型进行优化和改进。但是，可以预料到的是，这样的技术同样可以用于元宇宙世界，对世界中的物体进行虚拟现实化。

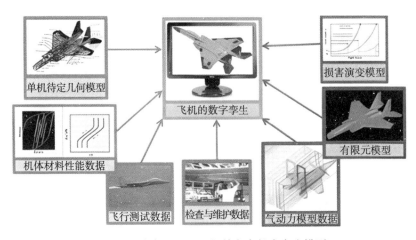

图 2-3　波音 F-15C 飞机的多个数字孪生模型

数字孪生技术大致需要数据和建模两个模块。

数据。数字孪生需要有关对象或过程数据，以便创建可以代表现实世界项目或是过程的行为状态的虚拟模型。这些数据可能与产品的生产过程有关，包括设计规范、生产过程或工程信息，还可以包括设备、材料、零件、方法和质量控制等生产信息。数据还可以与操作过程相关，例如实时反馈、历史分析和维护记录。数字孪生设计中使用的其他数据可能包括业务数据或报废程序记录等。

建模。一旦收集到了这些数据，就可以用于创建计算分析模型以显示操作效果、物理模型并确定行为。这些模型可以根据工程模拟、物理、化学、统计学、机器学习、人工智能、业务逻辑或目标来规定行动，还可以通过3D表示和现实增强建模来显示，以帮助人类理解研究结果。

二、应用场景

数字孪生技术可以被用于如以下例举的许多应用场景中。

发电设备：大型引擎，包括喷射发动机、机车发动机和发电涡轮机，极大地受益于数字孪生技术的使用，尤其是帮助大型引擎确立定期维护时间表。

结构及其系统：大型物理结构，例如大型建筑物或海上钻井平台，尤其是在设计阶段，通过数字孪生得到了很大的改进。

制造作业：由于数字孪生是为了镜像一个产品的整个生命周期，因此被广泛应用于制造阶段，在从产品设计到最终成品的所有环节提供指导作用。

医疗保健服务：正如产品可以通过使用数字孪生来描述一样，接受医疗保健服务的患者同样如此。传感器生成数据的同一类型系统可用于跟踪各种健康指标和生成关键性见解。

汽车行业：汽车代表着许多类型的复杂并协同运作系统。数字孪生广泛运用于汽车设计，既能提升车辆性能，又能提高汽车的生产效率。

城市规划：土木工程师和其他参与城市规划活动的人员亦受到数字孪生的极大帮助，它可以实时显示 3D 和 4D 空间数据，还能将增强现实系统融入构建好的环境。

上述的许多应用已经在现实世界中被广泛应用。例如我国近年来已经发布的数字孪生城市白皮书，大力提倡智慧城市、智慧交通建设，可以看出时代对于数字孪生发展的美好期望。许多国家和城市也已经有了与数字孪生相关的城市建设计划。在新加坡，数字平台"虚拟新加坡"（Virtual Singapore）作为智慧国家计划的一部分，使公众、企业、政府和研究机构能够使用大型的新加坡城市模型来获取灵感，建立解决方案并运行模拟测试。凭借丰富的数据环境，Virtual Singapore 提供了一个协作平台，协助在基础设施和资源管理、城市规划等领域做出长期决策。澳大利亚新南威尔士州政府已经启动悉尼建筑和自然环境的虚拟 4D 模型，其中包含建筑物、地层平面图、地形、物业边界和公用事业等数据。印度阿马拉瓦蒂是第一个由数字孪生衍生的发展中城市，它使规划人员、建筑师、工程师和政策制定者能够齐心协力实现集体设计、政策、社会和财务目标。

三、数字孪生的优劣势

数字孪生的优势因使用时间和地点而异。使用数字孪生来监控风力涡轮机或输油管道等现有产品，可减少维护负担并节省数百万元的相关成本。数字孪生还可用于制造前的原型设计，减少产品缺陷并缩短上市时间。数字孪生使用的其他实例还包括流程改进，无论是根据产出监控人员配备水平，还是使供应链与制造或维护要求保持一致,均能够用到数字孪生技术。

数字孪生常见的优势包括,通过监视和模拟来提高可靠性和可用性以提高性能。它们还可以通过故障降低事故风险和计划外停机时间,通过在故障发生前预测故障来降低维护成本,并确保生产目标不受安排维护、维修和更换零件订购的影响。数字孪生还可以通过分析定制模型来提供持续改进,并通过实时性能测试确保产品质量。

然而,尽管有诸多优势,但数字孪生并非适合所有情况,因为它会增加问题的复杂性。一些业务问题根本不需要数字孪生,无须相关的时间和成本投资即可解决。为使数字孪生进一步真正落地实施,我们还需要考虑以下的细节和注意事项。

清晰的 KPI:投资者需要清楚地明白数字孪生的应用场景和预期结果,制定一套适当的 KPI,以反映当前数字孪生技术进步带来的益处。仰望星空,更要脚踏实地。

现有技术和数据的盘点:研究者需要能够同步和集成现有的数据,以不同的格式、不同的类别进行细化。这将有助于未来的研究方案规划,并理解当前的技术短板。

行业治理和监管:数字孪生技术需要高度的安全性和隐私性,在如此丰富的数据环境中,监管者需要建立政策和标准,阐明如何收集、交换、分发数据和使用信息。创建受信任和受监督的流程是建立强大数据环境的关键,这将大大推动数字孪生的健康发展。

很显然,现有经营模式正在发生着根本性改变。数字革命席卷了资产密集型行业,正在以颠覆性的方式改变运营模式,而这就需要从物理和数字的角度全面掌控资产、设备、设施和过程。数字孪生是这一变革的重要部分。

数字孪生拥有无可限量的未来，因为认知功能的持续增长不断促进数字孪生的使用。所以，数字孪生总在不断学习新的技能和能力，这意味着数字孪生可以继续生成所需的见解，帮助生产更优质的产品以及提高生产效率。

第三节
虚拟数字人

虚拟数字人可以广义定义为拥有数字化外形的虚拟人物，是具有"虚拟"（存在于非物理世界中）+"数字"（由计算机图形学、图形渲染、动作捕捉、深度学习、语音合成等计算机手段创造及使用）+"人"（具有多重人类特征，如外貌、人类表演/交互能力等）的综合产物。其核心价值是打破物理界限提供拟人服务与体验。

一、发展历程

其发展是随着CG、语音识别、图像识别、动态捕捉等相关技术的共同成熟。除了CG建模+真人驱动的类别外，多模态技术与深度学习成为未来核心点。目前的虚拟数字人主要以网络上的图片、视频、直播为主，未来VR设备/全息投影有望为虚拟数字人在现实世界的投射提供更丰富的软硬件支持。[①]

20世纪80年代，人们开始尝试将虚拟人物引入到现实世界中，虚拟数字人步入萌芽阶段。该时期虚拟数字人的制作技术以手工绘制为主，应用极为有限。1982年，日本动画作品《超时空要

---

① 《2020年虚拟数字人发展白皮书》。

塞》播出后，制作方将女主角林明美包装成演唱动画插曲的歌手，并制作了音乐专辑，该专辑成功打入当时日本知名的音乐排行榜Oricon，林明美也成为了世界上第一位虚拟歌姬。

21世纪初，传统手绘逐渐被CG、动作捕捉等技术取代，虚拟数字人步入探索阶段。该阶段的虚拟数字人开始达到实用水平，但造价不菲，主要出现在影视娱乐行业，如数字替身、虚拟偶像等。电影制作中的数字替身一般利用动作捕捉技术，操作时需要真人演员穿着动作捕捉服装、面部贴上表情捕捉点，通过摄像机、动作捕捉设备将真人演员的动作、表情采集处理，再经计算机处理后赋予给虚拟角色。

2007年，日本制作了第一个被广泛认可的虚拟数字人"初音未来"，初音未来是二次元风格的少女偶像，早期的人物形象主要利用CG技术合成，人物声音采用语音合成技术，呈现形式相对粗糙。

近五年，得益于深度学习算法的突破，数字人的制作过程得到有效简化，虚拟数字人开始步入正轨，进入初级阶段。该时期人工智能成为虚拟数字人不可分割的工具，智能驱动的数字人开始崭露头角。2018年，新华社联合搜狗发布的"AI合成主播"，可在用户输入新闻文本后，在屏幕展现虚拟数字人形象并进行新闻播报，且唇形动作能与播报声音实时同步。

二、技术层面

根据《2020年虚拟数字人发展白皮书》总结，虚拟数字人通用系统框架主要包含人物形象、语音生成模块、动画生成模块、音视频合成显示模块以及交互模块。

在虚拟数字人构建的第一步，首先需要对虚拟数字人进行形象设计及建模。2D 虚拟数字人需要进行原画形象创作，3D 虚拟数字人需要额外使用三维建模技术生成数字形象。3D 建模主要包括静态扫描和动态建模两类，静态扫描是借助相机阵列扫描，进行毫秒级高速拍照，动态建模则是依赖计算机视觉／图形学技术，利用摄像机采集的动态数据，重建物理的高低频几何、纹理、材质、三维运动等。

建模完成后，虚拟数字人需要运用驱动来表现其动态性。驱动动作技术包括手动调节关键帧、预制动作、动作捕捉、智能合成（文字／语音驱动）等。手动调整动画关键帧与预制动作（类似 MMD）无法实现实时的互动功能。所以动作捕捉，利用捕捉采集的动作迁移至虚拟数字人是目前动作生成的主要方式。主流的动作捕捉技术有以下三种。

光学动作捕捉技术：光学动作捕捉系统基于计算机视觉原理，由多个高速相机从不同角度对目标特征点进行监视和跟踪，同时结合骨骼解算的算法来完成动作捕捉。理论上对于空间中的任意一个点，只要它能同时被两台以上高速相机所见，就可以确定这一时刻该点在空间中的 3D 位置。当高速相机以高帧率连续拍摄时，从图像序列中就可以得到该点的运动轨迹。

惯性动作捕捉技术：基于惯性测量单元（IMU）来完成对人体动作的捕捉，即把集成了加速度计、陀螺仪和磁力计的 IMU 绑在人体的特定骨骼节点上，通过算法对测量数值进行计算，从而完成动作捕捉。

计算机视觉动作捕捉：由多个高速相机从不同角度对目标进行监视和跟踪。

在实现了虚拟数字人的驱动功能后，最后还需要进行画面渲染。渲染技术是指把模型在视点、光线、运动轨迹等因素作用下的视觉画面计算出来的过程。这一步应用于影视和游戏当中，随着硬件能力的提升和算法的突破，渲染速度、效果真实度、画面分辨率都大幅提升，目前虚拟人的实时渲染已经能做到以假乱真。

从驱动技术来看，交互型虚拟数字人可以分为真人和计算机驱动两种类型。

计算机驱动型虚拟数字人技术，可以说是近年来多模态技术和深度学习发展的集大成者。通过智能系统自动读取并解析识别外界输入的信息，根据解析结果决策数字人后续的输出文本，然后驱动人物模型生成相应的语音与动作来使数字人跟用户互动。虚拟数字人的语音表达、面部表情、具体动作将主要通过深度学习模型的运算结果实时或离线驱动，在渲染后实现最终效果。最终呈现虚拟数字人的仿真程度依赖于各驱动模型的训练，充足的驱动关键点配合以精度较高的驱动模型，能够高还原度的复原人脸骨骼和肌肉的细微变化，得到逼真的表情驱动模型。

在真人驱动中，完成原画建模和关键点绑定后，动作捕捉设备或摄像头将基于真人的动作/表情等驱动虚拟数字人。由于背后有真人操作，该驱动型在动作灵活度、互动效果等方面有明显优势，一方面能够在影视内容的创作中减低生产成本，为影视行业降低门槛，推动影视级内容向消费级转化。另一方面则多用于虚拟偶像、重要直播中，帮助虚拟数字人完成大型直播、现场路演等互动性、碎片化活动。

事实上，这种技术思路可以看作是传统影视制作中，CG技术的进一步延续。近年来主要的技术突破在于动作捕捉环节。随着图像识别技术，姿势、表情等识别算法的进步，昂贵的惯性或光学动捕设备不再是驱动的必备工具。普通摄像头结合理想的识别算法通用能实现较为精准的驱动（如 iPhone 12 摄像头已可支持简单的动作捕捉），显著降低了精细虚拟内容生成的门槛。

三、未来趋势

拟人化：虚拟数字人是否能够做到自然交流，主要受到语音合成（TTS）技术（语音表述在韵律、情感、流畅度等方面是否符合真人发声习惯）、自然语言处理（NLP）技术（与使用者的语言交互是否顺畅、是否能够理解使用者需求）、自动语音识别（ASR）技术（能否准确识别使用者需求）等 AI 技术的共同影响。量子自然语言处理（QNLP）交互技术以对话能力为核心影响交互体验，继文本对话助手、语音 AI 助手后，该技术继续在虚拟数字人中发挥核心作用，可以视为虚拟数字人的大脑。

工具化：未来在元宇宙的数字场景中，每个用户都需要自己的虚拟形象，开放世界中大量的非用户角色（NPC）也需要做到千人千面。影视级制作的流程和效率显然不适用。因此，需要为艺术家、一般创作者和普通人，提供符合各自能力和需求的制作工具与素材。工具化是虚拟数字人技术发展的必然趋势，开发更轻量、便捷的工具，从而使艺术家和普通用户都能快速生产高品质的美术资产/数字孪生体。毕竟从零开始制作虚拟人，需要较长周期、耗费较高成本，例如 Siren 项目从启动采集到能够自然地活动，就用了接近半年时间。在积累了一定数量人脸数据和素材的基础上，更高效的工具应运而生，既是满足游戏制作流程中艺术家创造多样化角色的需求，也能够让普通人便捷生成属于自己的虚拟形象。

智能化：未来的数字人将拥有一次唤醒，多次交互的能力，具备实时智能响应、智能打断、智能纠错、多轮对话等功能。另外，随着计算机视觉、语音音频处理、自然语言处理等人工智能技术的不断进步，虚拟数字人将逐渐具备"听""说""懂""看"等能力。

表2-2 数字人、虚拟人、虚拟数字人释义对比

类别	定义	存在形式 存在于非物理空间	形象特征 拟人化	身份设定 人物虚构	人格设定 可以与现实人类进行交互	代表形象
数字形象	计算机等技术制作，以非物理空间	√				• 皮卡丘（任天堂，1996年） • 精灵/动画形象 • 二次元形象，无人类外观且拟人化程度低
数字人 （广义虚拟数字人）	强调形象拟人化，身份设定可以有现实任务对照	√	√			• 迪丽冷巴（嘉行/次世文化，2018年） • 漫画形式 • 人类外观，人物身份真实，无法交互
虚拟人	强调身份虚构，在现实社会中无人物直接映射，对交互能力无严格要求	√	√	√		• AYAYI（燃麦科技，2021年） • 社交账号，以静态图片为主 • 人类外观，人类身份虚构，无法交互

续表

类别	定义	存在形式 存在于非物理空间	形象特征 拟人化	身份设定 人物虚构	人格设定 可以与现实人类进行交互	代表形象
虚拟数字人（狭义）	强调人类交互：一是人的外观、特定的相貌、性别和性格等；二是人的行为、语言、表情和肢体动作表达能力；三是人的思想，具有识别外界环境、与人互动的能力	√	√		√	• Digi Doug（数字王国，2019年） • 实时捕捉等技术，第一位登上TED演讲台的虚拟人 • 人类外观，人类身份真实，可交互

第四节
神经渲染

一、概念引入

通过摄像机镜头拍摄的内容还原为真实的场景一直是计算机图形学研究的重点。传统的场景渲染的原理涉及一些基本的光学知识。例如通过光栅化或者追踪入射光，利用已有的物理知识和几何方法，可以渲染出在真实光线环境下的仿真模拟物体。这些物体随着传统方法原理的进展逐渐逼真。传统方法的核心是真实物理世界的光线传播定律，在模型上模拟了从光线到虚拟摄像机的光传输。因此，在渲染过程中必须获得真实场景的物理参数，例如：场景几何和物理的材料属性，包括反射率、不透明度。

利用传统的方法，我们渲染得到的物体往往有多种呈现方式，例如带有纹理的三角网格表示、点云表示，或者用占用格的方式（用非零值表示方格位置存在物体），甚至一些复杂的函数表示方法（例如神经渲染采用的表示）。

"神经渲染"是一种全新的渲染范式，其代表的方法是 NeRF 方法[①]，该方法使用可微分的渲染损失从观测中重建整个场景表示，被称为逆向图形或逆向渲染，结合了经典计算机图形学和神经网络，创造了一种新颖的从真实世界观察中合成图像的算法。

二、神经渲染基本原理

神经渲染，特别是三维神经渲染是基于计算机图形学的经典概念。神经渲染流程学会了从真实世界的图像中渲染和 / 或表示一个场景，这些图像可以是无序的图像集，也可以是结构化的多视图图像或视频。它通过模仿相机捕捉场景的物理过程来实现这一目标。三维神经渲染的一个关键属性是在训练过程中，相机捕捉过程（即投影和图像形成）与三维场景表示的分离。这种分离有几个优点，特别是在图像合成过程中导致了高水平的三维一致性（例如，对于新的视点合成）。为了将投影和其他物理过程与三维场景表示分离开来，三维神经渲染方法依赖于计算机图形学中已知的图像形成模型

---

① Mildenhall B, Srinivasan PP, Tancik M, et al. Nerf: Representing scenes as neural radian ceilds for view synthesis[C]//European conference on computer vision. Springer, Cham,2020:405–421.

（例如光栅化、点拼接或体积整合），这些模型是以物理学为动力的。

计算机图形领域为这个渲染方程提供了各种近似的方法。这些近似方法取决于所使用的场景表现，范围从经典的栅格化到路径追踪和体积整合。三维神经渲染利用了这些渲染方法。

下面我们以经典的 NeRF 方法为例，对其原理进行一个简单的介绍。NeRF 的基本思想是将目标场景看作 3D 的容积，用神经网络隐式表征。沿观察方向投影线对 3D 容积采样，由表征函数计算色彩特征并投影积分后，该方法就可生成渲染图像。因此，NeRF 方法的实现是深度场景表征与容积渲染方法的组合。

（一）深度场景表征

NeRF 用神经辐射场来隐式表征场景的色彩特征。神经辐射场是一个深度神经网络。网络的输入是容积化场景体素点的三维位置坐标和观察相机的二维角度坐标，输出是对应五维坐标体素的色彩密度特征。注意，NeRF 网络本身并没有直接呈现场景的内容，而是通过输入坐标间接计算出对应点场景信息，因此 NeRF 是场景的隐函数表征。NeRF 是一个多层感知器网络。注意其输入并不仅仅是原始的三维体素位置与二维相机角度。为了更好表征场景的细节（高频）内容，笔者提出用各维度的高次谐波作为网络输入，其形式类似于 Transformer 中的位置编码。

（二）容积渲染

容积渲染是一种特殊的渲染方式，它将通过三维体积保存的数据沿观察方向投影形成二维图像。最广为熟知的例子是医学影像中的 CT 成像。计算机图形学中容积渲染可通过投影面当线步进（Ray Marching）方法来实现。Ray Marching 由四步组成：一是，在投影图像上逐像素产生射线投射；二是，沿射线对容积的体素采样；三是，获取/计算体素特性；四是，累积体素特性计算投影图像的颜色灰度值。NeRF 渲染实现正是按照上述步骤实现，并通过离散采样，投影积分过程转换为累积求和。由于体素特性由可微的 MLP 函数表征，整个渲染流程是可微的，从而方便在现代深度学习框架上实现。

NeRF 的一个创新是针对场景不透明度、分布稀疏的特性采用了二次采样的方法来提升采样效率。NeRF 方法在一条投影线上先均匀采样 64 个体素，计算密度分布。根据分布，NeRF 再采样 128 个体素。像素值由两步采样的体素特征共同累加得到。

（三）优点与局限

NeRF 方法的神经网络模型是一类以坐标为输入的神经网络（Coordinated based Neural Network，以下简称 CONN）。CONN 并非 NeRF 首创，在多个领域都能找到其应用。近年来在 AI 融合科学计算中取得瞩目进展的基于物理信息的神经网络（Physical Informed Neural Network，以下简称 PINN）正是采用了 CONN 思路来加速微分方程求解的。

同样在神经渲染领域，稍早的工作 DeepSDF 中提出的符号距离函数（Signed Distance Function，以下简称 SDF）等方法也采用基于坐标输入的神经网络来表征场景中体素是否属于目标物体的情况。NeRF 方法在这些基础上创新地整合了场景隐式表达和可微容积渲染，用一个新的思路实现了自然场景的学习与再现。其实验结果也非常令人印象深刻。

值得指出的是从计算特征的角度来看，NeRF方法的网络及实现结构并不复杂，其主体网络MLP的计算以矩阵乘加为主。渲染过程仅需要简单的反复执行MLP网络的前向预测。这种计算特征非常适合现代集成了张量计算核心（Tensor Core）等部件的AI加速器如图形处理器（GPU）、张量处理器（TPU）来实现。

NeRF的整体框架也很灵活，易于扩展。其基于坐标的隐式表征方法也进一步启发了其他学者在光场控制、内容编辑等图形渲染其他方向的创新。作为一个开创性的工作，NeRF也存在一些局限之处。除了渲染质量外，NeRF主要的两个局限在于计算量巨大和仅适用于静态场景。自从论文提出后，有一系列的文章基于此方法进行了改进和创新。

三、"大巧不工"

NeRF方法提出了一个新的场景建模与渲染的思路。这一神经渲染的开创性工作算法简洁，又充分利用了现代硬件的计算能力，可以称得上是"大巧不工"。这一工作也为神经渲染开辟了新的研究方向，为神经渲染的进一步发展和实用化提供了基础的方法框架。我们可以看到NeRF已经启发了许多学者探索新的神经建模与渲染方法。在今年的AI和图形学峰会上我们看到了一大批令人印象深刻的针对NeRF的改进或基于NeRF的拓展工作。相信这一热潮还会持续下去，在不远的将来会出现NeRF驱动的神经渲染应用于增强现实、虚拟游戏、电影动画等各类图形渲染的实践。

值得一提的是，NeRF网络是一种mesh-free的表征方法，与深度科学计算领域正在蓬勃发展的PINN有着内在的共通性。相信这两类方法在模型表达和优化方法等方面会相互促进，进而推动神经渲染和深度科学计算领域的共同发展。

第三章

数字资产的定义

第三章 数字资产的定义

第一节
数字资产概念的演进

从数字资产概念的演化看,其外延在不断拓展,"数字"的属性逐渐弱化,"资产"的属性逐渐强化。①"数字资产"一词最早出现于出版、音像等领域。当书籍、音乐和视频等出版物转化为二进制形式发布以后,为方便进行分发和计量,版权所有者将此种形式的文件称为"数字资产"。随后,互联网技术的发展极大地拓展了"数字"对经济社会的影响,海量的碎片化信息成为大数据时代的"石油"。区块链技术出现后,比特币、ICO、STO、数字法币等随之产生,数字资产的外延再次得到拓展。从本质上说,数字资产是指拥有二进制形式数据的所有权,产生并存储在计算机、智能手机、数字媒体或者云端等设备中。②数字资产以密码学保证资产安全,被所有者拥有并可以安全传输。

从经济学角度来说,数字资产是企业拥有或控制、以数据形态存在,在日常活动中生产、经营或持有待售的可变资产。数字资产属于网络虚拟财产,包括网站及其内容、域名、应用软件、代码、电子文档、图片内容、媒体内容、电子货币、电子邮件、游戏账号、社区网络账户及其关系和内容、云端服务账户及其数据等。

目前,狭义的数字资产越来越倾向于虚拟货币。③例如,2018

---

① 刘鹏林.数字资产:资产数字化还是数字资产化[J].中国信用卡,2021(8).
② TOYGAR A, ROHM C E T J, ZHU J.A New Asset Type: Digital Assets [J]. Journal of International Technology & Information Management, 2013, 22(4):113-119.
③ 朱扬勇,叶雅珍,等.从数据的属性看数据资产[J].大数据,2018(6);罗薇.美国和英国数字资产监管政策比较研究[J].价格理论与实践,2019(2).

年5月，泰国颁布了《数字资产法》(Royal Decree on the Digital Asset Businesses B.E. 2561)，其中包括《2018年数字资产企业法》和旨在监管相关税务的《2018年税收法修订案》两部分，该法令将数字资产类型分为加密货币和数字代币（其他相似用途的电子数据单位也将被证券交易委员会授权指定为加密货币或数字令牌）。[①] 广义数字资产泛指一切以数字表示的有价值和使用价值的数字符号，包括信息系统产生的数据、以电子形式存在的同资产交易相关的直接数据（物流、资金、信息、商品流）和行业数据。

数字货币源于电子货币。大卫·乔姆（David Chaum）于1983年率先提出"电子货币"的概念，并采用盲签名密码学技术构造了最初的数字货币方案，随后发明了E-cash系统。在2008年之前，大部分的数字货币都是基于E-cash的中心化架构。然而中心化的组织架构缺乏国家信用的支撑，一旦中央服务器崩溃或者发行组织出现问题，那么相应的数字货币就面临着信用破产。因此，此阶段大部分的数字货币尝试均以失败告终。

2008年之后，随着区块链技术的应用，数字货币得到了真正的发展。中本聪于2008年提出了比特币概念，比特币采用区块链技术实现去中心化，解决了传统数字货币存在的高成本、低效率等问题。此后，各类数字货币开始广泛出现。该阶段数字货币的演化经历了三个阶段，第一代被称为比特币类，包括比特币、莱特币、瑞波币等，此类币种采用智能合约和DLT技术，或是采用区块链技术构架，没有明确的货币发行者，在很小的范围内发挥货币职能，价值不稳定，没有被大众普遍接受；第二代是稳定币，

---

① 叶雅珍，朱扬勇. 数据资产[M]. 北京：人民邮电出版社，2021.

包括Facebook提出的天秤币（Libra），美国财政部批准的泰达币（USDT）等，这类数字货币有明确的货币发行者和信用基础，与现实资产（美元等）挂钩来保持币值稳定；第三代数字货币即为各国中央银行发行的法定数字货币（见图3-1）。①

图3-1 数字货币的演化历程

可以根据是否采用区块链技术将数字货币分为两类。② 狭义的定义认为，数字货币指的就是以区块链或分布式记账作为技术基础的加密数字货币。③

在技术上，数字货币通常被分为原生币和代币。原生币自身拥有主链并通过链上交易维护账本数据，如比特币、以太币等，代表基础价值；而代币则依附于现有的区块链，使用智能合约进行账本的记录，如依附于以太坊上而发布的代币。

代币具有三个要素：一是数字权益证明，代币必须是以数字行使存在的权益凭证，代表一种权利、一种固有和内在的价值；二是加密，代币的真实性、防篡改性、保护隐私等能力由密码学予以保障；三是能够在一个网络中流动，从而随时随地可得到验证。

代币可分为同质化代币（FT）和非同质化代币（NFT）。非同质化代币具有不可分割、不可替代、独一无二等特征。是一种记录在区块链里，不能被复制、更换、切分的，用于检验特定数字资产

---

① 管弋铭，伍旭川.数字货币发展：典型特征、演化路径与监管导向[J].金融经济学研究，2020（3）.
② 冯洁语.论私法中数字货币的规范体系[J].政治与法律，2021（7）.
③ 罗薇.美国和英国数字资产监管政策比较研究[J].价格理论与实践，2019（2）.

真实性或所有权的唯一通证。同质化代币与非同质化代币相对，例如直接构建在比特币区块链上的比特币或构建在以太坊区块链上的以太币。以太坊为去中心化应用程序创建了一个可替代的协议，提供了一套不同的权衡机制。

根据不同类型，代币还可分为权益型、应用型和债权型。代币能在区块链系统中转让和交易，持有人最终可以与发行人交换其代表的外部资产或利益。将外部资产或利益转换为代币是一个资产数字化的过程，此时代币也被称为"区块链资产"。资产支持代币的基本价值来自其所代表的实际资产价值，是一种数字权益证明。此外，根据代币所处的区块链技术层还可分为原生层代币、协议层代币、应用层代币（见图3-2）。

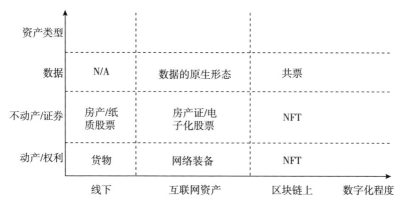

图3-2　数字化程度与资产类型

第二节
数字资产及相关概念的关系

我国在元宇宙中有所作为符合习近平总书记所提出的"构建人

类命运共同体"理念。在数字世界发展中，应把握中华民族复兴的战略布局和人类百年未有之大变局，勇于提出中国原创性的概念和理论[①]，主导标准规则的制定，从而更加积极地参与元宇宙的构建。

根据价值来源，数字资产主要分为两类：一种是资产数字化，把物理的、实体的身份和资产映射到数字世界，目前主要包括NFT；第二种是原生资产，数字世界中新产生的资产，如利用区块链技术锚定转化后的数据。但要真正实现后者的价值，释放经济活力，还需要共票机制等技术、制度的辅助。[②]

我们通过表3-1，将数字资产与相关概念进行了梳理。

表3-1 数字资产及相关概念

概念	阐释
数据资产[③]	拥有数据权属（勘探权、使用权、所有权）、有价值、可计量、可读取的网络空间中的数据集。2013年，《美国陆军信息技术应用指南》[④]将数据资产定义为"任何由数据组成的实体以及由应用程序提供的读取数据的服务；数据资产可以是系统或应用程序输出的文件、数据库、文档或网页等，也可以是从数据库返回单个记录的服务和返回特定查询数据的网站；人、系统或应用程序可以创建数据资产"。 2018年4月，中国信息通信研究院云计算与大数据研究所发布的《数据资产管理实践白皮书（2.0版）》中将数据资产定义为"由企业拥有或者控制的、能为企业带来未来经济利益的、以物理或电子的方式记录的数据资源，如文件资料、电子数据等"。
数字资源	数字资源包括使用富媒体和跨文本、图像、声音、地图、视频和许多其他格式的对象。[⑤]

---

① 例如数字地球、数字文明、共票、以链治链等概念和理论。
② 杨东. 区块链让众筹和共票成为中国原创的制度理论［J］. 金融博览，2018（10）.
③ PETERSON R E. A Cross Section Study of the Demand for Money: The United States [J]. The Journal of Finance, 1974, 29（1）: 73–88.
④ Army information technology implementation instructions.
⑤ IEEE Communications Society. Record [R]. Institute of Electrical and Electronics Engineers, 1981.

续表

概念	阐释
信息资产	已经或应该被记录的具有价值或潜在价值的数据。①
数字经济	2016年，G20杭州峰会上给出定义：数字经济是指以使用数字化的知识和信息作为关键生产要素、以现代信息网络作为重要载体、以信息通信技术的有效使用作为效率提升和经济结构优化的重要推动力的一系列经济活动。②
数字资产	从本质上说，数字资产拥有二进制形式数据所有权，产生并存储在计算机、智能手机、数字媒体或云端等设备中。③
数字资本	数字资本是指由新的合作关系"商业网络"（b-webs）创造的财富；商业网络是指由生产商、服务提供商、供应商、基础设施公司和通过数字渠道连接的客户等所组成的合作网络；当智力资本进入数字网络时，整个行业发生改变，以全新的方式创造财富连接数字资本；在商业网络中，客户资本成为关系资本，在未拥有人力资本的情况下公司也可以建立关系资本，并通过新的商业模式来构建结构资本；数字资本赋予了传统商业模式下人力资本、客户资本和结构资本新的内涵和维度。④

第三节
元宇宙数字资产的法律属性

一、数字资产与物理资产的关系

物理资产（Physical Assets）也常被称作有形资产（Tangible

---

① The Hawley Report, 1994.
② TAPSCOTT D. The Digital Economy: Promise and Peril in the Age of Networking Intelligence [M]. New York: McGraw-Hill, 1995.
③ MEYER H. Tips for safeguarding your digital assets [J]. Computers & Security, 1996, 15(7): 588.
④ TAPSCOTT D, TICOLL D, LOWY A. Digital Capital: Harnessing the power of business webs [M]. Boston, MA: Harvard Business School Press, 2000.

Assets)。狭义的有形资产仅指固定资产和流动资金。广义上则包括资金、产品、设备、装置、厂房、人才信息等生产要素。[1] 其价值来自可触的、有形的和可视的因素。

一方面,数字资产与物理资产有密切的联系,二者并非相互独立。

数字资产具有保存和利用价值,有可能转化为有形资产。[2] 广义上讲,数字资产包括数字化后的物理资产。资产数字化并没有创造新的资产,也没有改变资产价值的原有实现方式,此处的"数字资产"代表了既有的信用关系,但资产的内在价值和使用价值保持不变。[3]

另一方面,数字资产与现实物理资产也存在着区别。

一是,本质不同。传统电子票据只是纸质票据的一种数字化表达形式,还不能称作数字资产,而应该称为证券。作为一种记录方式和流通工具,证券往往记录的只有部分用于流通的信息,而并没有记录资产的产生、交易、合同等底层与真实价值背景相关的信息。但真正的数字资产应当是将生产和交易的全量信息以数字的形式展现并流通,数字化后的数据才是真正意义上的数字资产。数字资产应当是指资产的数字化表达,如果将数字资产定位为基于数字内容的资产,那么不过是为传统资产增加了一个新的品类而已。所谓资产的数字化表达,即资产表达方式数字化。比如说,本来用纸和文字表达的合同,可以用数字化的电子文件来表达;本来纸质的登机牌,表达为手机钱包里的电子登机牌;本来的纸质股票,表达

---

[1] 王光涛.试论企业有形资产与无形资产的相互转化[J].企业管理,1995(9).
[2] 李吴松.数字资产管理在企业信息化中的应用[J].湖北经济学院学报,2010(9).
[3] 姚名睿.数字资产和数字金融[J].清华金融评论,2019(9).

为中国证券登记结算公司系统当中的电子记录;本来的纸质钞票,表达为支付宝里的余额;本来的纸质房产证,表达为房管局数据库里的一条记录。以上的这些,都是资产的数字化表达,而这些以数字化方式表达的资产,其基础本体可能是非数字化的事物,比如房屋、股权、金钱等。当然,其基础本体也可以是数字内容,比如一部数字电影、一张数码照片、一部网络小说等。

资产的数字化表达和基于数字内容的资产是有显著区别的,一个基础本体是数字化对象,而资产表达方式未必是数字化的;另一个资产表达为数字化对象,但其基础本体未必是数字化的。不过当然,两者之间也有交集,如果一个资产,其基础本体是数字化的,其表达也是数字化的,那么它便同时属于这两个类别。

二是,形式上的区别。数字资产是资产的数字化。本质上,我们也可以把数字资产看成是数据的资产化,因为不管是物理世界属性还是互联网原生数据,都要先转换成可资产化的数据,"资产—资产数据化—数据资产化"是资产数字化的必经流程。而现实物理资产是物理世界属性的资产。

二、数字资产法律属性的探讨

"数字资产"一词尚未出现在法律文本中,但学术界达成了其属于"网络虚拟财产"这一共识。关于网络虚拟财产目前有如下法律规定:《中华人民共和国民法典》第127条规定"法律对数据、网络虚拟财产的保护有规定的,依照其规定",这是中国第一次在法律的层面上提及网络虚拟财产;第266条规定"私人对其合法的收入、房屋、生活用品、生产工具、原材料等不动产和动产享有所有权";第267条规定"私人的合法财产受法律保护,禁止任何组

第三章 数字资产的定义

织或者个人侵占、哄抢、破坏"。本条确定了法律对网络虚拟财产的保护态度。《最高人民法院 国家发展和改革委员会关于为新时代加快完善社会主义市场经济体制提供司法服务和保障的意见》规定"加强对数字货币、网络虚拟财产、数据等新型权益的保护,充分发挥司法裁判对产权保护的价值引领作用",从司法裁判角度明确了对于网络虚拟财产、数据等新型权益的保护。

现有的法律规定明确了对数字资产的保护。但尚未对数字资产的内涵和外延达成共识。[①] 目前对于网络虚拟财产的权利内容主要存在着债权说和物权说的争论。债权说认为,网络虚拟财产持有人的权利实现,完全依赖于控制了相关服务器的网络服务提供商,持有人无法自由地支配网络虚拟财产,因而网络虚拟财产欠缺物权所必需的"支配性",[②] 也就是说网络虚拟财产持有人对发行网络虚拟财产的网络运营商享有债权。[③] 而物权说认为,网络虚拟财产持有人对网络虚拟财产享有所有权。[④]

以典型的数字资产——NFT 为例。[⑤]2017 年 9 月,中国人民银行、中央网信办、工业和信息化部等多部门发布《关于防范代币发行融资风险的公告》,明确将 ICO 界定为"未经批准非法公开融资的行为",并明确应当"全面清退国内融资代币和虚拟货币交易业务"。2021 年 9 月,国家发展改革委、中央宣传部、中央网信办等多部门发布《关于整治虚拟货币"挖矿"活动的通知》,中国人民

[①] 申晨.虚拟财产规则的路径重构[J].法学家,2016(1).
[②] 王雷.网络虚拟财产权债权说之坚持——兼论网络虚拟财产在我国民法典中的体系位置[J].江汉论坛,2017(1).
[③] 申晨.虚拟财产规则的路径重构[J].法学家,2016(1).
[④] 杨立新.民法总则规定网络虚拟财产的含义及重要价值[J].东方法学,2017(3).
[⑤] 杨东,梁伟亮.论元宇宙价值单元:NFT 的功能、风险与监管[J].学习与探索,2022(10).

银行、中央网信办等多部门发布《关于进一步防范和处置虚拟货币交易炒作风险的通知》，都重申了监管对于虚拟货币的态度，对虚拟货币"挖矿"、交易等活动予以否定，明确"虚拟货币相关业务活动属于非法金融活动"。这些规定不仅体现监管层整治虚拟货币的决心，更彰示了监管层要求区块链相关技术去金融化的决心，以引导区块链技术服务实体经济的方向。同样作为区块链数字资产，NFT的金融化必与虚拟货币挂钩，并打破其非同质化和不可分割的特性，每上链一个NFT就相当于私人发行相应的数字货币，这会因后者的高波动性和其他因素而积聚较大风险并产生风险溢出效应。[1]而且，区块链的去中心化特质还会使金融监管的难度加大，助长洗钱、非法集资等犯罪。金融与科技的结合虽然没有改变金融的风险属性，但增强了风险的积聚效应，使金融风险成倍数级增加。[2]可预见，金融化导向将使NFT行业走向万劫不复的境地。

目前国外NFT市场存在NFT碎片化和份额化的实践，这些项目以提高NFT交易的流通性为由，将NFT产品进行份额交易。这在我国的监管语境下是不可能实现的，并且从现实影响看，应推动区块链技术应用与实体经济业务融合。[3]虽然NFT与去中心化金融的结合，会推动元宇宙系统再造一个新的包括金融体系和权益证明体系的生态体系，创造新的数字世界的信任机制和价值再造。但是单就NFT而言，在具体的实践中，应该鼓励NFT技术应用在支持实体经济发展等领域，比如支持数字版权、数字营销、数字收藏

---

[1] 杨东，黄尹旭.ICO本质及监管机制变革［J］.证券法苑，2017（5）：308-309.
[2] 高惺惟.平台垄断与金融风险问题研究［J］.现代经济探讨，2021（7）.
[3] 庄雷.区块链与实体经济融合的机理与路径：基于产业重构与升级视角［J］.社会科学，2020（9）.

品、艺术品等领域的创新等,使这些不可分割、难以流转的权利类型可以在现实经济生活中验证、消费等,紧贴实体经济发展的需要,从而真正发挥NFT技术的价值。而对于带有明显金融属性的NFT产品,如用NFT技术表达房地产、证券、保险保单、信贷等产品,国家应考虑出台监管政策明确禁止非持牌金融机构创立或者参与该类项目。并且,应明确NFT交易不得与任何虚拟货币关联。对于国内市场的NFT项目,应该强调NFT的非同质化和不可分割性,并明确规定NFT产品只能通过法定数字货币进行计价和结算,严格禁止通过虚拟货币或者外币进行交易。也需要禁止将NFT产品作为抵押品,获取虚拟货币等行为。避免NFT被当作非法洗钱活动和非法跨境资产转移的工具。

结合我国当前NFT行业的实践现状及监管环境,我们认为,NFT的法律属性应蕴含在民法体系之内,而不应将其归为证券或其他金融产品。原因在于现行法的法律依据不足,《证券法》也并未给NFT等数字资产留下可能被认定为证券的空间,且目前也未出现过国务院根据法律授权认定其他证券的情形。[①]这同时也就导致了豪威测试和里夫斯测试以及美国证券交易委员会(SEC)于2019年4月发布的《数字资产"投资合同"分析框架》失去了借鉴适用

[①] 杨东,马扬.天秤币(Libra)对我国数字货币监管的挑战及其应对[J]探索与争鸣,2019(11).

的空间。① 为促进 NFT 行业健康发展，当前妥适的做法是在民法的话语体系下，将 NFT 定性为一种基于区块链技术的虚拟财产，非同质化且不可分割，本身无法标准化。

三、数字货币法律属性的借鉴

狭义上的数字资产通常指数字货币。② 关于数字货币的法律属性，总体上有非货币财产说和货币说，后者又包括商品说、证券说、数据说等学说。这几种具有代表性的学说均有无法逾越的理论困局和现实障碍，因此有必要对数字货币之法律属性再行探讨。2013 年，我国人民银行等五部委联合发布的《关于防范比特币风险的通知》虽倾向于将比特币作为普通商品对待，却未进一步论述其财产属性。

在立法层面明确数字货币的法律属性不能一蹴而就。参考世界各国关于数字货币法的立法路径，总体分为两种情况。第一，在法院判例中认可其作为货币的法律地位。第二，直接立法确认其作为货币的法律地位。

---

① 豪威测试和里夫斯测试（Raves test）这两种经由美国法院不断发展的证券定义方法达了共识，即证券的特征是投资性、横向共同性和风险裸露性，证券概念应适应资本形成和投资者保护之间的平衡、市场经济的基本要求而有所扩大。《数字资产"投资合同"分析框架》中，美国证券交易委员会提出将数字资产认定为证券需考虑金钱投资、普通企业、从他人的劳动中得到合理利润等因素。参见邢会强.我国《证券法》上证券念的扩大及其边界 [J]. 中国法学，2019（1）.；U. S. Securities and Exchange Commission, Framework for "Investment Contract" Analysis of Digital Assets, https:// www.sec.gov/corpfin/frame-work-investment-contract-analysis-digital-assets，最后访问日期：2021 年 11 月 20 日。
② 数字货币是以区块链作为底层技术支持，具有去中心化、可编程性、以密码学原理实现安全验证等特征。

四、构建数字货币的民事规则

货币在民法中属于种类物,由此进一步衍生出其在制度安排上以下四点的特性。第一,货币奉行占有即所有原则,即使货币系占有者借来的亦不影响其作为所有人的法律地位,其与货币来源者之间又通过债权债务关系实现利益调整。第二,在财产返还问题上,货币基于其种类物的特征只适用同等价值返还原则。第三,在财产担保问题上,货币占有即所有的原则从根本上断绝了其作为质押担保客体的可能性。第四,涉及对货币的强制执行时,基于占有即所有的原则,不存在像普通财产那样的执行异议问题。

为此,有必要在立法中确认数字货币作为准货币的法律地位,[①]并以此作为逻辑起点建构其作为准货币的系列法律制度。第一,数字货币适用占有即所有的民法原则,即在民事法律关系中,用户通过公钥和私钥来控制和支配数字货币,亦即意味着其对数字货币享有所有权。第二,数字货币适用同等价值的返还原则。数字货币属于种类物范畴,故在涉及其返还的法律问题时,应适用同等价值的返还原则,即以支付时的价值为准予以返还。第三,数字货币应排除在质押担保范畴之外。基于对数字货币作为种类物的属性认知,在设计其担保制度时理应按照准货币对待,并且将其排除在质押担保的客体范围之外。第四,数字货币排除在执行异议适用范畴之外。数字货币作为准货币,其重要的法律功能在于解决协议履行中的对价支付问题,在相关制度设计中,既要考虑到其货币的法律属性,又要考虑到其与传统货币的区别。在去中心化模式下,交付系

---

① Steven Stern. Digital Currency: May Be a "Bit Player" Now, but in the Longer Term a "Game Changer" for Tax [J]. Jowrnal of Australian Taxation. 2017(19): 21.

在用户与用户之间直接完成的,基于分布式记账的需要,相关交付记录需要分布式存储在区块链的各个结点上,为此,矿工将支付记录打包到区块(账本)当中,再由矿工将区块(账本)广播到区块链当中的各个结点当中,数字货币的交付才算真正完成。数字货币特殊的交付方式,使其具有不可逆的法律属性。[①] 在缺少中心服务器的数字货币语境下,强制完成可逆支付,在理论上需要掌握整个区块链条超过51%的算力才有可能实现,而这又几乎是不可能完成的事情。数字货币支付的不可逆性,也导致在合同无效或可撤销情况下的救济难题。权利人虽可请求返还数字货币,但同时亦应完成传统法币与数字货币的换算,必要时由法院强制执行被告的法币来完成替代履行。

---

① Scott D. Hughes. Cryptocurrency Regulations and Enforcement in the U.S. [J].Western State Law Review. 2017(45): 5.

第四章

元宇宙中数字资产的分类

第一节 主要国家和地区关于区块链数字资产的分类状况

目前元宇宙中的数字资产虽然主要基于区块链技术生成、交易，但其价值来源与经济本质却差异明显，有些是物理资产的链上映射，有些是基于共识的虚拟财富。贸然将其归为一类而忽视差距会导致监管漏洞，也会给投资者造成理解与交易上的困难，不利于元宇宙的健康发展。出于规范数字资产交易，最大限度发挥其价值的目的，各国监管机构在现有治理机制下，根据其经济本质或交易特点等标准进行了分类。

一、日本关于区块链数字资产的分类状况

（一）数字资产的分类状况

1. 基于经济本质的分类

一段时间以来，比特币等基于区块链的代币被称为"虚拟货币"，这也是国际货币基金组织（IMF）、反洗钱金融行动特别工作组（FATF）等国际组织的报告书中所使用的 virtual currency 一词的直接翻译，自 2018 年 G20 峰会开始，改称其为加密资产（crypto asset），是由于虚拟货币的名称容易使用户误认为与法定货币存在关联。因此，日本 2019 年修法时将虚拟货币改名为数字资产（或译作"加密资产"），意指采用了密码学算法的网络资产，突出了其

投资对象的属性。①

依照其经济本质,可以将ICO②发行的数字资产类型分为如下三种:第一种是投资型,是指持有者可以向发行者主张收益分配权的类型,也被称作证券型代币;第二种是其他权利型,是指持有者享有从发行者处获得产品或服务的权利,也被称作功能型代币;第三种是无权利型,是指持有者不对发行者享有权利的类型,也被称作支付型代币。③

2. 基于监管视角的分类

基于区块链或其他新兴技术的各类代币具有不同的经济性质,因而需要设置层次化的不同监管规则。在日本的法律框架下,数字资产和电子记录移转权利的定义采取了类似的表述,实质上两者共同的外延界限是由数字资产的定义确定,沿用了原有虚拟货币的定义。在此基础上,依照投资性的有无,将数字资产分为《金融商品交易法》所规定的电子记录移转权利和《资金结算法》规定的数字资产。更进一步,电子记录移转权利依照其流通性分别比照第一项有价证券和第二项有价证券受到监管。④

对于不构成有价证券的数字资产,在日本法律下,由于路径依赖的原因,此类数字资产交易平台的监管被写入监管支付服务的《资金结算法》之中。本次修法为适用《金融商品交易法》已有的监管框架,将数字资产列为该法所定义的金融商品之一,规定了数

---

① 杨东,陈哲立.数字资产发行与交易的穿透式分层监管[J].学习与探索,2020(10).
② 基于区块链技术的各种代币(Tokens)被广泛发行和交易,许多初创企业发行自己独有的代币,并向公众募集比特币等"虚拟货币",这种商业模式被称为首次代币发行。
③ 杨东,陈哲立.数字资产发行与交易的穿透式分层监管[J].学习与探索,2020(10).
④ 杨东,陈哲立.数字资产发行与交易的穿透式分层监管[J].学习与探索,2020(10).

字资产金融衍生品交易和现货交易的适当性监管事项。

《金融商品交易法》根据有价证券的流通性,将有价证券分为流动性较高的"第一项有价证券"和流通性较低的"第二项有价证券",并设置了差异化的信息披露规制、不正当交易规制,此外,经营相关交易业务所需的牌照也有所不同。具体而言,第一项有价证券主要指的是股票、债券等传统的有价证券,而第二项有价证券主要指的是非上市投资基金份额等流动性较低的投资产品。该法第2条第2项后段列举了属于第二项有价证券的对象,其中规定了集合投资计划份额作为有价证券的兜底性规定。2019年修法前,投资型代币可以被解释为集合投资计划份额的权利凭证,属于第二项有价证券范畴。

由于投资型代币可以在区块链上自由流转、风险较高,因而日本金融厅认为,原则上需要将投资型代币视为第一项有价证券来监管。因此,《金融商品交易法修正案》(以下简称《修正案》),将用代币表示的有价证券权利称为"电子记录移转权利",即通过可以用电子信息处理系统进行转移的财产性价值(限于在电子机器或类似物体上用电子方法记录的对象)来表示的权利。这一定义与《资金结算法》对数字资产的定义类似,其实质就是指 ICO 发行的投资型代币。同时,为了避免重复监管,《资金结算法》补充规定,属于《金融商品交易法》所规定的电子记录移转权利的,不再视为该法所监管的数字资产。

本次修法后,投资型代币所代表的权利若是符合集合投资计划的定义,则属于电子记录移转权利,将视其流动性分别比照第一项有价证券或第二项有价证券受到监管。①

以经济本质划分法律概念的相邻边界：日本法中的集合投资计划作为有价证券的兜底条款，由三个积极要件、四个排除要件组成。三个积极要件分别是，投资要件，出资人投入金钱等；共同事业要件，所出资的金钱用于开展一定的事业（出资对象事业）；收益分配要件，出资人拥有可以从出资对象事业所产生的收益获得分配的权利。四个排除要件分别是，直接参与要件，所有出资人直接参与出资对象事业的；约定出资人享有的收益不得超过所出资金额的；保险合同、互助合同等其他法律有特别规定的；政令规定的其他情形，目前包括仅以注册会计师或律师为当事人的情形。②

由于投资型代币以外的代币也可以转卖获利，因此收益分配要件的解释在很大程度上左右了哪些代币会被视作有价证券。对于支付型代币，一般认为不属于证券，主要原因是，支付型代币往往是去中心化的，而且支付型代币不与任何业务或事业相关联，无法适用信息披露规制。因此，收益分配要件的影响对象主要是功能型代币。相对于美国，日本对收益分配要件的解释范围较小，集合投资计划的收益分配要件仅限于发行人承诺直接分配收益的情形，本次修法引入电子记录移转权利概念时，也明确说明电子记录转移权利

---

① 杨东,陈哲立.数字资产发行与交易的穿透式分层监管[J].学习与探索,2020（10）.
② 日本法中集合投资计划的构成要件直接来源于美国证券法上的豪威测试标准。美国证券法规定了投资合同作为证券的兜底条款，联邦法院在一系列判例中确定了豪威测试标准，用以检验一项交易是否属于投资合同，具体要件是：利用金钱投资、投资于共同事业、对获得收益有合理预期、投资者被动性要件是收益主要依赖于投资人以外的人的努力。在判断ICO代币是否属于证券时，日本的集合投资计划和美国的投资合同所涵盖的范围既有共性又有差异，主要涉及收益分配要件和直接参与要件的解释。参见杨东，陈哲立.数字资产发行与交易的穿透式分层监管[J].学习与探索，2020（10）.

的含义只涵盖投资型代币。日本金融厅负责起草《修正案》的官员认为，如同购买型、捐赠型的众筹不属于金融商品交易法的监管对象一样，功能型代币同样不属于金融商品交易法的监管对象，因为功能型代币的经济本质不具备金融属性。[1]

《金融商品交易法》依据流通性而非权利内容对第一项有价证券和第二项有价证券进行了区分。例如，同样是信托受益权，信托所发行的受益证券属于第一项有价证券，而普通信托的受益权则属于第二项有价证券。其原因在于，流通性较低的有价证券覆盖的公众人数较少，投资者保护的需求相对较低，为了减少对市场的干预，对流通性较低的有价证券可以适用缓和的监管规则。因此，基于流通性将电子记录移转权利分为两类，分别适用第一项和第二项有价证券的规定，与《金融商品交易法》对有价证券的分类标准一脉相承。[2]

（二）数字资产分类的局限性

日本投资型、权利型、功能型的划分框架为加密资产监管部门以及监管规则的选择提供了便利。稳定币通常与实物资产相挂钩，或者以算法稳定代币价值波动。其经济本质不具有金融商品的属性，不应成为《金融商品交易法》的监管对象，但现有分类下却没有对这一点作出明确，这可能会导致对于此类加密资产的监管出现重叠或遗漏。

---

[1] 杨东,陈哲立.数字资产发行与交易的穿透式分层监管[J].学习与探索,2020(10).
[2] 杨东,陈哲立.数字资产发行与交易的穿透式分层监管[J].学习与探索,2020(10).

二、美国关于区块链数字资产的分类状况

(一)数字资产的分类状况

根据是否符合联邦证券法"投资合同"规定的豪威测试可分为证券类数字资产和非证券类数字资产。豪威测试包含两大重要组合原则,一是针对特定事业、主体的金钱投资;二是期待该投资产生收益且收益源自第三方的努力。然而即便一项数字资产可能符合"证券"定义,也不是所有相关标的都会被作为"数字资产证券"而被 SEC 所监管。还需要满足以下三个判定条件:一是涉及向美国公民销售证券或提供相关服务;二是个人、公司甚至去中心化组织形式均可以成为证券发行或相关服务;三是以法定货币或数字资产形式销售证券或提供相关服务,并不影响监管效力。

对于证券类数字资产,由 SEC 监管,在数字资产证券发行、销售层面,SEC 主要参考豪威测试判定数字资产是否构成"投资合约",从而判别其是否属于"证券"。若属于"证券",发行、销售方必须事先向 SEC 进行注册,或获得豁免。另外,除非数字资产证券在"全国性证券交易平台"流通,相应的数字资产证券发行还需要满足发行对象所处各州各自的证券法,违规数字资产证券发行是 SEC 的处罚重灾区。在数字资产证券交易、流通层面,包含交易平台和经销、经纪商的两类监管要求,一是任何个人、主体或团体,无论去中心化与否,只要涉及提供跨州的"多对多"证券撮合或播报服务,或能对证券交易构成影响,便需向 SEC 注册为"全国性证券交易平台",或在豁免注册的条件下运作;二是即便不构成证券交易平台,但只要涉及为他人交易数字资产证券提供便利、

招揽用户购买数字资产证券，或买卖、经销数字资产证券，则同样须向美国金融业监管局（FINRA）注册成为"证券经纪－经销商"（Broker-Dealer）。在数字资产证券投资、咨询层面，SEC将对数字资产证券投资公司，和提供数字资产证券投资领域的咨询顾问服务主体进行监管：一类是数字资产证券投资公司，主要指管理的投资组合40%以上投资于"证券"的非政府主体，需向SEC注册，而其份额销售，亦属证券发行，需满足相关法规，除非满足豁免条件；另一类是提供盈利性的数字资产证券投资咨询服务的主体，包括但不限于涉及投资建议、投资咨询、研究报告发布、证券分析等，均会被认定为投资顾问，需向SEC注册并符合相应监管。

非证券类数字资产由归属的监管机构和执法部门从打击数字资产交易中的金融犯罪和保护市场参与者的角度进行监管。各监管主体包括：美国金融犯罪执法网络（FinCEN）；美国商品期货交易委员会（CFTC）；美国货币监理署（OCC）和州金融管理局（DFS）；美国国家税务局（IRS）；美国财政部海外资产控制办公室（OFAC）等。

（二）数字资产分类的局限性

在数字资产的分类上，美国采用了较为概括的方式，且将注意力集中于证券型代币，这反映出美国对于数字资产经济功能的重视。这种分类方式在发挥数字资产金融价值的同时，也可能带来非证券型代币监管上的困难。首先，非证券型代币的内部存在较大的差异，部分代币不具有实际价值而只能作为一种支付工具，部分代币与真实的物理资产或特定的服务锚定，币值稳定且同样具有支付功能，在缺少预先划分框架的前提下，逐案监管可能面临困难。其次，目前已经出现了兼有证券和非证券属性的混合型代币，能为用户提供产品或服务的同时也提供回报或股息，对于这种混合型代币，美国的分类框架同样面临监管或指导上的困境。

三、德国关于区块链数字资产的分类状况

（一）数字资产的分类状况[①]

德国的法律将虚拟货币分为货币代币、使用代币与投资代币三种基础类型，在此三种基础类型之上，还存在各种混合类型以及进一步的分类。例如莫伦坎普就将虚拟代币分为本征代币与外围代币两类。所谓本征代币，指自身具备价值，仅因其自身存在即可将一定价值归属其上的代币，货币代币即为其典型。所谓外围代币，指代币价值并非源于其自身，而是需要借助与其他商品或服务、或其他本征代币绑定而确定其价值的代币。从这一意义上看，外围代币实质上是某种真实的价值客体的数据化表现。

货币代币：诸如比特币、以太币等作为一般支付手段投入使用的虚拟货币，其特点在于此类虚拟货币用以购买的商品和服务并不与特定的网络交易供应商绑定。

使用代币：存在确定的发行人，代币的拥有者基于使用代币而对该发行人享有一定权利。与投资代币相比，使用代币的拥有者对发行人享有的权利不应是金融性的，而应当指向特定的产品或服务。这意味着使用代币的拥有者既不能基于使用代币而进入一个企业之中，也不能凭借使用代币参与利润的分配。根据莫伦坎普的观

[①] 于程远.论民法典中区块链虚拟代币交易的性质[J].东方法学，2021（4）.

点，使用代币具有两大重要作用：其一，使用代币具有稳固货币代币价值的作用。因为使用代币在货币代币与现实价值之间建立了桥梁，使得货币代币作为支付手段的特质在现行经济秩序之下得以保障。其二，使用代币简化了对财产客体以及相关权利的处分流程，人们唯需解决如何对简化后的流程在法律上进行评价的问题。使用代币与货币代币不同，诸如比特币等货币代币不存在真正意义上的发行人，因此对于货币代币而言不存在真正意义上的一级市场。但使用代币是由发行人发行的，因此对于使用代币而言存在一级市场与二级市场的划分，应当对其发行与交易进行分别观察。就使用代币的发行而言，发行人承诺使用代币的购买人以特定的代币数量购买相应的产品、服务，这从本质上与人们在日常生活中已经习惯的各类购物券、代金券并无不同。使用代币既无股份的性质，又不以未来指向金钱的资本利益为标的，因此并不构成金融法上的有价证券。在其后的二级市场交易中，因为使用代币本质上属于代币拥有者可以向发行人主张的债权，因此原则上应当适用民法中有关债权转让的规定。使用代币与投资代币不同，对于投资代币，购买者关注的是发行人通过其项目盈利的意愿和能力，对于使用代币而言则不然。使用代币的购买者更为关注与使用代币相关联的商品或服务的性能与使用风险，即呈现出较强的产品关联性。当使用代币初次发售时，意味着代币购买方获得了该代币所代表的权利以及财产客体的处分权；当使用代币被再次转让，则意味着其所代表的权利或财产客体也被一并转让。在法律关系的构成方面，使用代币在区块链上的"移转"本身实际上并不具备独立的意义。对于合同成立以及生效的判断应当遵循民法上的一般规则，在对构成合同的意思表示进行解释时，也应当依据意思表示解释的相关规范，基于"客观受领人"的立场判断是否能够从代币转让行为中解释出当事人的默示意思表示。

投资代币：投资代币体现的价值是未来的支付、共同管理权或共同表决权。投资代币中最为著名的实例是"DAO"。根据DAO的协议，DAO币的拥有者可以在互联网上通过投票的方式共同作出投资决策，DAO币的拥有者之间就此成立了一个民事合伙性质的社团。投资代币构成有价证券，必须纳入金融市场的监管之中。德国联邦金融服务监管机构将此类代币定性为"一种独立类型的有价证券"，并且指明此处其有价证券的属性应仅从监管法的意义上去理解。与使用代币类似，投资代币同样存在一级二级市场的划分，需要注意的是，在二级市场进行交易时，要区分该投资代币究竟是代表了一种单纯关于未来支付的债权，还是也包含一种成员资格。如果投资代币的具体构造表现为一种企业份额的代币化，则其还需要受到相应商事法律的规制。

（二）数字资产分类的局限性

综观德国的分类依据，按代币在不同领域发挥功能的划分为虚拟代币应用提供了便利，特别是使用代币的概念囊括NFT在内的与现实资产相挂钩的代币。但该划分方式同样存在局限性，会导致不同种类代币功能的重叠，使用代币与投资代币均可能成为使用者用于价值储存、支付、兑换的工具，从而发挥货币代币的作用。代币功能的重叠会进一步导致代币性质的交叉，当采用逐案评估的方式确定虚拟代币的性质时，可能会出现某一代币被归类为多种性质的情形，从而为监管部门的选择以及监管规则的适用带来困难。

第二节
区块链数字资产分类监管的必要性逻辑

由于数字资产的应用场景及特征差异,导致了分类监管的必要。当前实务界与学术界根据数字资产的本质特征、应用特征等进行了分类。最早的区块链虚拟货币"比特币",就源于金融危机后对传统以银行为核心构建的中心化金融系统的失望和变革努力,也是对哈耶克的货币非国家化思想之尝试。[①] 以下以比特币为例,阐述分类监管的必要性逻辑。

一、基于数字资产特点实施分类监管

根据写入数据的权限,区块链可分为公有链、联盟链和私有链。公有链是完全的去中心化,对所有人都开放写入权限,联盟链次之,而私有链是仅一家机构有写入的权限。比特币构建于公有链之上,但不排除未来也可能出现基于其他类别区块链的虚拟货币。[②]

首先,比特币的根本目的在于建构去中心化的"点对点(P2P)电子货币交易系统",为实现这一目的,比特币系统具有强大的技术支撑与经济逻辑层面上的保障。技术支撑主要是依赖于区块链技术,而经济逻辑层面上的保障则在于其内建的"激励机制",以达到参与者"共创、共建、共享",使众多参与者在开展分布式协同工作、获取个人利益的同时,能够积极地维护去中心化区块链网络

[①] 李敏.融资领域区块链数字资产属性争议及监管:美国经验与启示[J].现代法学,2020(2).

[②] 冯洁语.论私法中虚拟货币的规范体系[J].政治与法律,2021(7).

系统的有效运行。在某种意义上，比特币就是比特币系统激励机制运作的核心动力。一方面，比特币是在比特币共识机制网络上开展工作的"报酬"，对"比特币"的信任则通过共识机制加以构建；另一方面，比特币还发挥着证明凭证的作用，如构建"挖矿"工作量（能量消耗）的证明机制，对持有一定数量比特币的参与者而言，篡改区块链账本不仅存在技术上的困难，还会带来经济上的不利后果。这种双重机制，促使着参与者主动维护比特币系统网络安全秩序。进一步地，由于公有链是一个高度信任的自我管理系统，无须额外的规则与控制，具有内在的"结构公正性"，比特币在这一"闭环"系统内，基于各参与主体间的共识机制，发挥着等同于货币的功能。

其次，比特币的核心特点在于"去中心化"，主要体现在两个方面：第一，没有发行机构；第二，移转过程依赖区块链技术，不存在"中间商"。后者需要结合比特币的交易过程加以理解。在比特币交易过程中，交易双方会使用比特币"公钥"和"私钥"以保证交易安全和可靠，公钥决定持币人持有的含有其所有比特币地址的"钱包"，发挥类似银行账户的功能，私钥则起到授权交易的作用，持币人通过私钥对比特币进行加密以证明交易真实。基于公钥、私钥的特定功能，与传统的货币金融交易相比，比特币交易无须依赖某个或多个中间商，而是存在于整个比特币网络，任何交易过程都将被完整地记录于链上的每一个链点中。这种去中心化网络，会定期不断地创建新的区块以记录、存储这段时间内全球所有发生在该网络上的交易，并包含前一个区块的 ID 信息以形成完整的交易链条，"区块链"也正因此得名。

二、基于不同应用领域实施分类监管

（一）支付领域

当越来越多的人使用而使其获得公众认同时，比特币作为"支付工具"的功能延伸至区块链系统之外的现实生活，诸如微软等大型供货商开始接受由比特币来购买商品和服务。当对比特币的需求超过用户自己"挖矿"取得的数量时，比特币交易所顺势产生。然而，二级市场中比特币价格受供求关系影响而不断波动，"币值不稳"严重限制了比特币"初心"的实现，即绕过传统银行系统并取代国家法定货币的构想。

（二）融资领域

先后出现在支付和融资领域的数字资产，存在着技术与经济功能层面的基础与衍生关系。技术层面，区块链技术在支付领域中的先发应用，铺就了其用于融资领域的金融基础设施；经济功能层面，正因为比特币和以太币等被广泛接受并存在二级市场提供流通性，才使得 ICO 发行新代币来换取主流虚拟货币这一融资方式涌现。尽管主流虚拟货币和代币均基于区块链技术的支撑，但由此二者是否超越区块链"闭环"系统而与链外信息关联的程度不同，因而影响区块链技术所承载的信任环境对二者适用的程度，进而影响其风险和监管属性的判断。

数字代币突破了区块链技术所承载的信任环境。ICO 中发行的数字代币不像初始的虚拟货币那样具有区块链网络系统内在的"结构公正性"。在 ICO 中，底层的开放式公共区块链网络及其虚拟货币可以被用来安全、透明地创设与发行数字代币,但数字代币的价值须基于发行时的具体权利约定及其可实现性来判断。因此,数字代币仅为某种"财产权"的表现,底层的区块链网络扮演的是独立"保管人或公证人"角色,即安全记录代币持有人获得产品、服务或资产(该资产源于区块链网络自身或链外)的权利。当数字代币与链外资产所有权或使用权关联时,便已突破区块链技术本身所承载的信任范围,并增添了如下两项被忽视的复杂性:一是与资产服务相关的复杂性(为投资者利益而管理真实世界中的资产收益);二是与受托服务相关的复杂性(如果出现差错,代表投资者的利益行使权利)。[①]

第三节
主要国家区块链数字资产的监管概览

一、世界各国数字资产监管方式主要类型

目前世界各国对于区块链数字资产的监管,主要有以下几种方式。

一是"观望"方式:不发布针对新兴行业的具体监管,以促进其发展,这类国家通常将现有法律法规与密切监控结合起来,以便及时制定监管框架,解决潜在的伴随风险。保证了在创新尚未起步之前避免影响创新发展,并可在需要时随时准备采取行动以保持稳定。例如巴西不存在央行颁布的特地为加密货币设立的法律法规,

---

① 李敏.融资领域区块链数字资产属性争议及监管:美国经验与启示[J].现代法学,2020(2).

但加密货币可以根据适用于金融部门现有法律法规进行运营。"观望"方式的优势在于最大化减少对数字经济领域创新的抑制,而劣势在于长期保持对潜在风险的关注可能增加监管成本。

二是政府与社会资本合作的 PPP 方式(平衡/风险比例方法):监管机构和私营部门共同设计和实施旨在发展包容性和创新性金融体系的法律法规。这种方法下,监管者倾向于更好地理解创新者,企业则倾向于更快地适应监管者的担忧。例如新加坡和欧盟,欧洲央行成立了一个分布式记账工作组,并与日本银行启动一个联合研究项目,此外欧盟委员会还启动欧盟区块链论坛,从欧盟成员国收集有关信息,并在制定具体政策之前邀请专家和从业者参与。PPP 方式的优势在于监管者和企业能够减少信息不对称带来的效率低下,而劣势在于权责与义务的划分不够明确,对立法技术、监管科技的要求较高。

三是综合监管方式:综合监管方法涉及设计和实施一项具体监管制度,并围绕受监管实体开展的活动。通常包括许可要求,例如瑞士、日本等国的反洗钱体系,以便为跨境转移提供金融服务和外汇限制等。综合监管方式的优势在于能够有效解决具体存在的重大风险,而劣势在于难以预见未来可能出现的,未被纳入制度设计的新型风险。

四是限制性方式:这些措施通常会影响市场,可能是基于更保守或预防性的观点,这些决定属于各个国家的权限,出于对反洗钱/打击恐怖主义融资(AML/CFT)风险的担忧提出禁令。例如土耳其、印度、尼日利亚等。[1] 限制性方式的优势在于可能规避全球性

---

[1] World Economic Forum, Navigating Cryptocurrency Regulation: An Industry Perspective on the Insights and Tools Needed to Shape Balanced Crypto Regulation, September 2021.

的大规模风险,而劣势在于可能阻碍符合民族国家利益的创新。

二、主要国家数字资产监管现状与理念

(一)英国

英国数字资产的监管机关为英国金融行为监管局(FCA)。FCA独立于政府运作,资金来源是向金融服务业成员收取费用。FCA对加密资产相关风险和不当行为的关注正在增加,致力于利用其掌握的权力和宣传来保护消费者。一些加密资产,如安全令牌(security tokens)可能根据其特征属于FCA监管范围,包括它们是否提供所有权、保证偿还特定金额或未来利润共享的权利。其他类型的加密资产,如外汇代币(比特币)不受金融服务监管,但从事与此类代币相关的外汇或托管业务的公司将在英国接受FCA的洗钱监督。截至2020年1月10日,根据修订的《2017年洗钱、恐怖主义融资和资金转移条例》(MLR),FCA对从事加密资产活动的英国公司承担监督责任。因此,所有英国加密公司都必须在FCA注册,2021年1月9日后未经此类注册的公司将犯下刑事罪。例外情况是FCA临时注册制度适用的公司,即在2020年12月15日之前申请注册且其申请尚未由FCA评估的公司——这些公司将能够在2022年3月31日之前合法交易,等待其申请确定。在MLR下再次行使监督权力时,FCA于2021年3月宣布,英国加密资产公司还必须提交年度金融犯罪报告。

2022年2月,FCA对数字资产的监管再次升级,本次致力于加密资产交易时交易所广告中的风险警告义务。出售加密货币和允许加密货币交易的公司,如加密交易所和钱包提供商,将被要求在

自己发布的所有广告上附带风险警告,即消费者正在将他们的钱置于风险之中。至关重要的是,任何潜在的广告或促销都必须得到受FCA监管的现有公司的批准,以确保其"明确、公平和不误导"。

英国针对数字资产的监管趋严的原因在于,消费者对市场的投资正在增加,但与此同时,消费者对这些产品的理解不升反降。FCA发现,截至2021年持有加密资产的英国成年人比例从3.9%增加到4.4%。在此期间,投资数字资产的成年人数量从190万增加到230万。然而,在投资增长的同时,消费者的风险认知能力却没有相应的提升,消费者能够从报表列表中正确识别其定义的用户比例下降了4个百分点,降至71%。这表明,在新进入市场的数字资产购买者中,很大一部分不知道他们的钱正置于风险之中。

(二)美国

初始交易所产品(IEO)代表着美国数字资产监管的新进展。IEO的运作模式类似于ICO,被视为数字资产领域的一项革新成果。但是,美国证券交易委员会对投资者发出警告,如果考虑进行IEO投资,应务必谨慎。因为IEO的执行可能违反联邦证券法,在投资过程中可能会对数字资产投资者的财产利益带来损害。

"IEO是证券发行吗?"与ICO一样,IEO发售可能涉及证券的发售和出售。这表明监管机构可能要求IEO遵守联邦证券法规定的发行和注册等要求。此外,IEO还涉及到注册信息、发行条款以及数字资产的相关信息披露等义务。

"平台是证券交易所吗?"若IEO涉及证券,则提供IEO的在线交易平台可能需要单独在SEC注册为国家证券交易所或根据替代交易系统(ATS)等豁免运营。ATS必须是注册经纪自营商并遵守适用要求才能在美国合法经营。很多网上交易平台可能会给投资者造成其已注册或符合国家证券交易所或 ATS 监管要求的错觉，因此可能缺乏国家证券交易所或 ATS 为投资者提供的投资者保护。

"该平台是经纪交易商吗？"IEO 中涉及的在线交易平台也可能充当经纪人或交易商，需要在 SEC 注册并成为自律组织（通常是 FINRA）的成员。在 SEC 注册的经纪自营商须遵守法律和监管要求，这些要求规范其行为并为投资者提供重要保障，包括以符合 SEC 客户保护标准的方式行事。

"IEO 是否符合联邦证券法？"不遵守联邦证券法意味着 IEO 和/或交易平台可能非法运营，并且这些法律旨在提供的投资者和市场保护和补救措施可能不存在。根据联邦证券法，除非交易已在美国证券交易委员会登记或适用豁免登记，否则公司不得发售或出售证券。无论是注册还是依赖发行豁免，公司都可能需要在 SEC 的电子化数据收集、分析及检索系统（EDGAR）中进行备案。但提交文件并不意味着 SEC 以任何方式验证或批准了此次发行。事实上，美国证券交易委员会从不"批准"发行。[①]

美国目前正在采取措施监管数字加密资产，2022 年拜登政府将发布行政指令，指示政府机构研究加密货币和中央银行数字货币（CBDC），并建议监管加密资产。还将要求各机构制定措施，保护消费者、企业和投资者，此外还要评估加密行业的环境影响和金融风险。金融稳定监督委员会（FSOC）将研究加密货币将对金融稳定产生什么影响，特别是在国际货币基金组织（IMF）强调后。总

---

① 参见美国证券交易委员会网站，https://www.investor.gov/introduction-investing/general-resources/news-alerts/alerts-bulletins/investor-alerts/investor-1，最后访问日期：2022 年 9 月 2 日。

检察长、联邦贸易委员会（FTC）和消费者金融保护局将分析对市场竞争的影响。证券交易委员会、商品期货交易委员会、美联储、联邦存款保险公司和货币主计长办公室将考虑市场保护措施。财政部将在与各利益相关者协商后，向总统提交一份关于保护措施的报告。预计该行政命令还将深入研究与稳定币、隐私和分销分类账技术相关的优势和缺点。

（三）日本

日本金融服务监管机构（FSR）成立了一个新的监管部门，负责数字资产行业的监管。监管机构正在加大对数字货币和稳定币市场的监管力度。日本财政部表示希望增加职员数以应对如数字资产等快速增长行业的监管。当前，包括金融服务局（FSA）、日本银行业、交易所和保险监管机构在内的多个政府机构已经增加了对数字货币的关注。

FSA已成功建立一个新部门，负责密切监督数字货币监管。比如，由于去中心化金融（DeFi）呈爆炸式增长，非法活动异常频繁，新成立的部门将加强对其的监督。此外，日本财务省也在加大对数字资产行业的监管力度。财务省在2021年8月提交了增员的申请报告。FSA和财务省正在与日本银行（BOJ）密切合作，后者正在考虑探索一种可能的数字日元。日本中央银行坚信，CBDC将为公众提供比数字货币和稳定币更安全的选择。尽管如此，日本仍追随全球其他监管机构的足迹，对虚拟货币采取极为严格的审查措施。①

(四)德国

德国的数字资产监管机构是德国联邦金融监管局(BaFin)。2020年3月2日,BaFin将数字资产归类为金融工具。

在那之前,BaFin更新了其反洗钱相关法律,要求提供加密货币托管的公司获得经营许可证。规定的目的是,托管意味着将加密资产作为第三方的服务来照顾。这主要包括服务提供商,他们将客户的加密资产存储在一个集体清单中,而客户自己并不知道这些资产所使用的加密密钥。②

最近几年,全球虚拟货币价值增加的同时,也存在被滥用的风险。由于虚拟货币交易主体具有匿名性和不可追踪性,犯罪分子往往利用虚拟货币从事违法犯罪活动。根据BaFin制定的新规,加密货币由于未经任何中央银行或公共机构发行或担保,其只是一种价值的数字表示,而不具有法定货币地位。此外,加密货币目前仍未被纳入德国银行法案(KWG)中。BaFin建议虚拟货币同时接受反洗钱和KWG的双重监管,并只有在取得行政机关许可的前提下才能推向市场。德国虚拟货币的监管方向是通过公权力的监督来保障和维护虚拟金融投资者的金融安全。

---

① John Wanguba, Japan Creates New Unit To Regulate Digital Assets, https://www.cryptovibes.com/blog/2021/07/23/japan-creates-new-unit-to-regulate-digital-assets/.
② Amicus, German Regulator BaFin Classifies Cryptocurrency as Financial Instrument, https://atozmarkets.com/news/bafin-classifies-cryptocurrency-as-financial-instrument/.

三、各国数字资产监管方式比较

表4-1 各国数字资产监管方式比较

国家/地区	对数字加密资产的认识与定义	反洗钱金融行动特别工作组（FATF）规则的采用	税收	影响
英国	英国金融行为监管局（FCA）发布的政策声明PS19/22（2019）提到，将为加密资产及其适用的监管制度提供指导。规则PS20/10（2020）禁止向零售客户销售加密货币的投资产品。	FCA要求托管钱包和加密交易所根据2018年发布的第五条欧盟反洗钱指令进行注册。	英国税务和海关总署（HMRC）于2018年制定了指导意见，规定可对加密资产的出售、交换、使用（支付）、转让和捐赠征税。	英国依靠早期监管减少了监管的不确定性，为加密货币创造了更有利的政策环境。
新加坡	新加坡金融管理局（MAS）通过了《支付服务法》（2019年），该法对支付服务提供商进行许可和监管。它将加密货币的支付规定为"数字支付代币"（DPT），将支付服务提供商规定为"数字支付代币服务"。	2019年颁布的《支付服务法》要求加密货币服务提供商遵守FATF的指南关于AML的规定。	新加坡税务局（IRAS）关于加密资产税务处理的指南规定，持有DPT作为长期投资的个人/企业无须缴纳资本利得税。然而，买卖DPT的企业必须为其利润纳税。	新加坡对加密货币采取同意的态度。例如新加坡金融管理局（MAS）帮助新加坡建立加密业务，使新加坡发展成为一个新兴的加密经济体。

续表

国家/地区	对数字加密资产的认识与定义	反洗钱金融行动特别工作组（FATF）规则的采用	税收	影响
瑞士	瑞士议会通过了《联邦法律适应分布式电子注册技术发展的联邦法案》（2020年）①，该法案根据ICO指南（2018年）中的代币分类法规定了监管区块链和DLT的扩展框架。	《反洗钱法》（2020年）要求区块链企业按照FATF指南核实客户ID并向洗钱报告办公室报告。	瑞士联邦税务局（FTA）制定了指导方针，关于加密货币的税收待遇，该条款规定，加密货币产生的私人财富不会产生税收。然而，从采矿和贸易中获得的收入需要纳税。截至2021年2月，祖格州接受加密货币纳税。	早期的加密货币指南和法案减少了法律上的不确定性，使得加密货币业务得以出现。
日本	《支付服务法》②（第59/2009号法案）及其修正案（第50/2020号法案）将加密货币定义为加密资产。该法案由金融服务局（FSA）执行，监管加密资产交换和托管服务。	《支付服务法》要求遵守全球AML/CFT，如FATF建议的内容。此外，修订了《防止犯罪所得转移法》（2018年），要求加密企业核实客户身份证，并向当局报告可疑交易。	2017年，国家税务局裁定，通过出售或使用加密货币获得的利润被视为其他收入。此外，将对持有加密资产的遗产征税。	日本建立加密货币监管框架的行动比大多数国家早得多，这导致受监管的加密交易和托管服务在该国激增。

---

① the Federal Act on Adaptation of Federal Law to Developments in the Technology of Distributed Electronic Registers（2020）.
② The Payment Service Act.

续表

国家/地区	对数字加密资产的认识与定义	反洗钱金融行动特别工作组（FATF）规则的采用	税收	影响
阿拉伯联合酋长国	2018年，阿布扎比全球市场（ADGM）发布了阿联酋第一套加密货币法规。2020年，阿拉伯联合酋长国中央银行（CBUAE）和证券和商品管理局（SCA）通过指导和决策发布了加密货币相关法规。	金融服务监管局（FSRA）指南（2018）和SCA决定（2020）分别规定了遵守FATF指南的AML/CFT要求以及AML/CTF的必要控制和范围。	阿联酋没有关于加密货币税收的法规或指导。	来自金融自由区和联邦监管机构的监管确定性导致越来越多的加密业务在阿联酋成立。
百慕大	《公司（首次代币发行）条例》（2018年）和修正案，以及随后的《数字资产发行法案》（2020年）提供了数字资产发行的框架。《数字资产商业法》（2018年）[①] 对其业务进行了监管。	百慕大金融管理局在数字资产部门特定指导说明中提出了反洗钱/反恐怖主义融资（CTF）指导，并将与适用于受监管金融机构的反洗钱/反恐怖主义融资主要指导说明一起遵循。	数字资产不会产生收入资本收益、预扣税或其他税费。数字资产交易通常免除1%的外币购买税。	百慕大的开放监管框架降低了加密资产业务的进入壁垒，其已成为区域金融技术中心。目前，九家领先的金融科技公司已在该国注册，以利用加密资产的有利规则。

---

① The Digital Asset Business Act（2018）.

续表

国家/地区	对数字加密资产的认识与定义	反洗钱金融行动特别工作组（FATF）规则的采用	税收	影响
巴西	尚未发布加密货币的具体法规，但金融部门的现有法规为加密货币业务提供了框架。	目前的一套反洗钱/反恐融资法律和法规正在广泛和全面地应用于处理加密货币的企业，特别是巴西第9613/98号普通法。	税务机关已发布具体指示，说明加密货币的所有权，如比特币持有情况、出售比特币时的资本收益以及超过一定金额的交易。一般资本收益规则适用于加密货币交易。	尽管没有加密监管，但巴西已经出现了加密货币创新。然而，特定加密法规的存在将为加密业务的发展创造必要的法律保障。
中国	《民法典》（2020年）承认加密货币为可继承财产。然而，中国禁止加密货币交易和采矿业务。	由于中国已禁止虚拟资产活动，许多反洗钱/客户身份识别（AML/KYC）要求不适用。	购买和销售"虚拟货币"所获得的收入被视为"财产转让收入"项下计算的个人所得税应纳税所得额。	尽管加密货币在法律上得到承认，但却受到很大的限制。中国更加重视中国人民银行的数字货币，即目前正在开发的数字人民币。因此，私人发行的加密货币在中国的地位是不确定的。

第四章 元宇宙中数字资产的分类

续表

国家/地区	对数字加密资产的认识与定义	反洗钱金融行动特别工作组（FATF）规则的采用	税收	影响
印度	2018年，印度储备银行（RBI）禁止实体处理加密相关业务。该命令于2020年3月被印度最高法院驳回。	对于加密货币服务提供商，没有实施FATF"旅行规则"的规定。	尚未发布加密货币征税的法规或指南。	加密资产监管的缺失以及随之而来的监管不确定性是印度该行业创新的障碍。印度2017年11月成立了高级别部际委员会（IMC），研究与虚拟货币相关的问题，并提出应采取的行动。该委员会的任务包括审查监管虚拟货币的政策和法律框架。
尼日利亚	尼日利亚中央银行（CBN）和证券交易委员会（SEC尼日利亚）尚未对加密货币进行监管，但自2017年以来建议金融机构不要进行加密交易，也不要持有加密交易账户。然而，SEC和CBN已同意"合作并开展研究，以期找到监管加密货币市场的方法"。	尽管加密交易不受监管，但2017年CBN要求银行确保其客户遵守适当的反洗钱程序。	尼日利亚将加密货币描述为商誉以外的无形资产，不对加密货币征税。	尼日利亚对加密货币的监管方式给尼日利亚境内的开发商和中小企业，以及那些试图在市场内做生意的人带来了不确定性。最近对合作的关注带来了一些正面情绪，即有益的参与可以创造监管确定性。

续表

国家/地区	对数字加密资产的认识与定义	反洗钱金融行动特别工作组（FATF）规则的采用	税收	影响
韩国	自2018年以来，韩国政府一直保持其警告数字资产投资投机性质的立场。	《报告和使用特定金融交易信息法》（2021年）要求增值服务提供商与客户通过真实银行账户进行互操作，并报告可疑交易。	战略和财政部宣布，从2022年1月起，将对租用和转让数字资产所得的收入征收20%的税。	韩国对加密货币和相关业务的谨慎立场限制了加密创新。
美国	美国的联邦制使各个州对数字货币的监管"因州而异"，但整体法律和金融业监管相对完善。但美国政府对央行数字货币/数字美元的态度仍处摇摆状态。	金融犯罪执法网络（FinCEN）主要关注反洗钱，最新拟议的规则要求想要将加密货币从中心化交易所转移到自己的私人钱包中的用户需要向交易所提供个人信息。这与要求虚拟资产服务提供商（VASP）实施KYC规则的总体监管趋势一致。	税务总局（TIGTA）则主要关注税收问题，纳税人被要求回答是否在2020年接收、出售、发送、交换或以其他方式获得过任何虚拟货币。2020年，税务总局正在评估不同的加密货币征税方式，并有意加强对加密交易所的审查。	美国对加密货币的监管使加密货币企业能够更多地使用银行服务。

第五章
元宇宙中数字资产平台及监管

第五章　元宇宙中数字资产平台及监管

随着元宇宙的出现，经济领域的数字化变革愈演愈烈，在数字经济的浪潮下，以数字货币为代表的数字资产蓬勃发展。数字资产的发行、交易与纳税都无法离开平台。元宇宙中的数字资产平台作为一种利用互联网、大数据、算法等技术，打破时空限制，链接各类主体，提供信息搜索、竞价、调配、社交、金融等综合性服务的新型经济组织[①]，在为普惠金融造就发展空间的同时，也面临着监管上的风险和挑战。

第一节
PDA 分析范式下的数字资产平台

笔者提出的 PDA（Three-Dimensional Structure，以下简称 PDA），即平台（platform）、数据（data）、算法（algorithm）：平台是数字经济时代的新型组织体和法律主体、数据是数字经济市场竞争的核心要素和法律客体、算法是数字经济中实现供需匹配的权力结构。[②]在传统工业经济时代，"生产大爆炸"通过大生产提高生产效率；在数字经济时代，"交易大爆炸"打破时空限制，彻底颠覆传统的交易模式。在此过程中，平台作为新型的法律主体，融合企业和市场功能，是兼具行业协会、公益组织甚至政府公共属性的新型基础设施。平台以大数据、区块链等技术结合算法，集合大量的各类交易主体和交易行为，综合了信息搜索、竞价等社交和金融服务，通过数据的采集、利用和分配，构建交互联动的经济生态，以满足交

---

① 杨东.数字经济平台在抗疫中发挥重大作用［J］.红旗文稿，2020（7）.
② 杨东，徐信予.数字经济理论与治理［M］.北京：中国社会科学出版社，2021.

易规则制定、交易秩序维护和交易效率提高的需要。

我们认为,元宇宙是一个由各种技术逐步共同建设而成的生态系统[①],具体而言,是以区块链为底层技术,以VR、AR等为入口技术,以人工智能、大数据、云计算等为支撑技术,形成的打通线上线下,实现全面产业数字化、行为数字化甚至社会数字化的重要入口,促进工业文明向数字文明跃迁。从生产力进步的维度看,元宇宙作为数字经济新场景,其本质是数据的生产和协作场景。为此,在对元宇宙中数字资产平台进行研究时,将其置于PDA分析范式下,依然是适用的。在元宇宙中,数字资产平台同样扮演着组织体的角色,是数据行为的发起者,因为元宇宙平台可以抽象为数据的集合体。同时,数字资产平台也是法律责任的承担者。无论是数字资产的发行还是交易行为,对其的监管还应把握平台这个关键。如在NFT行业的监管上,对交易平台的监管则是关键。促活二级市场的主要驱动力除了垂类发行平台上交易量的快速增长外,也应该归因于综合类平台的飞速发展。对于NFT这类新兴事物,监管方向的制定缺少明确的抓手,这一定程度上给监管规则的落地带来一定困难。严格监管NFT交易平台在监管效果的实现中发挥重要作用。[②]对元宇宙平台这个数据流量入口的规制成为时下监管的重点。

---

① 高一乘,杨东.应对元宇宙挑战:数据安全综合治理三维结构范式[J].行政管理改革,2022(3).
② 杨东,梁伟亮.论元宇宙价值单元:NFT的功能、风险与监管[J].学习与探索,2022(10).

第二节
数字资产发行平台

根据平台在数字资产中主要承担的角色,可以将平台分为数字资产发行平台和数字资产交易平台。NFT 具有非同质化权益的属性。NFT 作品的创作者,例如收藏品类 NFT 项目中的艺术家,不仅能够在最初创作后通过销售获利,也就是使用数字资产发行服务,还可能在 NFT 的流通中持续获益,也就是使用数字资产交易服务。此外,该 NFT 项目的后续购买者也可能在其流转链条中获得收益。

国内 NFT 主流平台以数字资产发行平台为主,依然呈现出游戏道具、人物皮肤等虚拟商品销售的传统商业模式。尽管这些数字资产发行平台的藏品质优价廉,但平台对用户的交易行为仍有所限制。例如,腾讯旗下的数字藏品交易平台"幻核"便规定不能交易、限制转赠;再如,阿里旗下"鲸探"内的数字藏品也禁止交易,限制转增(180 天),并且在使用说明中规定,"NFT 数字作品的版权由发行方或原作创作者拥有,除另行取得版权拥有者书面同意外,您不得将 NFT 数字作品用于任何商业用途"。国外 NFT 主流平台则融合了数字资产发行与数字资产交易两大功能,在为用户创造虚拟商品的同时赋予其通过交易获得虚拟商品的体验,甚至使用户能够自由交易数字资产以赚取差价。

总体上看,国内目前单纯的数字资产发行平台属性固然可以规避交易风险,避免触及监管政策红线,但是忽视了 NFT 作为数据本身的特性。只有打造出从自由创建、发行到上架交易再到后续流通的完整商业闭环,才能在数字资产发行平台的基础上完善功能服务,真正实现 NFT 技术所带来的革新性价值。

第三节
数字资产交易平台

根据是否具有一个权威的交易所充当买卖双方之间的第三方,数字资产交易平台可以分为两类,即中心化交易平台(Centralized Exchanges)和去中心化交易平台(Decentralized Exchanges)。同时,为了更好地细分交易平台的领域,我们将一些具有特殊性的平台(如 NFT 交易所、DeFi 平台等)分作其他平台。为帮助读者更好地理解当前的数字资产交易平台,我们将为每个类别的平台分析几个典型案例。

一、中心化交易平台

在中心化交易平台中,用户将数字资产存进交易平台,由交易平台集中保管和控制。用户在进行交易时,会向交易平台提交交易指令,由交易平台进行交易撮合,并将成交后的结果告知用户。除了充、提币以外,整个交易过程全部在交易平台的服务器中完成,与区块链没有交互。典型案例如下。

(一)Coinbase

Coinbase 成立于 2012 年,是美国比特币和其他数字货币交易的平台。Coinbase 是为数不多的电子货币以及货币转换持牌机构,由于美国各州法律不同,其具体的网络电子货币业务也存在一定的区别。例如,Coinbase 在纽约州可以提供代币间交换服务,但其在阿拉斯加州的牌照只能支持法定货币间交换。

Coinbase 依托其附属的 GDAX 平台进行委托账簿式交易，买方或卖方将自己交易的代币数量和价格在对应交易挂出，系统会自动匹配价格一致的卖价与买价。Coinbase 按照交易的规模收取 0.25%～1% 的交易差价作为平台自身的收入。除此之外，当交易者将比特币（BTC）、以太币（ETH）、莱特币（LTC）以及比特现金转换为法定币种时，Coinbase 会按照国家及支付机构的不同收取最高 3.99% 的换汇费用。

Coinbase 十分重视客户资金及交易的安全性。Coinbase 交易者交易代币时需要进行双重认证。除了增加技术方面的安全保障，Coinbase 还采用线上与线下结合的方式保护客户资金。Coinbase 将全部交易者的不到 2% 的代币资金用于线上交易，其余超过 98% 的资金由线下服务器负责保管，这样客户资金被盗用的可能性及被盗损失大大降低，日常交易也将顺利完成。

（二）Binance

Binance 是一个专注于区块链资产的数字货币交易平台，支持 BTC、EOS、ETH、LTC、BNB 等多种货币交易。此外，在 Binance 中可以参加杠杆交易，即一种使用第三方提供的资金进行资产交易的方式。与常规交易账户相比，杠杆交易账户能够让交易者获得更多的资金。从本质上讲，杠杆交易对交易结果进行了放大，使交易者能够在盈利交易中获得更大的利润。这种扩大交易结果的能力使得杠杆交易在低波动性市场尤其是国际外汇市场中尤其受欢迎。

在传统市场中，杠杆交易中借入的资金通常由投资经纪人提供。然而，在加密货币交易中，该部分货币通常由虚拟货币交易平台的其他交易者提供。例如,Binance 用户利用平台进行杠杆交易时,向系统借入数字资产;作为相应的代价,Binance 平台根据市场供需对杠杆交易收取一定的利息。

(三)Robinhood

Robinhood 是一家金融服务公司,通过提供对公司股票、期权和 ETF 的免佣金交易,以实现"全民金融民主化"的目标。此外,其业务范围还包括现金管理账户和加密货币交易。当用户通过 Robinhood 经纪账户买卖股票、ETF 和期权时,指令被发送给做市商(促成交易的机构,比如 Citadel Securities)执行。作为回报,接到指令的做市商往往向券商提供优于传统交易所的报酬。除此之外,Robinhood Crypto 还能从交易场所获得交易量报酬。

为实现"全民金融民主化"的目标,Robinhood 采取了三大举措。第一,平台不收取佣金。这瞬间释放了部分投资者的需求,让最底层的投资者也能参与股票买卖。第二,零碎股票交易。所谓零碎股票交易,是指股票交易的最小单位不再是一股,投资者甚至能买零点几股,就算只有 1 美元,也能购买苹果公司的股票。对个人投资者,尤其是中小投资者来说,零碎股票交易极大地扩展了他们的可投资标的,即使只有几千美元,也能构造复杂的投资组合。第三,操作页面设计简洁。交易客户端极其简洁,只有一根反应价格变化的折线,这对新手投资者来说无疑是极其友好的,大大降低了新手投资者的学习成本。[①]

[①] Robinhood: How we make money, https://Robinhood.com/us/en/about-us/how-we-make-money/,最后访问日期:2022 年 9 月。

Robinhood 在开通了期货交易功能之后,用户从事期货交易的门槛几乎为零。由于期货交易向来是高杠杆、高风险交易的典型代表,传统券商都会对期货交易设置一定的门槛,将那些无法承担高风险的客户拒之门外。Robinhood 虽然让用户享受到了金融民主化的好处,但并不能让风险也"民主化"。Robinhood 此举也为用户带来了一定的风险。换言之,Robinhood 降低了投资门槛,使得该公司的用户面临其经济实力与承受的风险不匹配的情况,一旦风险发生,就很容易酿成悲剧。除了上述风险,Robinhood 的用户还面临系统稳定风险。该公司的股票交易软件自公开发布以来,至少发生了两起停机事件,这无疑会使用户对 Robinhood 提供正常的股票交易服务的能力产生怀疑。最后,该公司的用户还将面临交易延时风险。Robinhood 特殊的交易机制使得该公司的用户在下达股票买卖委托订单数后,公司并不能像其他传统券商一样快速地完成订单,用户的订单在经过公司内部撮合交易后,剩余的订单将被卖给高频交易商,因此会产生成交价格偏离用户委托价格,甚至订单无法完成的情况。

从上述中心化交易平台我们可以发现,这些交易平台或多或少会存在不同方面的问题。对于如何保障用户的账户安全和资金问题,以及如何保障用户在使用过程中顺利进行交易等,需要平台方加大监管力度和提升效率。我们在进行加密货币交易时,使用最早也是目前使用最多的形式还是中心化交易所,中心化交易所有诸多优势,例如交易速度较快、用户不需要管理私钥等。但这些举措在降低用户使用门槛的同时,也带来了显而易见的弊端。比如,用户的加密货币由交易所托管,而交易所存在破产风险,危机一旦显现便可能给投资市场带来极大的冲击。

随着区块链技术的不断发展,加密货币的交易形式也变得越来越多样化,在去中心化的交易所进行数字货币交易成为可能。去中心化的交易模式不需要用户注册,只要使用数字钱包连接交易所就可以进行加密货币的交易了。一旦交易完成,相应的加密货币便会自动转入用户的数字钱包中,大大提升了用户的体验感和安全性。

二、去中心化交易平台

去中心化交易平台是基于区块链和智能合约来建构的 P2P 交易平台。在没有中央权威的情况下,每一笔交易记录都依托智能合约自动执行并且记录到区块链中。

(一) dYdX

dYdX 是建立在以太坊上的一种订单簿模式的去中心化数字货币衍生品交易服务平台,其目的在于构建能够支持全球金融服务的交易平台。dYdX 支持四种类型的业务模式,分别是现货交易、保证金交易、借贷、合约交易。

一方面,在去中心化衍生品领域,目前能提供永续合约的交易所并不多,dYdX 的优势十分明显。另一方面,dYdX 目前没有自己发行平台代币,而是使用其他平台发行的数字货币作为结算筹码,这也导致 dYdX 难以在运营层面有太多动作。

与中心化交易所相比,dYdX 的用户不用担心平台私自挪用其个人资产、平台财务造假以及破产等情况,从而有效避免了许多潜在的金融风险。此外,在 dYdX 平台进行交易也无须接受 KYC

（Know Your Customer，了解你的客户）政策对账户持有人的强化审查，从而省去了烦琐的步骤。

但 dYdX 的风险与不足同样存在。首先，作为一个 DeFi 项目，代码开源所带来的被黑客攻击的隐患一直存在。由于保险本身也存在着相应的风险问题，dYdX 目前推出的去中心化保险也不完美。其次，dYdX 目前所支持的数字货币的数量还较少，难以与其他平台抗衡。最后，dYdX 采用的是链下交易、链上结算模式，用户存款、提现均需要调用智能合约，并缴纳可高达数十美元的手续费，远高于中心化交易所的手续费。[①]

（二）Uniswap

Uniswap 是基于以太坊的兑换池模式的去中心化交易平台。用户在 Uniswap 中交易的价格则由这个兑换池中的代币比例和算法来决定。作为目前主要运行的自动做市商（Automated Market Maker，AMM）之一，Uniswap 主要目的在于推动 DeFi 领域的交易流动性，即通过自动化做市过程来限制风险和降低成本，以实现鼓励交易的目的。同时，与 dYdX 不同，目前 Uniswap 支持的币种大概在 150 种左右，具有更大范围的适用性。

但是由于 Uniswap 中交易的价格由兑换池中的代币比例和算法来决定，这就存在造成无偿损失的风险，即因某种价格货币数量大幅上涨或者下跌导致交易价格变化而造成的损失。

---

① dYdX Whitepaper. dYdX: A Standard for Decentralized Margin Trading and Derivatives, https://whitepaper.dydx.exchange/，最后访问日期：2022 年 9 月 6 日。

（三）SushiSwap[①]

SushiSwap也是一家去中心化交易所，SushiSwap旨在使AMM市场多样化，并添加Uniswap以前没有的功能。例如，通过其内部代币SUSHI增加对网络参与者的奖励，即将其交易费用的一部分分配给SUSHI的持有人。

Uniswap没有发行平台币，它每笔交易收取0.3%的手续费，再通过LP token的形式把交易费按比例分配给LP（流动性提供者）。而SushiSwap发行了平台币SUSHI，它的交易手续费也是0.3%。它将这0.3%的手续费分成两个部分，其中0.25%提供给LP，方法和Uniswap一样；剩下的0.05%用于回购SUSHI代币，即用这部分钱购买SUSHI代币持有者手里的SUSHI代币。这意味着，SUSHI的价值与SushiSwap平台的交易量是挂钩的。在SushiSwap平台上，交易量越大，SUSHI的价值就越高。

SushiSwap的经济激励机制在Uniswap的基础上做了改进，它保证了早期参与者的长期利益。SushiSwap经济激励机制的特别之处在于分配方式和赎回机制。第一，SushiSwap的分配机制与Uniswap不同。区别于Uniswap用LP token的形式来分配手续费，SUSHI是每个区块都产生一次，根据用户现在的资金比例分配。这样即使未来有大资金进入SushiSwap，早期参与者的资金份额被摊薄，但是他们之前已经获得的SUSHI代币不会减少，这就相当于是挖到了"头矿"，早期参与者凭借着相对较高资金份额占比而积累下的SUSHI代币可以享受到SushiSwap长期发展带来的福利。

[①] Sushi. The Sushi swap Project, https://medium.com/Sushi swap-org/the-Sushi swap-project-8716c429cee1，最后访问日期：2022年9月7日。

第二，SushiSwap 的赎回机制与 Uniswap 不同。Uniswap 的 LP 在赎回了当初存入的代币之后，就不能再获得交易所的手续费分成了；而 SushiSwap 的 LP 即使赎回了资金，还能够凭借着持有的 SUSHI 代币获得币价上涨带来的收益。

SushiSwap 的经济激励机制也并非尽善尽美。用于回购代币的 0.05% 的手续费，在交易额下降时期可能难以起到稳定币值的作用，由此可能对该加密币种的稳定性造成负面影响。

三、其他平台

（一）NFT 交易所：OpenSea[①]

OpenSea 已经发展成为最大的去中心化加密收藏品和非同质化代币（NFT）的数字交易市场，其范围包括艺术类、音乐类、域名、游戏资产以及卡牌等。OpenSea 官网数据显示，当前 OpenSea 上约有 828 100 种收藏品类型，NFT 数量超过 3 千万。

用户除了可以在 OpenSea 上进行 NFT 的自由买卖外，还可以通过 OpenSea 的"收藏品管理器"自由创建自己的 NFT 作品而无须支付任何 gas 手续费，即使是卖出这些 NFT 也无须支付 gas 手续费。

对于 NFT 项目方以及相关数据服务方来说，OpenSea 也像是一个 NFT 开放平台。需要 NFT 相关数据的服务方可以通过 OpenSea 提供的（API）获取数据信息。对 NFT 项目方来说，他们可以直接将项目的 NFT 交易市场链接到 OpenSea 上，轻松打造自己的交易

---

① Meet OpenSea. The NFT marketplace with everything for everyone, https://OpenSea.io/#meetOpenSea，最后访问日期：2022 年 9 月 7 日。

市场，这样项目的开发人员就可以专注于项目本身，而无须花费精力从零开始打造自己的交易市场。

目前OpenSea的主要收入模式还是依靠收取2.5%的交易手续费，尽管这费率结构比正常加密货币交易所的手续费费率高出近十倍，但是在NFT交易市场领域，该费率结构基本处于行业最低水平。由于其他交易市场的手续费费率基本在10%～20%，传统艺术品拍卖行的手续费更高，如苏富比、佳士得拍卖艺术收藏品约收取买家佣金12%～25%，收取卖家佣金2%～9%。因此，OpenSea具有显著的成本优势。[1]

（二）DeFi平台：dForce[2]

DeFi是去中心化金融（Decentralized Finance）的英文缩写，通常是指是一种基于区块链的金融形式，不依赖于中央金融中介机构（如经纪商、交易所或银行）提供传统金融工具，而是利用区块链上的智能合约来运行。[3]其中最具代表性的便是dForce。

dForce是一个基于区块链的去中心化金融和开放式的货币协议平台，为DeFi和开放式金融应用程序提供底层基础设施。目前包括借贷协议（全球流动性池、生息市场）、资产类协议（多货币稳定币、合成资产等）和流动性协议（交易聚合器、自动做市商）三大类。借助于区块链和智能合约，dForce相较于传统金融服务形式

---

[1] 深链财经.为什么说OpenSea是NFT交易市场的绝对垄断者？https://www.163.com/dy/article/GI5KHQDJ0519TP33.html，最后访问日期：2022年9月7日。
[2] dForce(CN).关于dForce, https://docs-cn.dforce.network，最后访问日期：2022年9月7日。
[3] Schär, Fabian. "Decentralized finance: On blockchain and smart contract-based financial markets." *FRB of St. Louis Review*（2021）.

具有快速借贷、高度透明、不可篡改、便于固定利率的优势，但也不可避免地存在遭受网络攻击的风险。

四、去中心化平台和中心化平台的对比

近几年来，去中心化平台正在逐渐取代中心化平台，要理解其背后的原因，就要理解二者的区别。

第一，在资产控制权方面。在中心化数字货币交易平台中，资产所有人和平台管理人之间是一种委托管理关系，当资产转入中心化交易所时，资产的实际控制权就转移到平台手中；而对去中心化平台来说，依托于智能合约的公钥与私钥，资产的交易自动进行、无法篡改，且资产的控制权永远都在私钥持有者手中。在这一方面，中心化交易平台的资产安全性在理想状态下不如去中心化平台。

第二，在信息不对称问题方面。在中心化平台中，投资者与平台控制者存在着信息不对称的问题，而由此可能引发一系列的内幕交易、数据造假、资金挪用问题；而在去中心化平台中，将各个节点同等放置于同一层面，各节点平等地收发信息，每一笔交易行为或者投票行为都要把相关信息上传到所有节点进行验证，任何一个节点的破坏和丢失都不会影响整个系统的运行。采用这种方法建立分布式节点间的信任关系，从而形成了"去中心化"的可信任分布式系统，这将有助于解决信息不对称问题。

第三，在交易稳定性方面。在中心化平台中，由于存在中心，则相应地存在中心受到打击而带来的交易停滞问题；而在去中心化平台中，去中心化机制和智能合约使得任何一个节点的破坏和丢失都不会影响整个系统的自动运行，交易稳定得到了保证。

第四，在效率方面。目前来看，去中心化平台仍然无法取代中心化平台的最大原因便是效率。在成交效率方面，目前智能合约公链形成一个区块最快也要数秒，而且每秒处理的交易量只有数百笔，这是目前的技术瓶颈，也是去中心化平台相对于中心化平台的最大短板。①

数字资产交易平台的建设和发展还需在不断实践和改革中进行，各国政府也有加大监管的趋势，同时区块链技术创新应用推动了数字资产生态发展。

第四节
数字资产市场准入和许可制度

在数字资产市场准入方面，各国围绕虚拟货币交易所已经有了较为成熟的实践，通过发放专门的经营牌照，对可以在交易所进行交易的虚拟货币的种类和交易方式进行限制，成为较为通行的做法。为保证投资者和社会的利益，许多国家和地区规定交易服务提供商履行反欺诈、反洗钱以及反恐怖主义融资等义务，并将有关义务履行情况的评估结果作为发放牌照的依据。此外，出于鼓励创新的考虑，也有国家采取"沙箱监管"的模式为数字资产交易所创造了较为宽松的市场环境。各国数字资产市场准入与许可制度的具体情况详见表 5-1。

---

① Token Insight Research. 2019 06 去中心化交易所研究报告. https://cn.tokeninsight.com/zh/research/reports/2019-06-decentralized-exchange-report, 最后访问日期：2022 年 9 月 7 日。

表 5-1 各国数字资产市场准入与许可制度

国家		内容
美国	纽约州	2015 年 6 月,纽约州金融服务局(NYDFS)发布了"Bit License 监管框架",这使得纽约成为美国第一个正式推出定制比特币和虚拟货币监管的州,为美国其他州和其他国家监管虚拟货币树立了标杆
		2018 年 2 月,NYDFS 为加密货币公司发布了新的指导性文件 • 文件对象:已通过 Bit License 监管框架许可的公司或者纽约州货币管理相关部门 • 文件内容:要求这些企业对"与诈骗案相关的和包括市场投机在内的类似风险领域"进行书面政策评估,保护消费者和投资者远离这些风险;要求加密货币实体采取措施对欺诈和不法行为进行调查,并在完成一项调查后,发表一份主题为"对欺诈行为和不法行为采取措施"的声明
		2019 年 6 月,NYDFS 负责人琳达·雷丝威尔(Linda Lacewell)上任后,积极对 Bit License 监管框架进行改革,例如: • 推出了一种有条件牌照(Conditional License),旨在减轻创业公司申请 Bit License 的高昂成本 • 创业公司可以与已经获得牌照的公司合作在纽约合法运营 • 允许获得牌照的公司为它们自己发行的加密货币提供证明 • 发布如何在持牌平台上线新加密货币的指导意见 NYDFS 与纽约州立大学(State University of New York)达成合作,允许任何有创新项目或想法的人从纽约州立大学的 64 个校区中选择一个进行试点,以鼓励加密货币领域的创新
	华盛顿州	2017 年 4 月,华盛顿州颁布 5031 法案,该法案规定华盛顿州所有货币交易所,包括虚拟货币运营商,都必须申请牌照才可运营,同时要求独立第三方审核,并要求购买一定金额的"风险保证债券",保证金数额与其前一年进行的交易额相关
	其他州	同样在积极对虚拟货币交易平台实施牌照化管理
	\multicolumn{2}{}	2020 年 3 月,美国证监会(SEC)发布《关于可能违法的数字资产交易平台的声明》,确认数字资产属于证券范畴,交易所必须在 SEC 注册或获取牌照

续表

国家	内容
瑞士	2017年，瑞士政府为金融科技（Fintech①）制定的法律框架新规定于7月5日通过，8月生效。在新推出的计划中，瑞士政府建立了一个虚拟货币监管"沙箱"，旨在为比特币初创企业创造一个更宽松的环境
	2019年9月，瑞士金融市场监管机构（FINMA）下令关闭三家没有得到经营授权、涉嫌虚拟货币诈骗的公司。FINMA在10月首次向一家比特币公司Moving Media颁发了监管合规牌照，获得合规牌照意味着该公司严格遵守AML和KYC规定②，并接受FINMA监管
新加坡	2020年1月28日，新加坡金融管理局（MAS）正式实施《支付服务法案》，要求所有交易所必须于2020年2月27日前提交申请备案文件，MAS明确表示将不接受任何逾期申请。这就意味着，若交易所未在上述规定的一个月时间内提交申请备案文件，将失去牌照申请资格。这意味着新加坡成为全球首个对数字资产交易进行有效监管的国家。"牌照制度"是为了更好地顺应市场灵活性而设置的监管框架，其中共设有三类牌照： • "货币兑换"牌照：仅限于货币兑换服务，监管方向与现有的《货币兑换和汇款业务法案》（MCRBA）类似；因业务本身的商业规模较小，涉及的风险也较低，因此该牌照的监管范围也较小 • "标准支付机构"牌照：监管开户服务、境内转账服务、跨境转账服务、商业采购服务、电子支付服务、支付型代币相关服务、货币兑换服务这7种服务任意组合而成的商业，但对支付或转账额度上限有要求，即一年中平均每月涉及的金额不超过300万新币，或一年中平均每日涉及的电子支付流水不超过500万新币。由于额度较小，这一牌照的申请要求也较低，为创新型金融企业提供类似"永久沙盒"的宽松环境 • "大型支付机构"牌照：监管超过"标准支付机构"牌照所设额度的所有业务。因涉及的金额更大，风险更高，牌照审批要求也更严格，监管范围也更广

---

① 金融科技，即financial technology，指突破传统金融服务方式的高新科技。

② AML（anti-money laundering，反洗钱）：是指为了防止有人通过非法交易而获得相关收入而制定的各种法规；KYC（know your customer，了解你的客户）：交易平台取得客户相关识别讯息的过程，若是不符合标准的用户，将无法使用平台所提供的服务，执法单位也可以将平台所提供的讯息作为犯罪活动的调查依据，即现在交易所会要求用户进行的实名认证。

续表

国家	内容
日本	2017年4月1日,日本《支付服务法》正式生效,比特币作为虚拟货币支付手段合法性得到承认。此法案还要求,日本的比特币交易所必须获得财政部和日本金融厅(FSA)的授权,否则不能作为虚拟货币交易所运行。 该法案还规定了以下申请牌照注意事项: 办理FSA的虚拟货币交易牌照,服务包含了在获得牌照前的公司注册办理、协助租赁办公室场地、协助公司员工的招聘、与会计师事务所合作准备的审计报告、AML和KYC报告、商业计划书,以及与日本律师事务所准备的一切需要向FSA递交的合规文案,以及回答FSA提出的所有问题。在获取虚拟货币交易商牌照的过程中,以及日后营运的过程中,交易商都必须聘用至少3名员工,其中至少一位有虚拟货币、比特币或金融背景
泰国	2020年6月8日,泰国公布了对ICO准入条件和交易所的监管细节。按规定,虚拟货币交易所需注册,且注册资本为500万泰铢(约100万元人民币)
菲律宾	2020年7月初,菲律宾卡加延经济区管理局(CEZA)宣布授予3个虚拟货币交易所临时许可证,并计划颁发许可证给25家交易所。申请的公司需同时满足至少投资两年、投资金额不低于100万美元,且在菲律宾设有办公室的3个要求

第五节
数字资产交易税相关规定

根据CoinCap的统计,2021年5月虚拟资产的日均交易量就已经高达2 910亿美元[①],其中以虚拟货币为主,由于币价短期波动较为明显,大量投资者通过数字资产的买卖获益。该现象引起了各国监管机构的注意,自2013年起,在美国、德国等国家就出现了来自民间组织或政府机构的有关倡议,但由于数字资产的法律属性

---

① 财联社:虚拟货币行情火爆 日交易量高达2 910亿美元,https://finance.ifeng.com/c/863yZMGOeXY,最后访问日期:2022年9月5日。

与估值方法、交易者身份、税款征收方法等难以确定,各国目前仍在探索确定数字资产交易税的规则。在各国中,美国、澳大利亚、德国的探索具有代表性。

表 5-2 各国数字资产交易税规定

国家	内容
美国	2013年,美国纳税人权益维护人(The National Taxpayer Advocate)在提交给国会的年度报告中指出,当前美国国家税务局(IRS)面临的最严重的问题之一,就是亟须发布有关虚拟货币税收的征收指南
美国	2014年3月25日,IRS发布了2014-21号通告,以说明现有的一般税收规则如何适用于比特币等虚拟货币交易。该通告回答了有关比特币等虚拟货币的16个常见问题
美国	2016年11月8日,美国财政部税收征管监察局公开发布了一份报告,建议IRS建立一个详细战略系统,更有效、更透明地处理虚拟货币的征税问题
澳大利亚	澳大利亚税务局(ATO)为虚拟货币交易的税收处理提供了非常全面的指南。考虑到情况的新变化,该指南定期更新。相关的文件、报表均在ATO网站上发布,包含多个示例和参考资源,纳税人可在其中找到有关特定主题的各种信息
德国	2013年6月,德国国会议员弗兰克·谢弗勒(Frank Schffler)向财政部询问了有关比特币交易和比特币挖矿的所得税处理问题。财政部答复,比特币交易可能会产生商业收入和杂项收入
德国	2013年8月,财政部回答了弗兰克·谢弗勒提出的另外两个问题,承认尚不清楚应采用哪种估值方法(如FIFO先进先出、LIFO后进先出)来确定具有不同成本基础的比特币存放在同一钱包中产生的应纳税所得额;认为比特币是私营货币,比特币交易不能免征增值税
德国	2018年1月5日,财政部回应了德国议会其他议员提出的问题,阐明了出于税收和金融监管目的对比特币进行征税
德国	财政部于2018年2月27日发布通函,确认了欧洲法院在Hedqvist案判决中制定的原则适用于比特币等虚拟货币交易

一、美国

早在2013年,虚拟货币税收监管问题就引起了美国的关注。

美国纳税人权益维护人（The National Taxpayer Advocate）在提交给国会的年度报告中指出，当前美国国家税务局（IRS）面临的最严重的问题之一，就是亟须发布有关虚拟货币税收的征收指南。该报告指出，目前虚拟货币的用户正在大规模增长，政府有责任告知公众必须遵守的规则。纳税人权益维护人建议国税局重点回答的问题有两个：一是在接收或使用虚拟货币时会触发收益或损失，这些收益是否应作为普通收入或资本收益征税；二是适用于虚拟货币交易的信息报告和记录保存方式。2013年5月，美国审计总署发布了一份报告，指出与虚拟货币相关的潜在税收合规风险。他们建议国税局找到相对低成本的方式，在不大规模改动现有税收规则的前提下向纳税人提供有关虚拟货币的征税指南。

2014年3月25日，IRS发布了2014-21号通告，以说明现有的一般税收规则如何适用于比特币等虚拟货币交易。该通告回答了有关比特币等虚拟货币的16个常见问题。IRS将比特币等虚拟货币定义为一种有价值的数字表示形式，可以充当交换媒介、计量单位和储值媒介，但在任何司法管辖区均不具有法定货币地位。2014-21号通告还指出，出于税收目的，比特币等虚拟货币被视为资产（而不是货币），适用于资产交易的一般税收原则也适用于比特币等虚拟货币交易。"挖矿"以获得虚拟货币或接收比特币等虚拟货币作为商品或服务付款的纳税人，必须在计算总收入时加入比特币等虚拟货币的公平市价；作为工资支付的比特币等虚拟货币的公平市价需要预扣联邦所得税且必须在W-2表（美国雇员年度报税表格）中报告；向独立承包商支付的比特币等虚拟货币应纳税且适用自雇税规则。一般来说，付款人必须向IRS和收款人签发1099-MISC（杂项收入）表格。

2016年11月8日，美国财政部税收征管监察局公开发布了一份报告，建议IRS建立一个详细战略系统，以便更有效、更透明地处理虚拟货币的征税问题。该报告提出了三项建议，即制定协调的虚拟货币战略，包括目标的确立、如何实现目标及有实施时间表的行动计划；提供更新的征税指南，包括必要的文件要求和各种用途的虚拟货币的税收待遇；修改第三方信息报告文档，以识别应税交易中使用的虚拟货币数量。

二、澳大利亚

澳大利亚税务局（ATO）为虚拟货币交易的税收处理提供了非常全面的指南。考虑到情况的新变化，该指南定期更新。相关的文件、报表均在ATO网站上发布，包含多个示例和参考资源，纳税人可在其中找到有关特定主题的各种信息。笔者注意到，ATO将虚拟货币的税收规制对象限缩为"加密货币"（Crypto Currencies）。加密货币是数字货币的一种，比特币就是典型的加密货币。ATO并未草率地给加密货币定性，其在《加密货币的税收征收通知》中明确指出，加密货币交易的所得税征收取决于纳税人持有该货币的目的。如果加密货币作为一种个人使用的资产，纳税人持有的主要目的购买供个人使用或消费的物品，则以低于10 000澳元的价格购得的个人使用资产产生的资本利得免征资本利得税；如果加密货币作为一项投资持有，则纳税人无权获得个人使用资产的税收豁免；如果以投资形式获得加密货币，则纳税人必须对使用加密货币获得的资本收益缴纳税款。ATO发布的《加密货币的税收征收通知》还包含了记录保存义务的内容，指明了纳税人必须保留与虚拟货币交易有关的记录。ATO是第一个阐明区块链拆分税收后果的税务部门。这给了我们很大的启发,面对瞬息万变的虚拟货币市场,只有灵活的、便于更新的虚拟货币税收监管模式才是我们需要的。

三、德国

德国对虚拟货币税收规制适用对象范围的设定经历了一个从比特币扩大到其他虚拟货币的过程。2013年6月,德国国会议员弗兰克·谢弗勒(Frank Schffler)向财政部询问了有关比特币交易和比特币"挖矿"的所得税处理问题。财政部答复,比特币交易可能会产生商业收入和杂项收入。2013年8月,财政部回答了弗兰克·谢弗勒提出的另外两个问题。第一,德国财政部承认尚不清楚应采用哪种估值方法(如FIFO、LIFO)来确定具有不同成本基础的比特币存放在同一钱包中产生的应纳税所得额。第二,德国财政部认为比特币是私营货币,比特币交易不能免征增值税。2018年1月5日,财政部回应了其他议员提出的问题,阐明了将出于税收和金融监管目的对比特币进行征税。财政部证实,德国联邦金融监管局(BaFin)认为比特币是德国银行法案(KWG)范围内的金融工具。这种分类意味着比特币交易平台受BaFin的监督和管理。根据财政部的意见,"挖矿"活动可能会产生《个人所得税法》第22(3)条所指的其他收入,而该收入的最高免税额为256欧元。在购买比特币后的1年内,将比特币兑换为另一种虚拟货币或法定货币可能会产生《个人所得税法》第23(1)条的短期资本收益。如果比特币的"挖矿"活动或交易具有商业性质,那么该活动产生的收益将被征收企业所得税。

对于比特币交易的增值税处理,财政部参考了Hedqvist案(案号C-264/14)中欧洲法院的决定。他们认定,使用比特币作为商品和服务的付款方式不征增值税,将比特币兑换成法定货币免征增值税。由于欧洲法院的决定未提及比特币的"挖矿"活动,因而财政部得出结论,欧盟出于增值税目的对比特币"挖矿"活动的处理方式尚未明确。

德国财政部于 2018 年 2 月 27 日发布通函,确认了欧洲法院在 Hedqvist 案判决中制定的原则适用于比特币等虚拟货币交易。因此,虚拟货币兑换为法定货币正式获得增值税的征收豁免。比特币作为商品或服务的付款与合法货币的付款相同,不在增值税征收范围内。因比特币"挖矿"是单向非互易活动,故而也不在增值税征收范围内。通常而言,虚拟货币交易平台提供的是不能免征增值税的 IT 基础架构和服务,但如果平台运营商以自己的名义买卖比特币等虚拟货币,则平台运营商可免征增值税。

第六节
对数字资产交易平台的监管

一、元宇宙数字资产交易市场的行业风险

元宇宙中的数字资产交易市场主要存在四大典型行业风险,分别是价值、技术、产权和监管风险。

价值风险主要来源于元宇宙数字资产价值锚定的不稳定性,当前的元宇宙经济体系尚未建立普遍的、得到社会共识认可的价值锚点,其价值主要依靠交易市场的自我调节。因此,极易出现市场泡沫或者资产亏空等投资价值风险。

技术风险是元宇宙数字世界的源生性风险。元宇宙建立在区

块链技术之上，由于现有区块链公链的匿名化、链式传播的难追踪性，监管主体难以对区块链经济系统上的交易行为实行有效的监管。当攻击者对系统安全造成威胁、非法用户利用区块链实施违法行为时，难以对攻击者进行追责。并且，由于区块链的难更改性，当网络攻击者入侵交易主体的区块链节点进行非法交易时，该笔交易将无法撤回，可能会给用户造成不可逆的经济损失。

产权风险主要体现在数字艺术品交易市场，包括三大方面。第一，即"作品真正的创作者是谁"。NFT只是记录在区块链上的所有权证书，无法保证其包裹"物"的真实性。区块链也只能记录NFT在链上的流转，既不能控制上链的过程，也不能证明NFT所包裹之物的作者，容易出现他人盗用权利人作品并以NFT形式进行销售的非法行为。例如，著名漫画家德里克·劳夫曼（Derek Laufman）的作品就被他人上传到Rarible平台上出售。第二，NFT"内核"可能被替换或多次售卖。当前的各个公链尚未实现跨平台的互通，NFT技术也无法控制其包裹的数据不被再次复制，违规多次销售的行为广泛出现在NFT交易市场。例如，有人仿造以太坊上的NFT作品并将其搬运到Binance平台上。第三，NFT涉及财产所有权、著作人身权与财产权等一些系列问题，但目前并无对其法律属性的统一界定。NFT拥有者是否相应地享有版权仍是一个待解决的问题，尤其是现实资产上链情形下的NFT，现实资产与数字化资产的对应关系仍需要进一步的法理分析。例如，国外一家公司购买了艺术家Banksy的作品《Mornos》，随后公开烧毁了该作品，并在OpenSea市场上创建了一个NFT来代表该作品，该数字化作品是否具有现实意义引起了广泛的争论。

监管风险是与元宇宙经济体系最为相关的风险问题。正如诸多学者所主张的一样，元宇宙等数字产业的发展需要强调监管先行，不能使洗钱、诈骗等违法违规行为肆乱。2019年，我国主管机关发布官方法律文件禁止发行和交易"虚拟货币"，但目前尚无针对非虚拟货币形式的NFT的监管机构和法律政策，因而交易双方的权利义务无法明确。并且，随着NFT市场的发展，NFT将从区块链上创作的数字资产发展成为链下实物资产的映射，其潜在的监管范围得以进一步扩大。NFT艺术品的交易数据由第三方机构进行解释执行，这些独立机构主体分散，难以对发行和交易群体形成有效的监管。数字货币交易机构无牌照经营，缺少政府的信用背书，可能存在欺诈、洗钱、非法集资和违禁品暗网交易的风险，例如，诈骗者以知名艺术家的名义售卖冒名制作的NFT作品。

二、日本对数字资产交易平台的监管模式

（一）日本加密资产监管制度的演变历程

日本在法律层面对数字资产的监管始于2017年4月1日的《支付服务法修正案》。在该法案中，日本承认了数字资产间交易与数字资产变现的合法性，并且就数字资产交易所的注册登记作出了规定。同月，《防止违法所得转移法》进一步加强了对数字资产交易所的监管。

2018年发生的多起针对数字资产交易所的巨额犯罪[①]，引起日本政府和数字资产行业对交易安全和投资者财产安全的重视。交易

---

① 2018年1月，数字资产交易所Coincheck遭黑客攻击，价值580亿日元的数字资产被盗。2018年9月，数字资产交易所Zaif的运营商Tech Bureau遭黑客攻击，价值约为70亿日元的数字资产被盗。

所被要求采取更加严格的管理制度，分离股东与经营者、系统开发者和系统管理者，以防范针对交易所的恶意犯罪。2018年3月，在日本金融厅（FSA）的认证下，加密资产交易商业协会（JVCEA）成立，以促进行业自律监管；同月，日本金融厅还成立了由学者与实务界人士共同组成的"加密资产交易研究会"，通过研究报告等形式为加密资产监管提供支持。①

2019年5月，日本通过了《为应对因信息通讯技术发展而出现的金融交易多样化部分修订支付服务法等相关法案的议案》，对《支付服务法》《金融工具与交易法》和《金融工具销售法》等法案进行了修订。

2020年1月，日本金融厅公布了《令和元年关于修改支付服务法等相关法案的内阁府令》，其中包含《加密资产交易商内阁府令》，涉及加密资产交易商的注册资格、变更报备制度、管理业务规则、信用交易规则、投资者保护等。②

（二）监管框架

从最初设立专门的监管法规《支付服务法》，到后来修订的《金融工具与交易修正法》和《金融工具销售修正法》等法案的相关条款，以及针对金融机构特定金融交易的部分规定，日本成为全球率先将加密资产业务纳入法律监管范畴的国家。这些法案从不同层面对加密资产的交易主体、业务类型、中介机构等在法律上作出了详尽规定，主要的监管机构包括日本金融厅、加密资产交易商协

---

① 宇根正志.暗号資産における取引の追跡困難性と匿名性：研究動向と課題［J］.金融研究，2019（7）.
② http://www.fsa.go.jp/，https://www.nta.go.jp/，最后访问日期：2022年9月20日。

会和国税厅等。

1. 监管主体

日本对加密资产市场行使监管职责的主体机构包括两类，一是行政监管机构，如日本金融厅、国税厅等；二是自律监管组织，如加密资产交易商协会等。第一，行政监管机构。日本金融厅的主要职责是通过制定和执行相应的金融监管法规，充分调动各类金融机构的市场功能，切实保障投资者的利益，在加密资产方面主要负责交易商的注册登记与业务报告审核，以及制定或修改相关法规。日本国税厅负责制定加密资产方面的税收制度与执行细则。第二，自律监管组织。加密资产交易商协会是唯一被日本金融厅认定的加密资产交易兑换服务提供商行业的半官方行业自律组织。协会的宗旨是保护投资者的合法权益，促进加密资产交易行业的健康发展，主要负责制定自律监管规则，对会员的经营活动进行指导、劝告或处分，处理加密资产交易纠纷事件，提供洽谈或咨询服务等。

2. 监管对象[①]

日本不断扩大对加密资产的监管范围，监管对象的类型也日益增多，目前主要的监管对象包括加密资产投资基金公司、加密资产交易商和"云挖矿"（cloud mining）企业。

第一，对加密资产投资基金公司的监管。加密资产投资基金以加密资产为投资对象，所得收益由基金公司按照出资比例分配给投资者。参照日本《金融工具与交易法》的相关规定，投资基金公司必须注册并取得"二类金融工具交易从业者"的牌照。而且由于此类基金的投资对象为加密资产，投资者应具备一定的专业知识，充

---

① 张伊丽,皮六一,薛中文.日本加密资产监管制度研究［J］.证券市场导报,2020（8）.

分了解该类基金的投资风格和风险特性。

第二，对加密资产交易商的监管。加密资产交易商是指提供加密资产买卖或兑换业务、与加密资产交易的代理或中介业务、管理加密资产或相关资金的业务的服务商。根据《支付服务法》，加密资产交易商必须满足一定的注册条件，且在日本金融厅和财政部注册。交易商有义务向客户详细介绍交易规则和风险提示，不得劝诱投资者购买某类加密资产。交易商应对自有资金和客户资金分开管理，接受外部监督检查。

第三，对"云挖矿"企业的监管。"云挖矿"是指用户通过服务商远程使用别人的矿机"挖矿"，本质上是一种租赁托管服务。随着参与者增多，日本正在考虑将"云挖矿"企业纳入《金融工具与交易法》的监管范畴。

（三）围绕投资者保护的行为监管

1. 数字资产交易平台的用户资产保护

由于数字资产交易平台以现金和数字资产的形式保管大量的用户资产，因而用户资产的保护便成为数字资产交易平台监管的重要内容。日本在2015年已经对数字资产交易平台课以一定的用户保护义务，规定平台应当对用户资产和固有资产实施分别管理措施，并采取技术措施保障系统信息安全等。然而，修正案实施后，日本仍然发生了数起严重的数字资产流失事件。为了敦促交易平台完善安全体制，保障用户财产利益，日本继续修法强化了用户保护的相关规则，主要内容包括以下四个方面。

第一，强化平台的分别管理义务。2015年修正案已经要求交易平台对用户资产和固有资产进行分别管理，但只要求平台"自己采取明确区分、能即时分辨的管理方法",而没有具体规定管理受托用户资产的方法。在实践中,交易平台为了方便交易,将用户资产大量存储在"热钱包"中,这带来了很大的风险。将数字资产转移到另一地址时,需要使用秘钥完成电子签名验证,而所谓的"冷钱包""热钱包"则是指秘钥的管理方式。"热钱包"是指连接到互联网的钱包软件,采用"热钱包"进行管理可以方便地进行交易,但存在着秘钥被网络攻击盗走的风险;"冷钱包"是指未连接到互联网的钱包软件,采用"冷钱包"进行管理安全性非常高,但交易很不方便。由于日本发生的数次数字资产流失事件都是"热钱包"中的数字资产流失,本次修正案对"热钱包"的使用进行了严格的限制,要求交易平台将用户寄存数字资产的主要部分保存在"冷钱包"中,仅能将不超过 5% 的部分存放在"热钱包"中,力求用户资产的安全得到保障。

第二,要求交易平台保有一定量的履行保证资产。由于"热钱包"中的数字资产被网络攻击盗走的风险较高,为确保此类情形发生时交易平台有能力向用户偿还数字资产,本次修正案规定,对于使用"热钱包"进行保管的数字资产,交易平台应当准备同种、同量的固有数字资产,并在"冷钱包"中保管。与受托用户资产一样,履行保证资产也应当接受注册会计师的监查。

第三,赋予用户优先受偿权。由于数字资产的"构造和技术仅借助互联网上的网络系统","明显不具备占据一定空间的有体性",因而不属于民法上的"物",数字资产的私法属性处于不明确状态。因此,交易平台破产时,日本法院判决用户不能主张取回权。本次修正案明确规定,用户对交易平台享有以偿还数字资产为标的的债权，就此债权用户对履行保证资产和受托用户资产享有交易平台破产时优先于其他债权人受偿的权利，这一规定填补了法律漏洞。但是，本次修正案仍然没有对数字资产的私法属性作出回应，因而在破产以外的情形下的用户权利内容仍不明确。例如，受托用户资产被其他人强制执行时用户是否享有第三人异议权，仍有待司法机关作出判断。

第四，要求交易平台采取金钱信托的方法对用户寄存的金钱进行分别管理。2015年修正案下，交易平台可以采取开立独立银行账户的方法实现分别管理，但2019年修正案规定交易平台应当采用金钱信托的方法。

2. 对可交易的数字资产种类作出限制

由于部分数字资产不公开交易记录，容易被用于洗钱等犯罪行为，为了强化对这类数字资产的监管，需要对平台上交易的数字资产种类采取一定的限制措施。日本法规定，数字资产交易平台上可以交易的数字资产种类需要向金融厅事前备案。

3. 对广告劝诱的规制

目前，数字资产行业存在着一定程度的过度广告宣传现象，助长了投机交易的风气。日本此次修正案强化了对广告劝诱的规制，主要包括：第一，在广告宣传中，交易平台应当披露有关用户对数字资产性质的理解的重要事项；第二，不仅禁止在宣传中采取不实表述，还禁止"使用户对数字资产的性质产生误解"的劝诱行为；第三，禁止专为助长投机的广告行为。

（四）监管业务范围

数字资产交易平台通常主要开展数字资产的买卖、交易、代管等业务。此前，日本的立法者认为，单独运营代管业务不存在 AML/CFT 方面的风险，因而不需要被纳入监管对象。因此，2015 年修正案所监管的对象仅限于运营数字资产交易业务的平台，即经营数字资产的买卖、交易及其中介、代理，以及为交易目的而管理用户资金和数字资产的平台。但是，由于代管业务亦存在用户保护的需求，因此该业务也存在着监管必要。而且反洗钱金融行动特别工作组（FATF）在 2018 年 10 月的建议中提出，代管业务存在一定程度 AML/CFT 方面的风险，所以 2019 年修正案将仅运营数字资产代管业务的从业者，也就是俗称的"钱包"软件，一并纳入监管对象的范畴，具体的审慎监管和行为监管规定均与交易平台相同。

日本金融厅在《监管事务指南》中对代管业务的范围作出更为具体的解释。该指南规定，从业者在没有用户参与的情况下就可以转移数字资产的，应当视作代管业务；反之，如果技术上必须获得用户同意才能转移数字资产的，原则上不视作代管业务。例如，采用多签（Multi-Sig）等技术，需要用户和从业者同时提供电子签名才能转移数字资产的钱包软件，就不属于代管业务，从而不受《资金结算法》的规制。

（五）行业自律监管

由于数字资产行业发展迅速，需要专业人士予以应对，所以行业自律监管的作用不可或缺。日本在 2015 年后，数字资产交易行业成立了"加密资产交易商协会"，并获得了法定行业协会的法律地位，日本目前获得注册的交易平台均为该协会的会员。2019年修法进一步强化了行业自律监管的作用，规定对未加入行业协会且不具备与行业协会自律监管规则相同内容的公司内部章程的交易平台，将拒绝其注册申请或取消已获得的注册资格。

（六）对具体业务的监管举措

加密资产交易业务不仅包括交易商自身参与的加密资产交易，还包括交易商代理客户进行的买卖、兑换或者资产业务管理。

1. 加密资产现货交易的监管措施

加密资产的现货交易既包括对加密资产的买卖，也包括不同加密资产之间的兑换。根据《支付服务法》，加密资产交易商必须进行充分的信息披露，不得夸大宣传或者通过不当手段进行交易，不得通过虚假交易或者散布不实信息等方式操纵市场价格。加密资产交易商应按照要求提交相关业务的年度报告和半年度报告。

2. 加密资产衍生品交易的监管措施

加密资产衍生品交易包括与加密资产有关的期货、期权和保证金交易等。根据《金融工具与交易法》，此类交易需要遵循一般的衍生品交易规则，并且在净资产、资本充足率、交易杠杆率、投资者资格等方面满足一定的特殊要求。此外，日本还推出了数字资产指数——NRI/IU加密资产指数，以便为投资者提供参考。

3. 加密资产信用交易的监管措施

加密资产信用交易是指加密资产交易商通过加密资产交易向客户提供资金或者加密资产方面的贷款信用。参照《支付服务法》《加密资产交易商内阁府令》，客户之间进行加密资产信用交易时，加密资产交易商需要以书面形式报备初始保证金金额及其计算方法、交易类型、止损规则等内容，还应根据加密资产特性设置止损点。① 此外，《加密资产交易商内阁府令》对此类交易的杠杆率作出了限制。

4. ICO业务的监管措施

ICO是指发行主体首次以发行代币的方式募集资金。日本将ICO等同于可获取收益分配，依据《金融工具与交易法》和《支付服务法》进行监管。其中，投资类ICO代币按照证券投资业务进行监管。加密资产交易商应披露发行主体的资产状况、发展规划及可行性、发行规模、价格等信息，同时结合投资者的能力和经验等设定不同项目。

三、韩国对数字资产交易平台的监管模式

韩国是早期的比特币先驱，拥有对加密货币充满热情的交易者和投资者。2021年，韩国的加密货币总交易量超过了国内股票市场。韩国的监管机构对加密货币交易所和公司采取了谨慎的态度。公司须履行与其他金融机构同等的反洗钱和税收义务。

在韩国，虚拟资产在税收方面被归类为"其他收入"。2020年底，韩国出台一项举措，2022年起按照20%的税率对加密货币交易利润征税。韩国国家税务局（NTS）还扩大了加密货币税法的范围，以包括外国加密货币交易所和企业。修订后的法律将对超过250万韩元（约2 200美元）的加密货币交易利润征税20%。

---

① 河合健，三宅章仁，青木俊介，田中智之，等. 暗号資産・デジタル証券等に関する政府令案について［J/OL］. アンダーソン・毛利・友常法律事務所，www.amt-law.com，最后访问日期：2022年8月3日。

（一）韩国金融委员会对虚拟货币监管政策演进

1. 附加义务：将虚拟货币纳入"类似授信行为"

2017年9月1日，韩国金融委员会主持召开了"虚拟货币相关机构联合工作组——虚拟货币的现状及应对方向讨论会"[①]。金融委员会副委员长在会议上谈到："现阶段虚拟通货很难被看作货币或金融商品，但如果盲目进行虚拟货币交易，有可能对金融交易秩序产生负面影响，因此需要仔细应对。"会议上，金融委员会与其他相关部门共同制定了应对方案。

首先，确保交易透明，为消费者提供保护。作为现行法律范围内可行的方案，对虚拟货币经营者和银行附加注意义务，一是要求虚拟货币经营者向用户本人确认，加强与虚拟货币经营者交易时银行的可疑交易报告义务。二是如果小额海外汇款商使用虚拟货币作为海外汇款的媒介，相关机构将协助加强监控，并确保交易的透明性。根据当时的立法，对小额海外汇款者适用可疑交易报告（《特定金融信息法》，以下简称《特金法》）、实名确认（《金融实名法》）的规定（2017年7月）。考虑到主要国家对虚拟货币的国内交易加强反洗钱规制的趋势等，韩国计划推进引入规制（修订《特金法》）。

[①] 报告材料见 https://www.fsc.go.kr/no010101/72809，最后访问日期：2022年9月15日。

其次，对于虚拟货币投资的类似授信行为[①]，将明确《类似授信行为限制法》（2010年实施）的法律依据，强化处罚水平等，提高处罚的实效性。由于政府金融机构无法保障虚拟货币的价值，所以很难将虚拟货币交易纳入金融业并赋予公信力，但将扩大《类似授信行为限制法》的适用范围，对现有的类似授信行为以外的"虚拟货币交易行为"也将制定法律法规体系。

2. 全面禁止ICO

2017年9月29日，为检查各机构的推进情况，韩国金融委员会主持召开了"虚拟货币相关机构联合工作组——近期国内外市场监管措施讨论会"[②]。

当时韩国业界出现了市场资金向非生产性投机性方向聚集的现象，因此韩国有关部门认为，为了促进市场资金转换成生产性投资，采取追加措施是不可避免的，由此通过讨论制定了两个应对方针，一是进一步明确禁止授信，二是禁止ICO。这是韩国官方首次明确提出要全面禁止任何形式的ICO。韩国金融委员会明确表示禁止所有形式（包括发行证券）的ICO融资，代币保证金交易及借贷行为也被禁止。韩国监管机构此次表态应是斟酌已久，在报告中，金融委员会列举了中国人民银行、香港证监会（SFC）、新加

[①]《类似授信行为限制法》第2条对"类似授信行为"进行了明确定义。本法中的"类似授信行为"是指未得到其他法令的认可、许可或未进行登记、申报等，以从不特定多数人那里筹集资金为业的行为，以及属于下列任何一项的行为：
- 约定将来支付全额或超过出资金额并收取出资金的行为；
- 约定将来全额支付本金或超过本金的金额，并以存款、积蓄、附款、存款等名义收受金钱的行为；
- 约定将来以发行价额或销售价额以上再购买、发行或销售公司债的行为；
- 约定用金钱或有价证券填补将来经济损失，并以会费等名义收受金钱的行为。

[②] 报告材料见 https://www.fsc.go.kr/no010101/72848，最后访问日期：2022年9月15日。

坡金融管理局（MAS）、马来西亚证券委员会（SC）、美国证券交易委员会（SEC）等多个监管机构对 ICO 的态度[1]，表示 ICO 背后暗藏较高的金融诈骗风险，参与其中的金融机构或个人将受到严厉处罚。"考虑到中国、美国、新加坡等主要国家和地区在国际上就 ICO 的危险性达成共识，加强 ICO 相关的管制措施和发布消费者警告，"据此，韩国官方决定，将禁止所有形式的 ICO。

据悉，发行数字代币，通过虚拟货币等筹集投资金的 ICO 在全世界范围内正在增加，韩国国内也有 ICO 的动向。2017 年 9 月 1 日，韩国有关部门发布方针，针对以证券发行形式利用虚拟货币筹集资金的行为，以违反《资本市场法》予以处罚。

3.ICO 分类监管

2018 年，韩国区块链治理和共识委员会（BGCC）发布了韩国 ICO 指导方针。指导方针提出，必须将加密货币分为金融投资商品（证券型）和非金融投资商品（实用型），并主张证券型加密货币要符合韩国《资本市场法》。并且 2022 年年中，韩国新任总统尹锡悦也意在将韩国的虚拟资产政策分为证券型和非证券型推进。

4. 对 ICO 态度趋缓

自 2017 年韩国金融委员会首次提出全面禁止任何形式的 ICO 以来，韩国官方一直以来都保持较为强硬的态度，但是伴随着虚拟资产在韩国的迅速发展，韩国官方对 ICO 的态度有所缓和。2022

---

[1] 美国证券交易委员会将虚拟货币经纪商的代币发行视为证券法上的证券发行，适用证券法规定（2017 年 7 月）；中国人民银行等将 ICO 规定为与金融欺诈多阶段欺诈相关的非法共谋行为，并宣布全面禁止 ICO（2017 年 9 月）；新加坡金融管理局（2017 年 8 月）、中国香港证监会（2017 年 9 月）也发布了证券发行形式的 ICO 的证券法规制方针。

年,尹锡悦政府将虚拟资产政策分证券型和非证券型推进。①尹锡悦在当选总统前曾承诺过:虚拟资产非课税限度上调至 5 000 万韩元、制定数字资产基本法、允许国内 ICO 等。

2022 年 4 月 10 日,据韩国新闻报道,金融委员会已经向总统职务交接委员会提交 STO 引进方案报告,且意图修改《资本市场法》。报告中提出允许 STO 发行和允许通过交易所公开虚拟资产(IEO、ICO)等内容。在引进 STO 后,有必要对交易平台由现有的虚拟资产交易所,还是由韩国交易所等证券相关机构负责等问题进行讨论。韩国虚拟资产业界一直主张,既然海外主要国家正在对引进 STO 进行正式实验,韩国国内也急需对 STO 进行制度化。以美国为例,在确认虚拟资产的证券性与否后,如果符合规定,允许自由进行 STO。德国也允许以以太坊为基础的代币发行传播所有股份。此外,金融委员会还在报告中提出"增加虚拟资产交易所数量"。2021 年,在实施《特金法》的过程中,只允许开设了 4 个韩元市场交易所。因此,有人指出,这实际上赋予了 4 家交易所垄断地位。但是,也有业界专家指出,由于虚拟资产市场垄断状况日益严重,单纯增加韩元市场交易所,在实现投资者保护和产业培育等课题方面仍存在局限性。

(二)韩国数字资产交易监管动态

1.《特金法》

(1)概念辨析

韩国立法机关、司法机关、行政部门以及学界、业界等一直以

---

① 新闻报道.尹정부 가상자산 정책, 증권형 - 비증권형 나눠 추진할 듯.(2022-04-22). https://www.fnnews.com/news/202204101346165604,最后访问日期:2022 年 9 月 30 日。

来对表示"加密货币"这一类物的用语争议不断。表 5-3、表 5-4 中整理了韩国以及国际货币基金组织（IMF）、反洗钱金融行动特别工作组（FATF）、美国金融犯罪执法网络（FinCEN）用来表示"加密货币"含义的用语。在 2021 年施行的《特金法》中，对"虚拟资产"进行了明确定义。有韩国学者认为，使用资产而非货币的用语，表明韩国立法机关希望通过使用更宽语义范围的用语，让立法能更好地适应虚拟资产的飞速发展。

表 5-3　韩国国内用语

部门、机构	用语	具体说明	
金融委员会（及其下属部门）	2016 年：디지털화폐 2017 年：가상통화	2016 年：数字货币制度化 TF 首届会议召开。 2017 年 9 月，举办"虚拟货币相关机构联合 TF"——虚拟货币现状及应对方向，使用가상통화	2020 年的报告中仍使用"가상통화"
韩国大法院	가상화폐	2018 年 5 月 大法院判决书	/
法务部	가상증표	/	/
交易所	암호화폐 / 가상화폐	/	/
学者、舆论……	가상자산 / 가상화폐 / 암호화폐	/	/
2021 年 3 月修订并正式施行《特金法》	가상자산	明确虚拟资产的定义	/

表 5-4　国际货币基金组织、美国 FinCEN 以及国际反洗钱机构用语

部门、机构	用语
IMF（国际货币基金组织）	以前：区分虚拟货币和加密货币 现在：使用암호자산（Crypto Assets）和암호화통화（Crypto Currency）
FinCEN（美国财政部旗下的金融犯罪执法网络）	가상통화（Virtual Currency）
FATF（国际反洗钱机构）	以前：가상통화（Virtual Currency）和암호화통화（Crypto Currency） 现在：가상통화（Virtual Currency）和암호자산（Crypto Assets）

数字货币是单纯指代数字形态的货币时使用的术语。无论场所是否可用，技术是否适当，发行的主体是否确定，只要是以数字形式制作的货币，都可以说是数字货币。如果政府发行的法定货币也是以电子方式流通，也可以称作数字货币。2016年韩国金融委员会组织召开了"数字货币工作组[①]首届会议"，该会议上金融委员会使用的是"数字货币"一词。会议上，将数字货币理解为"数字化货币是指作为交易媒介或价值储存手段等使用的数字单位"。该会议召开的主要背景为：韩国"炒币"在2017年达到鼎盛状态，经营者们纷纷通过召开"虚拟通货说明会"吸引了大量普通人进行虚拟货币投资。金融委员会认为数字货币主要有以下三个特点：一是金钱价值以电子形式储存；二是根据情况代替货币使用；三是不由中央银行、金融机构等公认机构发行。

虚拟货币是指在虚拟空间中使用的货币。因此，形态当然是数字形态，可以说是数字货币的部分集合。主要由运营虚拟空间的民

[①] "数字货币工作组"由金融委员会金融服务局局长主持，由企划财政部、韩国银行、金融监督院及学界、法律专家等参与。

间主体发行,如游戏币、网上优惠券等。因为这不是政府的正式法定货币,所以政府只进行最低限度的限制。韩国大法院将虚拟货币视为将经济价值用数字表示出来,可以进行电子转移、储存及交易的无形财产。

加密货币是运用区块链技术进行加密的、安全的、受算法限制的、使用分布式账本记录的货币。加密货币可以说是在适用技术和结构等方面具有不同特征的虚拟货币。美国 FinCEN 将加密货币定义为一种可交换的虚拟货币(Conversable Virtual Currency,以下简称 CVC),与货币具有相同的价值或用作货币的代用,但不是法定货币,而只是交易的媒介。

关于三者的关系,国际货币基金组织和欧洲中央银行认为:数字货币包括电子货币和虚拟货币,而其中加密货币是虚拟货币的具体表现形式之一。数字货币是包括电子货币和虚拟货币的广义概念,电子货币和虚拟货币都是数字货币的下位概念。虚拟货币拥有自己的货币单位乃至标记方法,从这一点看,虚拟货币与电子货币有所区别。而加密货币又是虚拟货币的下位概念,是在虚拟货币中适用区块链和加密技术的特殊货币。

韩国学者观点,由于加密货币不属于货币或者通货,所以也被称为"资产"。加密货币以是否存在主网为标准,可以分为 coin 和 token。该学者认为使用"加密货币"一词,能很好地反映出其"加密技术"特性,且不容易和其他概念混同。"加密货币"不像"数字货币""虚拟货币"一样语义广泛,也不像 coin、token 一样语义范围过窄。并且该学者认为,与"加密通货""加密资产"这些用词不同的是,"加密货币"这一用语在翻译成韩语时不会觉得尴尬。

(2) 对虚拟资产交易所的监管

第一，对虚拟资产运营者的规定。《特金法》第三章规定了虚拟资产运营者的特例，该法第6条规定了本章的适用范围：该章适用于虚拟资产运营商；虚拟资产运营商的金融交易等在国外进行的，如果其效果对国内产生影响，也适用该法；虚拟资产运营商适用第5条第3款时，提供信息的对象、标准、程序、方法以及其他必要事项，以总统令列为准。

第二，开设可实名确认的存取款账户。《特金法》第7条对不受理申报的情况进行了规定，满足其中任何一种情况之一的金融情报分析院院长不得受理虚拟资产运营者的申报，其中一项为未通过可实名确认的存取款账户进行虚拟资产交易的虚拟资产运营者。该条文所指存取款账户是指在同一金融机构开设的、只能在虚拟资产运营商账户与其客户账户之间进行金融交易的账户。该法也设置了例外情况的但书，即考虑到虚拟资产交易的特性，金融信息分析院院长规定的情况除外。《特金法》总统令第10条对实名确认存取款账户的开设标准进行了细化规定，要求该账户将存款与固有财产分开管理，要求获得信息保护管理体系认证，根据虚拟资产运营商的客户类别对交易明细分类管理。金融公司欲开立明确的提款账户的，应当根据《特金法》第5条第1款第2号规定，确认虚拟资产运营商的流程及业务指南，识别、分析和评价金融交易内在的洗钱行为和威胁资金筹措行为的风险。

第三，虚拟资产转移的信息提供规则。相当于100万韩元价值的虚拟资产转移时，虚拟货币交易所应收集付款人和收款人的姓名以及钱包地址等信息用于资金追踪。个人间的交易不适用Travel

Rule，只在虚拟资产运营者之间的交易或者虚拟资产运营者和个人之间的交易的情况下适用 Travel Rule。

第四，虚拟资产运营者的申报义务。《特金法》第 7 条对虚拟资产运营者和想要从事该种经营活动者的申报义务进行了规定，要求虚拟资产运营商应根据总统令，向金融情报分析院长申报下列各项事项。同时《特金法》总统令进一步规定，根据第 7 条第 1 款提出申报的，除了提交金融信息分析院长公示的申报书之外，还应该附上其他材料，包括事业促进企划书、信息保护管理体系认证相关材料、可实名确认的转账账户相关材料等。

2. 一部相关特别法：《在线金融业法》

（1）制定理由

在线投联金融业务是通过在线平台向借款人提供从投资者那里筹集的资金的金融业务。目前，对于网上投联金融业务，缺乏单独的法律依据，仅存在行政指导性的指引，引发监管缺乏可执行性而出现监管盲点的担忧。健全促进网上投联金融业，通过确定必要保护事项，为金融创新和国民经济发展作出贡献。

（2）主要内容

1. 监管对象："网上投联金融"是指投资人以通过网上平台向特定借款人提供资金为目的，向投资人指定的借款人借出资金，并赋予投资人收取本息的权利（第 2 条）。

2. 登记义务：从事网上投联金融业务的，须向金融服务委员会登记，并规定登记条件和程序（第 5 条）。

后果：未注册的企业将受到刑事处罚（最高 3 年有期徒刑

或最高1亿韩元的罚款）

（注册申请对象）符合P2P法律规定的所有注册要求的公司，可凭注册申请表及随附文件向金融服务委员会申请注册。

以下公司不得申请：

• 正在对申请人、主要股东和高管进行刑事诉讼，或者由调查机构和金融监管机构正在对公司进行调查。

• P2P贷款应收账款充足性审计报告未提交"P2P贷款综合调查"或未收到"合格"意见的情况。

• 申请表及附件资料遗漏。如有错误或准备不足导致难以审查注册要求*。

*（示例）不遵守商业计划，没有描述拖欠率管理措施，与内部控制标准相关的财务相关法律（包括P2P法律和其他适用的法律）没有防止违规的程序和标准。

第5条（登记）拟从事网上投资连结金融业务的人士，应符合下列要求，并向金融服务委员会登记。

（1）申请人必须是商法规定的股份公司；

（2）考虑到关联贷款的规模，具备5亿韩元以上且不低于总统令规定数额的自有资本；

（3）能够保护用户，有足够的人力、电脑设施等实物设施开展网上投连金融业务；

（4）拟经营的网上投连金融业务的业务计划合理、稳健；

（5）执行人员必须遵守第6条第（1）款；

（6）适当的内部控制措施，包括防止特定用户与其他用户之间以及在线投资链接金融业务经营者与用户之间的利益冲突的制度（指第十八条的利益冲突防止制度）；

（7）大股东（包括与第一大股东有特殊关系的股东，如果第一大股东是法人，则包括总统令规定的对法人的主要经营状况具有实际影响力的人；下同适用）由总统令确定具有足够的投资能力、良好的财务状况和社会信誉；

（8）其他人应具有总统令规定的财务状况良好，如财务稳健，以及总统令规定的良好社会信誉，如不违反法律法规。

（申请）如果想申请P2P商业注册，在准备注册前需充分了解和阅读P2P法律法规。

申请注册的申请人需要充分的审查和准备，因为在立法（行政）通知后提出了许多意见，并在与相关组织协商的过程中进行了修改。

此外，FSC支持在接受注册申请之前进行预审，以便顺利申请和准备附加文件。

虽然事先审查不是注册的必要程序，但如果准备不充分，例如申请表的遗漏或错误，申请提交可能会受到限制（拒绝）。

（注册审查）只有经过充分审查法律要求后，具有稳健性和可靠性的公司才能注册P2P业务。

3.信息披露义务

网上投联金融业务主体需披露网上投联金融业务的交易结构和业务方式，以及网上投联金融业务的财务和管理状况，以便用户了解业务稳健性以及如何使用网上投联金融（第10条）。

网络投联金融业务经营者应当通过网络平台向投资者提供

关联投资的贷款金额、贷款利率、费用、风险和收益等信息，便于投资者了解（第22条）。

（信息披露）为帮助P2P业务的使用，P2P公司有义务披露其财务和管理状况等。

对经营状况有重大影响的案件（财务事故、逾期率超过15%、出售不良贷款等）作为披露事项。

4. 收费：网上投联金融业务主体收取费用时，须遵守的事项、利率的上限及计算方法（第11条）。

（利率·费用）P2P提供商可根据平台公布的收费标准向用户收取费用；

从借款人收取的费用不得高于贷款业务法规定的最高利率（目前为24%），不包括一些附带费用（担保权设立费用、信用查询费用等）。

5. 禁止行为：禁止向大股东等提供挂钩贷款、招揽前先放贷，禁止投贷期限、利率、额度错配。（第12条）。

禁止网络投联金融经营主体进行过度/虚假/诽谤广告、保本广告等（第19条）。

网络投联金融业务主体将投资、赎回款与自有资产分开存放或托管于银行等（第26条）。

网络投联金融业务经营者在开展网络投联金融业务时违反法律、条款、合同文件或者因业务过失给用户造成损害的，应当承担损害赔偿责任（第31条）。

规定了网投通金融业务经营者向同一借款人进行联动贷款的贷款额度和投资者通过网投联金融业务公司进行联动投资的

投资额度（第 32 条）。

（投资者保护）规定了投资者理性投资决策和投资保护应遵守的事项。

（信息提供）P2P 经营者必须向投资者提供与挂钩贷款相关的详细信息（贷款详情、借款人相关事项等），并确认投资者了解详情。

（投资和赎回资金管理）保护投资资金，要求 P2P 公司将投资、赎回款与自有资产分开存放于存款机构（银行、证券金融公司、资产超过 1 万亿韩元的互助储蓄银行）。

（贷款/投资限制）P2P 金融使用限制。

（贷款限额）P2P 业务可以向同一借款人提供贷款的限额为关联贷款应收账款余额的 7% 和 70 亿韩元以内。

（投资限额）对每个投资者类型和产品通过 P2P 进行的总投资限额适用。

（3）权利保护体系

基于较为明晰的虚拟财产法律属性，韩国对虚拟财产权利的保护体系也相对完善。

第一，强有力的司法保护。关于对虚拟财产的司法保护，韩国《信息通信网促进利用及信息保护法》第 49 条（保密等保护）规定："任何人不得破坏信息通信网处理、保管或传输的他人信息，侵犯、盗用或泄露他人秘密。"

从对虚拟资产的刑法保护的角度来看，韩国刑法将虚拟资产盗窃规定为利用计算机诈骗罪。例如，被告人在网吧打工时，获取他人游戏账户,以个人账户转移虚拟财产的行为,在刑事审判中被视为取得了财产上的利益,使游戏装备成为计算机等诈骗罪的客体。而且,韩国刑法将以暴力夺取他人账户的行为列入了抢劫罪的范围。盗窃、泄露他人数据信息的行为被视为个人信息和隐私罪。

从韩国法务部公布的虚拟货币相关犯罪案件看,2017年至2019年,韩国司法机关为保护虚拟财产提起公诉420人,累计案件数量达到165起,涉及投资诈骗、传销、非法集资、交易所相关犯罪,处理涉案金额约达2.6985万亿韩元。

韩国司法创设了"虚拟环境管理系统",基本解决了虚拟财产价值评估难的问题。在对网络虚拟财产价额进行评估时,由几个相关职能部门综合进行评定。以网络游戏财产的价值评定为例,由网络服务运营商和官方定价部门抽取中等等级游戏用户,计算其对应获得相应虚拟财产的平均必要劳动时间,进而计算相应价值。

第二,经济监管:将虚拟财产、虚拟货币纳入课税对象。面对虚拟货币引发的诸多问题,韩国政府采取了禁止匿名交易、不认可数字货币为法定货币等措施,但由于完整的法律框架体系需要花费较长时间,且如果把虚拟货币交易所全部关闭又会蒙受巨大的经济损失,权衡利弊,韩国政府认为最直接高效的规制措施就是对虚拟货币交易进行征税。自2008年起,韩国战略和财政部发布消息称将对虚拟货币交易进行征税。

韩国《附加价值税法》第1条第1项第1号、第2项及《附加价值税施行令》第1条第1项、第2条,将虚拟财产纳入了课税对象,认可了虚拟财产的"财货"属性。例如,根据韩国司法案例,法院认为游戏币通过交易获得利润,证明其是有价值的交易客体。因此,游戏币属于可以利用的权利,可视为具有财产价值的无形物，适用于《附加价值税法》上的"财货"。

除此之外，韩国今后将对虚拟财产转让、借贷所得进行征税（有译文为：加密货币交易征税）。韩国《收入所得税》第21条第一款新增第27项，针对从居民的虚拟货币的转让和出借派生出的所得，按照该款规定，对年超过250万韩元的部分，征收20%的所得税。该规则预计于2023年1月正式施行。但是，根据媒体2022年3月18日发布的消息，韩国总统尹锡悦正在考虑将实施虚拟货币征税的时间推迟一年，直到2024年初。

3. 韩国"资金追踪规则"正式施行，限制虚拟货币转移

"资金追踪规则"于2022年3月25日正式施行，该规则的目的是阻断虚拟货币的可疑交易。规则明确，转账金额100万韩元以上的，虚拟货币交易所应收集付款人和收款人的姓名以及钱包地址等信息用于资金追踪。作为世界上第一个"资金追踪规则"，其以去年制定的《特金法》为法律依据，在韩国国内虚拟货币交易所中运用。随着规则的正式实施，投资者需要尽快熟悉规则流程，以免影响交易①。

韩国首例从海外交易所追回被黑客盗取的虚拟货币案件

（1）案情概述

2021年6月6日，国家警察厅成功从海外虚拟货币交易所A追回了1 350 Ether（赎回时约45亿韩元）。犯罪嫌疑人在2018年前后未经许可从国内虚拟货币交易所B转移虚拟货币，长期存放在钱包地址，然后逐渐汇至境外交易所，变现或兑换

---

① 首尔经济新闻2022年3月25日报道，http://www.seouleconews.com/news/articleView.html?idxno=65441，最后访问日期：2022年9月30日。

成门罗币。由于虚拟货币钱包本身不可能追踪所有者的个人信息，犯罪嫌疑人将盗取的虚拟货币保存在个人钱包中，并在认为安全时将其发送给交易所，犯罪嫌疑人试图通过转移虚拟货币的方式实现变现。

当虚拟货币存入虚拟货币交易所时，调查机构向交易所请求冻结或退还虚拟货币是有利的。但本案警方并未提出冻结请求，交易所 A 认定嫌疑人汇出的虚拟货币属于洗钱行为，予以冻结。这是基于 FATF 的建议，FATF 对虚拟货币交易所施加与一般金融机构相同级别的反洗钱义务，要求收集并保留收款人的信息，同时在必要时提供给当局。根据上述建议，A 交易所冻结了嫌疑人汇入交易所的虚拟货币，国家警察厅要求 A 交易所将其退回韩国国内。

（2）本案的争议和问题

事实：冻结虚拟货币与受损虚拟货币是否具有同一性的判定。

国家警察厅从交易所 A 收回虚拟货币的问题之一是海外交易所 A 存储的虚拟货币与韩国交易所 B 被盗的虚拟货币是否相同。由于加密货币从交易所 B 被盗后经过多个钱包地址，因此难以确认身份。

因此国家警察厅基于以下理由主张具有同一性。

首先，用于连接加密货币交易所的 IP 是 TOR EXIT NODE IP（以下简称"TOR IP"）。犯罪嫌疑人将虚拟货币汇至交易所 A 和另外两家海外交易所，但均使用 TOR IP 访问交易所网站并申请货币兑换。

其次,嫌疑人试图在交易所 A 和上述交易所将钱兑换成门罗币。门罗币是一种注重匿名性的虚拟货币,与比特币不同,发送方和接收方信息记录在区块链账本上,它使用 CryptoNote 协议来保护用户的匿名性。因此,将存放在交易所的虚拟货币(以太坊等)兑换成门罗币,意味着要求兑换货币的人(即嫌疑人)具有隐瞒身份的意图,同时存入交易所 A 等地的虚拟货币的所有并没有改变。

再次,犯罪嫌疑人使用的虚拟货币地址仅转移至上述三个海外交易所。由于调查了从嫌疑人的虚拟货币地址传输到交易所 A 的过程中经过的以太坊地址,没有与常用虚拟货币交易所(Binance.com 等)的交易记录。如果交易过程中变成了与犯罪无关的第三方所有,那么仅向交易所 A 等地汇出虚拟货币的可能性非常小。

最后,犯罪嫌疑人使用的虚拟货币地址提取的 99.8% 的金额被汇至交易所 A 等。如果在转移过程中改变了虚拟货币的所有者,虚拟资产就会分散。

基于以上四个原因,国家警察厅判断交易所 A 冻结的虚拟货币与犯罪嫌疑人盗取的虚拟货币相同,交易所 A 认同国家警察厅的决定,同意配合进行追回程序。

因网络犯罪而盗取的虚拟货币的退款/返还的法律问题:

目前的问题是没有返还被黑客盗取并汇入海外交易所的虚拟货币的方法。从境外追回犯罪所得通常是在收到法院没收判决后,按照刑事司法合作要求冻结和追回财产。但本案却无法取得没收判决。

- 一是犯罪嫌疑人在那时尚未落网。
- 二是信息网络侵权罪不属于没收犯罪。
- 三是因信息通信网络侵权而被盗取的虚拟货币是被害人的财产，即为犯罪人以外的个人所有。

根据韩国《刑法》第49条，只有在犯罪嫌疑人被定罪的情况下，才能作出没收判决。有一种观点认为，有必要引入独立的没收制度，以便在因此类问题无法作出有罪判决的情况下也可以作出没收决定，不过现行法律不予承认。另外在这种情况下，即使犯罪嫌疑人被逮捕，仍然难以没收，因为没收的对象是虚拟货币。由于虚拟货币是具有经济价值的无形资产，不能根据韩国《刑法》第48条的规定对其予以没收。

虽然没收的对象在《犯罪收益限制法》中被扩大到财产。但是，犯罪嫌疑人侵入交易所B的行为是《信息通信网法》第71条（侵入信息通信网）的犯罪行为，该条并非规定没收的罪名。并且被盗的虚拟货币是受害者的财产也是一个问题，由于被黑的虚拟货币是受害者的财产，国家无法没收。

作为一个特例，《腐败财产没收法》允许没收一些受犯罪侵害的财产。但是，通过黑客行为盗取的虚拟货币并不是《腐败财产没收法》规定的应予没收的财产。

最终，在本案中，根据调查进展情况和现行法律，法院很难作出没收决定，因此无法通过传统的刑事司法合作来追回虚拟货币。国家警察厅在与有关机关商议后，决定将交易所A冻结的虚拟货币作为犯罪证据予以扣押。2021年6月1日，交易所 A 同意向警察厅管理的"硬钱包"转入 1 350 ETH，即本案中被盗的加密货币数额。

受害者的虚拟货币退款尚未完成。

一方面，由于虚拟货币不是《腐败财产没收法》规定的受害财产，无法作出没收判决，《腐败财产没收法》第 6 条第 2 项的特别归还规则不能应用。由于虚拟货币不是财物，不属于赃物，因此根据韩国《刑事诉讼法》第 134 条（没收物品的返还）返还是不可能的。

另一方面，韩国《刑事诉讼法》第 218 条规定，根据所有人、持有人、保管人或提交人的请求，可以退还或临时退还。将本条解释为可以根据物主的要求归还给物主，似乎是合理的。但是，为了使上述规定适用于本案，必须有所有者（受害者）的请求，因此侦查机关直接主动退还也是不可能的。

（3）本案的意义

上述案例中，成功追回虚拟货币是事实，但很难认为韩国政府已经建立了网络犯罪受害虚拟货币追回程序。在本案中，由于交易所 A 的积极配合并自愿提交，被盗财产才得以追回。但是，如果自愿提交也存在障碍，那么将按照什么规定以及以何种方式退款仍然是一个待解决的问题。尽管如此，本案作为首例从海外交易所追回受网络犯罪侵害的虚拟货币，其本身意义重大。

从侦查机关的角度来看，在现行法律下，通过传统的刑事和司法合作来追回网络犯罪损害的虚拟货币仍然困难重重，如

> 何建立新的类案解决方案是值得韩国政策制定者深入思考的问题。
>
> 尽管如此,这次警察厅的网络犯罪受害虚拟货币回收案例,作为在侦查实务上可以参考的案例,本身就具有意义。本案针对在协助调查方面态度消极的交易所具有警示意义,可能成为监管部门在侦查等方面同交易所展开合作的有力依据。

四、基于 PDA 范式构建数字资产交易平台监管框架

PDA 范式也即"平台 – 数据 – 算法"分析范式。数字资产交易中,交易平台即利用互联网、大数据、算法等技术,打破时空限制,链接各类主体,提供信息、搜索、竞价、调配、社交、金融等综合性服务,构建联动交互数字经济生态,并充分采集、共享、利用等各类主体的数据,发挥数据生产要素潜能,提高交易效率,制定交易规则,维护交易秩序,并汇集了信息流、资金流和物流,营造出区别于工业经济的新型经济组织。这种平台是融合企业和市场功能,兼具一定的政府和行业协会、公益组织等公共属性,对国民经济起到支撑性、稳定性作用的系统重要性新型基础设施,是一种以数据生产要素为核心的融合企业和市场功能的新型经济组织。在数字经济的新时代中,平台逐渐融合企业和市场的功能,成为占主导地位的经济组织形态,对资源调配和经济组织日渐起到了更为重要的作用。数字平台经济多元发展,出现了众筹、众包、众扶、共享等诸多基于互联网平台的新经济模式。在区块链、人工智能、大数据、物联网、云计算等新的技术条件引领下,融合企业和市场功

能的数字经济平台终将站在舞台中央。

在区块链数字资产上链的金融风险监管方面。从传统金融来看，我国已出台一系列法律法规对反洗钱问题做出阐释，金融机构也出台了相应办法来管控洗钱行为，并且在法律条文和办法规定中列明了反洗钱的义务主体和他们所要承担的职责，因此相关人员对洗钱行为的管控是有义务来源的，拒不履行相关义务可能构成洗钱罪的不作为犯。但是，目前我国尚未对一般的虚拟货币洗钱风险防范出台相应的法律法规，因此一般虚拟货币交易商没有反洗钱法定义务来源，这为虚拟货币领域的洗钱问题埋下隐患。至于NFT艺术品流转的交易平台，更是不存在针对性的规定，虽然目前该等平台多架设于海外，但是仍有必要未雨绸缪。进一步来说，由于监管层面未授予客观存在的虚拟货币领域以经营牌照，自然更不会有对实名的要求和对自然人开户的限制，这也为洗钱行为创设了更大的空间。

我国目前尚未建立起规范的数字资产交易平台。2019年国内加大对数字货币等虚拟资产的监管力度，引发大量数字货币交易平台关闭。缺乏灵活性的监管措施和混乱的市场环境可能会引起恶性循环，我国数字资产交易行业乱象丛生，使得更为严厉的政策需求激增，甚至某些领域的政策只能通过"一刀切"的方式来施行。虽然监管困难重重，但是堵不如疏，相关部门需要抱着破釜沉舟的决心逐步放松政策，引入市场化机制，为我国数字资产交易注入活力。

数字资产交易平台是一种全新的平台模式，传统的监管策略可能对其难以奏效。对数字资产交易平台的监管，显然不能仅仅拘泥于平台自身，而应基于"平台－数据－算法"三维结构的互动。具体而言，第一，平台可以利用算法等技术力量继续强化其数据控制力或者流量入口，提高进入壁垒及排除市场竞争。第二，数据在社会生产过程中所承担的日益重要作用很可能会对现有的社会经济体制产生颠覆性变革。以数据为内核驱动的商业模式，自动的定价算法对交易者进行追踪、预测与影响，甚至协助交易者进行策略，具有快速收集竞争者数据，并于瞬息之间决策与执行反应。第三，算法已经发展到可以自动处理包括复杂运算和数据处理的重复任务。无论是中心化还是非中心化交易平台，目前都在整个数字资产交易中起到关键作用，几乎把持着数字资产全产业的话语权，规制好交易平台能够有效地向数字资产市场参与者传递监管政策意图，在具体的监管操作层面应把握对社会的影响和执行的难易。

在具体的监管上，一是明确监管依据，兼顾加密资产"形式监管"与"行为监管"。二是平台的监管重点主要体现在运营商准入、产品交易、托管清算及技术系统四个方面。三是相关监管部门应当制定明确的监管法规及自律管理规则。四是重视加密资产交易平台监管中的跨境问题[1]。五是针对洗钱风险，以持牌准入为基础，以数字货币交易平台为监管抓手。建议由中国人民银行制定相应的交易平台登记注册制度，提高参与主体的准入门槛，再根据机构的资本规模、经营状况、资信等级、内部制度、反洗钱领导小组、可疑交易的监控和报送等因素决定是否批准其经营数字货币业务。[2] 六是

---

[1] 皮六一，薛中文. 加密资产交易监管安排及国际实践［J］. 证券市场导报，2019（7）.
[2] 杨东，徐信予. 数字货币的反洗钱问题研究［J］. 人民检察，2021（9）.

加强与加密数字货币领域相关产业及科研合作。① 跟踪国际市场动向，积极参与国际标准制定；加强国际监管交流与合作，保护我国投资者的合法权益。

同样以对 NFT 交易平台的监管为例。② 应将 NFT 的交易平台当作主要抓手，明确 NFT 发行平台的责任和义务，强化平台方作为行业健康有序运行的"守门人"角色。一是 NFT 的发行和交易平台应该具有合法的经营资质，持牌经营。具体包括：第一，根据《区块链信息服务管理规定》第九条、第十一条的规定进行区块链安全评估和备案；第二，根据《互联网信息服务管理办法》第七条规定，办理互联网信息服务增值电信业务经营许可证，并持该证向企业登记机关办理登记手续；第三，根据《网络安全法》第二十一条、第三十一条、第五十九条的规定办理网络安全等级保护备案；第四，根据《互联网文化管理暂行规定》第八条的规定，取得《网络文化经营许可证》；第五，根据《网络出版服务管理规定》第二条、第七条的规定取得《网络出版服务许可证》；第六，根据《互联网视听节目服务管理规定》第二条、第七条的规定，取得《信息网络传播视听节目许可证》或履行备案手续。另外，如果是以竞价拍卖的方式出售 NFT 的交易平台，应取得拍卖经营许可证或与拍卖公司合作。通过经营资质的准入规定，结合平台经营的内容等，可以审查平台是否具备完善的网络、数据安全、风控、交易管控能力。二是平台不得发布和交易 NFT 形式的金融产品。三是应严查 ICO，不得利用 NFT 变现 ICO，平台方有义务确保平台上交易

---

① 王淳，李彧.加密数字货幣發展現狀及對金融市場的影響［J］.香港金融研究院香港經濟與政策處研究報告，2021 年 5 月 3 日．
② 杨东,梁伟亮.论元宇宙价值单元:NFT 的功能、风险与监管[J].学习与探索,2022(10).

的NFT产品保有唯一性和不可分割性，与代币有明显区分。四是有针对反洗钱、网络欺诈的防范机制，针对洗钱、网络欺诈等违法犯罪活动，NFT发行和交易平台方应该要求平台上的参与者进行实名交易。平台方应该积极履行反洗钱义务，监测、保留记录并及时报告可疑交易，严格遵守客户身份识别原则（KYC）。五是有针对恶意炒作的防范机制。平台方应该限制NFT产品的交易时间、价格、交易频次等。避免集中交易、持续挂牌交易、标准化合约的集中交易等现象出现。避免NFT成为恶意炒作、诈骗或其他非法金融活动的工具。六是有反非法跨境资金转移的应对机制。NFT的发行和交易平台应该要求平台上的交易只能在境内的主体之间进行，并且要求平台上的交易只能通过人民币进行计价、结算，并遵守国家外汇管理法规。七是应明确保护消费者权益相关制度。NFT的发行和交易平台应该建立消费者保护制度，向消费者进行充分的投资风险提示。明令禁止NFT发行方承诺产品的未来回报或在宣传资料中暗示产品的升值空间。限制未成年人参与NFT交易。八是应具备对买卖方资质核验和内容管控的能力。平台应当通过制定服务协议规则等方式明确NFT数字商品发行方和用户等主体的禁止行为。在出现内容侵权或信息违规等情形时，及时采取相应有效的技术措施。

第六章

NFT：元宇宙中数字资产其一

第六章 NFT：元宇宙中数字资产其一

NFT 作为新出现的区块链数字资产形式，其本质在于通过区块链的技术力量，使物理世界中无法确认和有效利用的数据价值在全球范围的数字世界中得到有效流转和利用。非同质化、不可分割等特征决定了 NFT 与其他数字资产的不同，并且在元宇宙场景下，NFT 作为元宇宙与实体经济交融不可或缺的因素，具有至关重要的地位。

第一节 元宇宙中的 NFT

在元宇宙经济与实体经济的交融互动中，NFT 的价值锚定功能发挥着重要作用。NFT 的出现实现了虚拟物品的资产化，它能够在链上映射虚拟物品，让虚拟物品成为交易的实体，使虚拟用品资产化；它还可以把任意的数据内容通过链接进行链上映射，使其成为数据内容的资产性实体，从而实现数据内容的价值流转。通过映射，数字资产、游戏装备、装饰、土地产权都有了各自的交易实体，这意味着 NFT 既能标记资产，又能作为凭证。NFT 的存在改变了传统虚拟商品的交易模式，用户创作者可以直接生产虚拟商品、交易虚拟商品，就如同在现实世界中的交易买卖一般。

一、NFT 与元宇宙的关系

NFT 的出现，使数字资产不再需要进行大规模的标准化交易，点对点、分布式、个性化的交易成为可能。通过区块链和 NFT 技术能够把非标准化、个性化、独一无二的东西，在元宇宙世界中进行低成本甚至零成本的交易，这是对人类过去几百年工业革命形成的中心化、大规模交易的颠覆和革命。为此，NFT 被称为可赋能万物的"价值机器"。NFT 与元宇宙结合得非常紧密，其真正价值在于对元宇宙中的资产进行确权,并在此基础上促使资产交易流转,这改变了过去工业时代资产的确权交易流转模式,具有很强的革命性。

NFT 可以实现元宇宙中权利的实体化。程序能够通过识别 NFT 来确认用户的权限,NFT 成为确权的凭证,信用由技术担保而非机构,这将实现元宇宙中权力的去中心化转移。由于无须第三方登记机构就可以进行虚拟产权交易,NFT 大大提高了数据资产交易流转的效率。借助 NFT 可以让元宇宙中的权利实现金融化,方便权利的流转和交易。

NFT 是元宇宙中重要的基础设施,而元宇宙也是 NFT 最具亮点的应用领域。NFT 的唯一性和不可替代性为资产数字化提供了条件,使得元宇宙中资产的链上映射具有了可信的价值。元宇宙中不同主体的"去中心化运营"也以 NFT 技术为基础,"去中心化"意味着当用户在元宇宙中生产、交换及消费时,数字资产的创造权、所有权都属于自己。例如,元宇宙房地产中的地块归属于玩家而非游戏的开发公司,NFT 为数字资产的确权和行权创造了条件,也方便用户进行转移交易。①

二、NFT 技术兴起与应用扩展

NFT 能为未来数字世界带来无限的可能性。从世界经济史来看,降低交易成本、以更优的方式配置资源一直是人们孜孜以求的目标。艺术品市场领域同样如此。长期以来,艺术品的真伪问题都是困扰行业发展、规模扩大的痛点。《拍卖法》第 61 条第 2 款规定的拍卖行不保真条款规则一直被人诟病;艺术家难以就其作品的

---

① 齐旭.NFT 的尽头是元宇宙[N].中国电子报,2021-11-26(1).

真伪、版权问题进行打假维权;收藏家、艺术爱好者亦会因艺术品的真假问题,对收藏望而却步。[1] 解决这些难题也是艺术品市场参与主体探索的方向。2014 年,艺术品网站 cryptoart.com 专门出售结合了纸钱包的数字艺术品,首次尝试把艺术品与加密货币联系起来,开启了"区块链 + 艺术品"的探索之旅;次年,初创公司 Everledger 尝试构建基于区块链的钻石信息账本,以保护商品的真实性。在与展览数据库服务公司 Vastari 合作后,后者为 Everledger 提供商品流通过程中的信息追踪服务,将钻石艺术品完整的生态链信息上链,此举为艺术品博物馆和私人收藏家提供了稳定可靠的平台支持,Everledger 也被视为钻石领域的真实性鉴定专家;2017 年,Crypto Punks(加密朋克)项目上线,它通过改造 ERC20 合约发行代币,初始分发时采用用户免费领取 NFT 的方式;几个月后,运用 ERC-721 代币标准开发的游戏 CryptoKitties(加密猫)在网络上爆火。Crypto Punks 这个被称为"史前 NFT 的项目"让人们看到"区块链 + 艺术品"的魅力;2018 年初,通用品类平台 OpenSea 成立。随着加密艺术平台 SuperRare 和 KnownOrigin 相继成立,平台开始协助艺术家进行作品的链上认证和发售,NFT 市场逐渐成长壮大。[2]

借助区块链的去中心化、分布式的记账方式,NFT 构建了一种基于技术的信任机制,除信息转移外,还可实现点对点的价值转移。[3] 作为区块链上的一种权益表达方式,NFT 可以有效地实现链上数字产品的信息追溯和确权等。基于这些技术优势,该技术已经

---

[1] 杨东,张文君.艺术品众筹:模式·案例·风险·监管[M].北京:人民出版社,2017:77.
[2] 参见《高光笼罩下 NFT 的表与里》,网址:https://crypto001.com/nft/4824.html。
[3] 杨东.区块链 + 监管 = 法链[M].北京:人民出版社,2018:14-16.

在海内外市场的艺术品、收藏品、音乐、游戏、教育、科研等领域实现了广泛的应用。具体而言，除应用最广泛的艺术品、游戏等文娱领域外，一些海内外的初创公司也已经开始了NFT技术在科研、教育、供应链、医疗等实体经济类领域的初步探索。

在科研和教育领域，NFT技术已经实现一些实践案例。如GenoBank的BioNFT将生物样本的使用权限上链，储存生物样本授权人、被授权人、使用者等相关信息的同时保护捐赠者的隐私；在教育领域，区块链编程线上教学平台Zastrin在2019年推出了NFT形式的网络编程课。购买了网课的学员可以在学习完后在OpenSea上将课程进行转卖，转卖中也可选择与自己的学习笔记绑定，达到缩减教育成本的目的。

NFT也被用于票务验真的实践中。以太坊生态投资的自治组织MetaCartal早在2019年7月就率先为其举办的论坛活动推出了NFT形式的票据。2020年的欧洲足球锦标赛超过两万张NFT形式的赛事门票，率先开启了NFT技术在体育赛事票务中的应用先河。在国内市场，China Joy在2020年举办的线上展会（China Joy Plus）中将入场凭证做成了120万张NFT门票，依托China Joy的流量来普及推广。

此外，在医疗、公益慈善、政务服务等领域，NFT相应的应用也在积极地探索中。在医疗相关实践中，通过NFT技术，不仅可以实现病例信息的跨院共享，提高医疗资源分配和问诊的效率，还能在隐私加密的保障下，将病例信息在保险、养老、药店等部门中分享，提高相应的工作成效。在血液制品的管理工作中，NFT技术的应用可以在保护捐赠者和受体隐私的前提下，实现血液从捐赠、处理、检测到分发各节点实时信息的保存，促使精准、高效地使用。这些不仅能有助于整个医疗系统效率的提高,从长期来看还将有助于"健康中国"战略的实现。同理,NFT 技术的应用也能促使公益慈善领域更加公开和透明化,监管机构得以对每笔上链记载的款项进行查询和信息追溯,款项使用效果和各节点直接负责人的公开透明也能增加慈善事业各参与方的积极性。

NFT 技术在以上领域的广泛应用,表明其价值是毋庸置疑的。相信在不远的将来,NFT 技术的应用将被进一步推广至更多实体经济相关领域,成为我国经济数字化进程中不可或缺的一环。当然,技术是中性的,其价值的实现还需以"善治"为指引。技术领域的"善治"可理解为发展导向下的一种促进型法治,这需在进一步分析 NFT 现有价值的基础上,探析其与实体经济相关领域相结合的可能性,并在妥适理念的指导下,探寻监管的思路。

三、NFT 功能表现:元宇宙经济系统中的数据确权和价值锚定

NFT 依托区块链技术,具有链式结构、多方共识、分布式记账等特质,可实现高度的数据共享和保真。[①] 此外,NFT 还具有非同质化和不可分割等特性,这是其被广泛应用的价值基础。但是,NFT 在众多行业的拓展应用及深度渗透,也同时放大了现有法律滞后性的特质,人们在既有规则"稳定状态"形成的确定性前提下寻求监管的灵活性,已成为必然的选择。[②] 但这种灵活性的监管探索不可能是无源之水、无本之木,必须有所依凭。在规则框架尚缺

[①] 杨东.区块链+监管=法链[M].北京:人民出版社,2018:17-18.
[②] 周少华.法律之道:在确定性与灵活性之间[J].法律科学(西北政法大学学报),2011(4).

的情形下,以技术的价值实现为导向是科技立法的基本原则。[①]这与促进型立法的意旨具有本质上的相通之处。促进型立法是指以提倡和促进某项事业发展为基本宗旨的专门立法形式,其目的不是对已有社会资源的分配改进,而是就社会文明、社会资料进行创造和"再生产"。[②]为引导和护航NFT行业健康发展,这就要求对NFT的监管立法应以实现促进型法治为目标,具体而言,即监管规则的制定应以NFT的价值实现为靶向。

(一)可确权和溯源性纾解元宇宙中数字品内容的鉴真难题

当前,数据作为生产要素已受到高度重视。在确保质量前提下,实现数据的确权、定价、互信和流通交易是数字经济发展的关键。一直以来,数据确权问题是数字经济发展的最大痛点问题,而确权又是任何资源市场化的前提。NFT的可确权和可信息溯源的特点可解决此痛点问题。NFT具有非同质化的特质,这在确权和溯源性方面起到核心和重要基础作用。区块链让参与系统上分布的节点,将一段时间内系统的全部数据信息,通过密码学技术算法计算和记录到一个数据块中,并且生成该数据块的加密性数字签名以验证信息的有效性和链接到下一个数据块,从而形成一条主链,系统中所有的节点共同认证收到的数据块中信息的真实性。[③]NFT借助区块链,在数字世界中将资产的权属和属性确定下来,能够在不借助中心机构的情形下建立起参与者对账本的信任,这种链式结构保

---

① 吴煦,逯笑微.价值规范视角下的科技立法及实施保障[J].科学学与科学技术管理,2011(3).
② 江国华,童丽.反思、拨正与建构:促进型立法之法理阐释[J].华侨大学学报(哲学社会科学版),2021(5).
③ 贾宜正,章荩今.区块链技术在税收治理中的机遇与挑战[J].会计之友,2018(4).

证了账本中的数据极其难以被篡改。①NFT 信息上链后不可篡改，拥有链上唯一 ID，在合规的平台上，每件展品上链前都会经过严格甄别，以确保收藏者持有的是真品，这为艺术品市场健康有序发展提供了有力保障。在交易过程中，艺术爱好者可以从去中心化的网络中提取艺术品数据，查看艺术品的信息，并作出对该艺术品的合理估值。

基于区块链分布式记账和不易篡改的特点，NFT 提供了一种可信可靠的数字资产确权方式。由于 NFT 具有唯一性，不可篡改，真实性具有保障，也有效地解决了其他实物载体真实性难以确认的问题。以艺术品 NFT 为例，区块链技术的去中心化、透明化、电子化将对艺术品的确权，艺术品信息的记录以及交易的安全有着深远的影响作用。NFT 唯一、不可复制的特性和艺术品的唯一性、稀缺性有着天然的相通之处。NFT 艺术品带有无法复制的数字签名，买家能够轻易地分辨自己买的是否原作。因此，已经铸成 NFT 的相关权属，在交易过程中可以得到有效的保护。区块链技术为 NFT 提供了一种可信、可靠、透明的底层技术机制。② 在市场交易中，NFT 的流转记录不可磨灭或隐藏，并且随时可追溯，这可以增强市场信任机制，规范市场秩序。并且，依托区块链的优势，成为防滥用、滥发、滥交易的有力工具。房屋不动产等其他的实物资产，用 NFT 来进行权证化，可以使交易得到更大保障。各类金融票据在流通和交易过程中承载大量信息，将其 NFT 化将便于追踪管理，未来各类 NFT 资产的交易本身就可以形成一个细分的市场。

NFT 不仅拥有区块链技术赋予的不可篡改性，其独立验证和

---

① 伍旭川.区块链技术的特点、应用和监管［J］.金融纵横，2017（4）.
② 杨东，陈哲立.法定数字货币的定位与性质研究［J］.中国人民大学学报，2020（3）.

认证合约还避免了作弊方法。针对各类展会与演唱会门票，甚至民航机票，将其锻造为NFT并与区块链上的身份进行绑定还能实现有效管控，防止发行方重复销售和中间商违规大规模囤积，规范市场秩序。再比如在知识产权领域，NFT可以代表画作、歌曲、影片、照片等原创作品，让艺术家对自己的创作拥有更多控制权。

（二）通畅的数据上链渠道优化实体经济资源配置

数字经济时代，数据已经成为关键的生产要素，数据要素的流动可提升市场全要素生产效率。① 而被认为是移动互联网下一个形态的元宇宙，为实现全球数据大爆发和高流动提供了可能。其中NFT技术提供的数据上链渠道是关键。NFT技术应用是数字经济的一片蓝海，但其价值的发挥需要具备一定的条件。数字经济具有众多优势，所涉范围也逐渐增大，但数字经济关涉和增进的主要是交易和分配环节的效率，这仍处于生产关系社会中。② 但生产关系社会终究不能实现物质生产，是不可能完全取代生产力社会的，尤其是在生产和消费环节，需要依靠与实体的连接来实现。如共享经济价值的实现，则必须依靠与物理实体相连接。所有共享经济模式，都是通过连接实体经济的供给和需求来实现盈利的，从而也在一定程度实现了资源的优化配置。③ 在ERC-721协议框架下，用户将非同质化的资产数据锻造并映射到区块链上，获取相应的"唯一编码"，形成NFT。为此，在理论上，在任一需要进行唯一认证的

---

① 杨东，臧俊恒.数据生产要素的竞争规制困境与突破［J］.国家检察官学院学报，2020（6）.
② 鄢章华，刘蕾，李倩.区块链体系下平行社会的协同演化［J］.中国科技论坛，2018（6）.
③ 杨尊源.共享经济中区块链应用风险的法律规制——基于公主体与私主体的合作规制模式［J］.北京社会科学，2021（6）.

领域，NFT 都具有适用的空间，如知识产权、金融票证、游戏娱乐等领域。在这些领域，通过 NFT 认证，可以对相应资产进行数字确认、识别、验证和追踪。NFT 最大的成就是能将数字资产和物理的、真实的物体连接起来，然后将数字内容单元投入到市场，通过流动释放巨大的价值。

NFT 实现数据上链从而优化资源配置，即通过 NFT 可以实现去中介化，加快数字产品的流通，起到节约社会资源的作用。一件 NFT 作品的在线交易，将不再涉及具体的运输、保险等环节，它可能会在数分钟里完成多次交易和权属的转移，这将颠覆传统的交易方式和周期。此外，鉴真和评价的成本也将大大降低。现实数据上链能极大地保障其安全与隐私性，而现实资产在链上 NFT 化则进一步释放了其流通性和可拓展性。

典型的如艺术品领域，NFT 对于艺术商品、艺术家、艺术品购买者等都具有利好。第一，对于艺术品本身来说，以往因版权问题使数字艺术、数码插画、当代摄影等艺术形式难以形成广泛市场，但 NFT 交易方式的应用或许能改变这种生态格局，使艺术品本身获得更为广阔的生存发展空间。第二，对于艺术家来说，NFT 可以让其永久获得其作品电子版权的分成，这种交易中的"众筹"式的激励机制，不仅可以激发艺术家的创作热情，对于 NFT 生态的稳健发展也至关重要。这些都得益于 NFT 与智能合约的结合，结合后 NFT 具备了可追踪性。第三，对于消费者或收藏者来说，NFT 交易方式的应用使收藏和交易实现了"去中介化"，更便捷地买到正版艺术品。可见，NFT 为数字艺术品的创造提供了空间，随着各行业数字化发展的推进，艺术品的数字化符合发展的趋势，对于促进文化产业的繁荣有重要推动作用。此外，在科研领域，Bio NFT

将生物样本的使用权限上链,提升生物样本使用效率、保护捐赠者隐私。NFT 技术可以帮助提升生物样本捐赠者对医疗系统的信任度,进而提升捐赠意愿。教育领域 NFT 技术的应用可有效盘活教育产品和资源,并且保证课程的创作者在资源的每次转手中获得收入。这都是优化资源配置的典型例证。

(三)唯一和完整的权益表达链接元宇宙生态

随着移动智能终端技术和互联网的升级迭代,线上线下生活界限逐渐模糊,赛博空间已与现实空间深度交融,成为现实空间的一部分。[①] 可见,技术的延伸与各种场景化应用是主流的发展趋势。NFT 技术的星辰大海,同样不仅仅在于作为元宇宙文娱领域资产表达的方式,更在于与实体经济相关领域深度交融,实现资产上链,锚定和表达整个元宇宙生态中的资产。数据在物理世界中是信息,在数字世界中才能真正变成有价值数据。如果不经过数字世界中的转换,物理世界中的数据是没有价值,不能利用的。这需要找到数字世界中价值的恒定锚定针,将物理世界中数据予以转化,变成真正有价值的数据与资产。这需要区块链技术,需要共票机制的制度安排,同步推进才能够真正实现数据的价值。

NFT 实现的就是这种功能,具体而言,一是实现确权、表达与保护链上数字资产的权益。与可分割且不致价值减损的同质化资产相比,NFT 的存在和价值实现是以整体的数字形态呈现的。诚如前述,NFT 非同质化特质使上链资产获得的唯一认证和编码,将物理世界中物品所具有的唯一性和真实性等价值属性带入数字世界中。二是促成现实世界与元宇宙更深程度的交融,线上和线下更多

---

① 郑戈.区块链与未来法治[J].东方法学,2018(3).

物品的 NFT 化，更多现有的产品形态和商业模式得以再造。NFT 可以广泛用于现实世界的物品和数字原生物品，并利用区块链技术进行加密编码处理。这一技术不仅加速了实物资产数字化和数据资产化进程，还创造了诸多的新型商业模式。NFT 能够加速物理世界资产数字化的进程，其不仅能充实价值互联网的内涵，还是这种价值内涵不可或缺的单元。区块链数字资产流动性的基础在于是否具有足够广泛的参与主体。"连接进入圈子的人越多，生产和交易活动越繁盛，区块链 Token 就越有价值。"[1]NFT 使上链的资产在全球化的交易平台实现价值交换，使得现实物理世界和元宇宙的深度互通成为可能。在资产上链后，NFT 的流动性还在于具有通畅的信息共享渠道，使市场信息传播、交易、支付及交割更加高效、便捷。

与区块链相关的各种技术应用并不仅在于技术的本身，其更重要的价值在于对社会生产关系或商业思维、商业逻辑带来的变革。[2]如在传统文化领域，NFT 技术与传统文化类、遗产类 IP 结合的方式也是将这些之前只在实体世界中存在的物品带到数字世界中，使得这些传统 IP 通过互联网渠道得到进一步推广的同时能够继续保留自身所具有的稀缺性、唯一性价值。数字形态的产品不仅拓展了传统类和遗产类 IP 的产品形态，更能够保证产品在数字化前提下可以永恒存在，这对于中国传统、非遗文化的流传和推广具有重大意义。在前述所举的教育、票务等领域，也可管窥这种可能性，在

---

[1] 郑磊，郑扬洋.区块链赋能实体经济的路径——区块链 Token 经济生态初探［J］.东北财经大学学报，2020（1）.
[2] 庄雷.区块链与实体经济融合的机理与路径:基于产业重构与升级视角［J］社会科学，2020（9）.

这些领域，因为 NFT 技术的应用，现有资源得到了之前没有的流动性和商业化路径。

第二节
NFT 的风险与监管

一、洗钱

随着 NFT 的快速发展，NFT 的监管问题也开始受到关注。NFT 市场中存在大量炒作投机行为，比如一些 NFT 在不具备稀缺性或独特性的情况下，依然被卖出高价，藏在"艺术品"外衣之下的，更多是没有逻辑的价格虚高。① 因此，存在利用 NFT 洗钱的风险。

（一）炒作风险

自 NFT 出圈以来，因其价格透明、真伪明确、易转移等特征，有关拍品溢价奇高。② 不法分子可能利用其高溢价的特点进行洗钱。在传统金融机构反洗钱的工作中，关键之一是判断交易价格是否合理。NFT 拍卖多使用虚拟货币进行且溢价明显，很难通过其交易价格进行核查判断，因此，监管人员或侦查人员追踪该等交易链条非常困难。但同时 NFT 可以完整记录交易过程、权利人、创作人等信息，在反洗钱进程中，监管部门可以加以利用。

---

① 蒋牧云，张荣旺.NFT 新玩家的金融魔术［N］.中国经营报，2021-08-30（B01）.
② 艺术家 Beeple 的 NFT 艺术品《每一天：前 5000 天》最终成交价为 6 930 万美元，此价格刷新了虚拟艺术品拍卖成交价记录。

(二) NFT 反洗钱难点

1. 以虚拟货币进行交易

NFT 多利用虚拟货币进行买卖,会导致赃款难以查实,因为虚拟货币具有去中介化、去国界化、非当面性、匿名性等特征。匿名转账和交易使得虚拟货币来源难以识别。用户可以开立多个虚拟货币账户或利用他人信息开立账户,在其控制的账户之间大量且频繁地交易,或利用虚拟货币进行非法跨境资产转移,隐藏资金的实际走向。

2. 监管规定不明确

我国在传统金融领域已出台一系列反洗钱相关的法律法规,规定了特定主体所要承担的反洗钱义务,相关人员拒不履行相关义务可能构成有关罪名的不作为犯。但是我国尚未就 NFT 以及虚拟货币的反洗钱监管出台对应规则,因而存在一定的风险。进一步来说,由于监管层面未授予客观存在的虚拟货币等领域经营牌照,自然无法对开户行为等作出限制,为洗钱行为创设了更大的空间。

(三) 反洗钱监管现状

1. 美国

在美国联邦政府层面,与反洗钱相关的主要制定法是《银行保密法》(BSA),并由美国财政部下属的金融犯罪执法网络(FinCEN)作为主要执法机构。《银行保密法》监管的对象是金融机构,包括银行、证券经纪人与承销商、货币服务商等。对虚拟货币交易而言,参与交易者可能被认定为货币服务商。对此,FinCEN 明确界定可兑换数字货币的使用者,以及出于自身目的挖掘和使用虚拟货币者,不属于货币服务商。只有扮演交易的管理人或者交易所,才会被认定为从事货币服务业务,特别是构成资金转移者,进而成为受监管的金融机构的一种,必须满足BSA的反洗钱合规要求,包括制定、实施和维护合理设计的程序,以防止洗钱和恐怖融资活动。

2. 日本

根据《防止犯罪收益转移法》,"虚拟货币交易服务提供商"有义务:验证客户和对客户业务有实质控制权的人的身份数据;保存验证记录和交易记录七年;向有关当局报告可疑交易。上述规制在实质上与对银行和其他金融机构的反洗钱监管要求类似。作为处理资金转让业务的虚拟货币交易机构,同样需要履行反洗钱监管的义务。

3. 中国

我国尚未对NFT有明确的反洗钱监管规定,但根据《关于防范比特币风险的通知》要求,比特币的交易和登记被纳入反洗钱监管体系。首先,提供比特币登记、交易等服务的互联网站应切实履行反洗钱义务,对用户身份进行识别,要求用户使用实名注册,登记姓名、身份证号码等信息。其次,各金融机构、支付机构以及提供比特币登记、交易等服务的互联网站如发现与比特币及其他虚拟商品相关的可疑交易,应当立即向中国反洗钱监测分析中心报告,并配合中国人民银行的反洗钱调查活动。

二、非法集资

NFT的非法集资风险与ICO密切相关。ICO的概念源自IPO,IPO通过发行股票融资获取法定货币。ICO与IPO的区别在于:

IPO投资者用法币交换股票，而ICO投资者用以太币、比特币等交换项目发行的代币（项目使用权）；IPO需要满足公众持股量、财务报表等一系列要求，变现周期长，而ICO投资者可以在极短时间内实现资产变现；ICO因缺乏完善的交易规则而导致风险更大。在我国，一切形式的ICO活动都被禁止。

尽管合法取得的NFT受法律保护，但为了避免被监管认定为ICO，自由发行NFT应该受到一定的限制。根据中国人民银行等七部门联合发布的《关于防范代币发行融资风险的公告》，代币发行融资是指融资主体通过代币的违规发售、流通，向投资者筹集比特币、以太币等所谓的"虚拟货币"，本质上是一种未经批准的、非法公开融资的行为，涉嫌非法发售代币票券、非法发行证券以及非法集资、金融诈骗、传销等违法犯罪活动。

ICO和代币发行的范围不一致，后者的内容更加丰富，如IEO[①]、IFO[②]或者IMO[③]等方式均被监管部门认定为实质上违规的代币发行。因此，不能简单套用前述《关于防范代币发行融资风险的公告》的表述而得出，所有NFT发行都属于或者不属于ICO这一结论。事实上NFT的具体模式各有不同，监管机构一定是从实质重于形式的角度进行判断的。

在我国，通过发行代币进行融资的行为已被明令禁止。ICO等活动的违法性主要在于"缺乏实际应用场景"和"具有融资目的"，

---

① 首次交易发行，可以理解为以交易所为核心的代币发行。直接在交易所上线发行，流通交易。
② 首次分叉发行，通过分叉比特币区块链生成新的代币，声称自己能够实现优于比特币的功能。
③ 首次矿机发行，发行方式为硬件附加挖矿功能，分众挖币，谋求流通。

这与其他国家对数字货币进行精细监管的监管思路也有相似之处。例如，美国是将代币区分为"证券型代币"和"功能型代币"，满足豪威测试的代币被称为"证券型代币"，不满足该测试且为用户提供产品或服务访问权的被称为"功能型代币"。而一旦被认定为证券型代币，就意味着该代币需要接受与证券一样严格的监管，发行门槛要高很多，而且一旦发行者不符合资质，还会面临严重的法律风险。

在我国，不能通过发行NFT融资，并且如果投资人所投资目标公司的NFT最终涉及非法集资，那么投资人将不得不面对2021年5月起施行的《防范和处置非法集资条例》（《非法集资条例》）的处罚。根据《非法集资条例》第二十五条规定，任何单位和个人不得从非法集资中获取经济利益。第二十六条规定，清退集资资金来源包括：（三）非法集资人及其股东、实际控制人、董事、监事、高级管理人员和其他相关人员从非法集资中获得的经济利益。为此，对投资者而言，在投资NFT项目之前应确保该项目的合规性。

由于直接涉及NFT的相关犯罪案例比较少，在此补充其他涉及加密数字货币的犯罪案例以作参考。

【案例】

2020年上海市公安机关破获一起案件，上海某公司向社会不特定人员推销虚拟币"矿机"，投资人购买使用"矿机"获得"以太币"后，可利用该公司开设的账户在"火币网""中币网"等境外虚拟币交易网站进行交易。为迷惑投资人，不法分子还与投资人签订托底协议，约定两年后以1.5倍价格回购

"矿机"。交易成功后该公司,将投资人挖取的"以太币"全部转移至其个人虚拟币账户,随即卷款潜逃,此案共涉及上海地区投资人百余名,涉案金额达500余万元。

由于数字货币发行门槛低、精心包装后的欺骗性强,近年来受害群体呈现年轻化特征,不再局限于中老年群体。数字货币被不法分子利用,与非法集资犯罪结合成为新时代的"庞氏骗局"。[①]

三、网络传销与欺诈

国务院《禁止传销条例》第二条规定:传销是指组织者或者经营者发展人员,通过对被发展人员以其直接或者间接发展的人员数量或者销售业绩为依据计算和给付报酬,或者要求被发展人员以交纳一定费用为条件取得加入资格等方式牟取非法利益,扰乱经济秩序,影响社会稳定的行为。结合2013年最高人民法院、最高人民检察院、公安部联合发布的《关于办理组织领导传销活动刑事案件适用法律若干问题的意见》,以及多年来国际和国内反传销案件的司法实践,可以将传销概括为三类,即组织者或者经营者通过发展人员,要求被发展人员:一是,发展其他人员加入,对发展的人员以其直接或者间接滚动发展的人员数量为依据计算和给付报酬,牟取非法利益的;二是,交纳费用或者以认购商品等方式变相交纳费用,取得加入或者发展其他人员加入的资格,牟取非法利益的;三是,发展其他人员加入,形成上下线关系,并以下线的销售业绩为

---

① 石宝兰. 数字货币衍生犯罪及其治理[J]. 铁道警察学院学报,2021(2).

依据计算和给付上线报酬,牟取非法利益的。①

目前在司法实践中,法律对网络传销如何定罪与量刑也没有作出明确规定,使用规范传统传销的法律规定来打击网络传销的缺陷日益凸显。具体体现在三个方面:一是网络传销入罪主体范围较窄,积极参加者未入罪,单位也未成为网络传销犯罪的主体;二是网络传销犯罪入罪门槛高;三是法定量刑配置滞后。②

NFT领域的传销风险,主要是指犯罪分子利用NFT概念或NFT的形式和躯壳,从事"金字塔"欺诈行为,牟取非法利益。此前出现的版权画传销骗局,与NFT数字艺术传销骗局类似。版权画骗局是指非法分子将不知名书画家的作品大量印刷,叫作版权画,然后将廉价版权画自炒自卖到高价后用来骗钱,版权画的炒作多采用传销的做法。除此之外,国内艺术收藏市场还经历了另外三次传销浪潮,第一次是艺术品份额交易,以香港万丰国际传销案为代表;第二次是艺术品升值回购,以重庆臻纪传销案为代表;第三次是邮币卡电子盘,大量传销组织人员利用微信群进行传销诈骗。另有诈骗团伙利用虚构NFT交易平台,以收取卖家手续费的方式,并且通过拉人头返利等骗术,谋取了大量非法钱财。

对于NFT行业的网络欺诈和传销行为,可以采取如下应对措施。

第一,把握NFT非同质、不可替代和不可分割的本质特征,审慎对待宣称是NFT并且采用"交入场费""拉人头"等模式的项目。第二,监管部门应警惕NFT领域的传销风险,加强与公安机

---

① 王雨本.传销就是"金字塔"欺诈 建议将传销与社会各领域中的"金字塔"欺诈行为合并规制[N].人民公安报,2016-02-25(8).
② 王伟,王传龙.揭示"互联网+犯罪"本质 完善网络传销犯罪刑法规制[N].检察日报,2021-07-16(3).

关等的协同联动。但当前是数字经济时代，在认定传销的时候，要结合《禁止传销条例》第一条关于立法目的的规定，第二条关于传销概念界定中提到的"牟取非法利益、扰乱经济秩序、影响社会稳定"这些构成要件，从形式特征与实质的社会危害性两个角度综合判定，合理界定正常社交电商模式与传销之间的界限。执法部门在处理涉传案件的时候，一定要注重对相关商业模式是否具有实质社会危害性的分析和论证，而不能只看外在形式特征。因为随着互联网信息技术的发展，特别是商业模式的创新，的确出现了与传销在形式上相似，但实质上完全不是一回事的商业模式。将这些商业模式界定为传销，存在极大误伤无辜商家、扼杀创新模式的风险。①第三，要加强NFT等新技术投资领域的投资者教育，增强普通投资者对非法项目的识别能力。

涉加密数字货币犯罪有以下特点。

一是，隐蔽性、欺骗性强。犯罪人通常以网站为基地，通过即时聊天工具用昵称交流。新型非法集资犯罪利用"区块链"等热点概念炒作，将非法行为包装成"高大上"的技术创新项目。

二是，诱惑性强。涉加密数字货币犯罪可能以高额回报率诱导民众，利用贪婪心态和赌徒心理吸引民众自愿参与。犯罪分子采用后台控制虚拟货币价格走势，营造高盈利假象，设置获利和提现门槛等手段，具有较强的诱惑性。

三是，呈现网络化、境外化。犯罪分子大都是通过互联网与人们沟通，管理收入支出和融资，具有信息涉及的范围宽、散播的速度快等特征。部分不法分子通过租用境外的服务器来搭建自己的网

---

① 薛军.合理界定社交电商模式与传销的界限[N].中国市场监管报,2021-03-09(3).

站,并假借境外的优质区块链技术项目的投资限额从事诈骗活动,致使其中的许多不法所得赃款都流向境外,监管和追踪的难度比较高。

四是,传播速度快。涉加密数字货币犯罪的行为者往往能够在很短的一段时间内完成对犯罪团体和其他犯罪活动的组织构建和扩散。

五是,犯罪成本低。犯罪分子利用网络技术和线上支付等手段进行诱导虚构,犯罪成本极低。

通过以上分析可知,该类刑事犯罪披着新技术的外衣,会给刑事规制带来困难。为此,我们在规制涉NFT刑事法律风险时,应同时参考涉加密数字货币犯罪的特点,以更加精确地打击此类犯罪活动。

四、国际 NFT 监管规定

与大多数加密数字货币的情况类似,NFT也面临着政府严格监管的现状,如何妥善监管这一新生技术与相应的市场是一个挑战。由于DLT平台在境外运行,NFT在全球可用和交易,因此,NFT的发行人、顾问和购买者需要考虑跨多个司法管辖区的法律地位和监管框架。关于NFT是否适用于加密资产的现有监管框架,目前世界各国很少有直接的监管规定。大多数国家(地区)尚未制定专门适用于NFT的监管框架,尽管有一些国家(地区)已经实施或公布了更广泛地监管DLT或加密资产的计划。列支敦士登公国是一个例外,它已经建立了一项关于实物资产权利标记化的民事和监督框架的法律,这将涵盖某些非金融基金。

第六章 NFT：元宇宙中数字资产其一

（一）美国对 NFT 的监管

如果 NFT 仅仅作为一件特定虚拟艺术品或者游戏装备的认证证书，那么其面临的法律风险就很有限。但是，部分 NFT 的交易可能构成证券发行的标准，需要遵守美国 1933 年《证券法》和 1934 年《证券交易法》的规定。美国《证券法》对于"什么是证券"规定的十分广泛，除了通常意义上用于投资的证券，如股票、债券等，只要"投资合同"可以作为一种收益证明或者参与收益共享安排的证明，就有可能被认定为证券。① 具体来说，最高法院确立了以"豪威测试"作为判断一些"另类投资"是否属于证券的主要认定方法。"豪威测试"包括以下四条标准：一是金钱投资，即购买者以现金为对价形式，向项目发起方提供资金；二是该投资是在一项共同事业中，以此区分投资合同与个人合同其中的共同事业是可以具有垂直共性或者横向共性的事业；三是期待获得利润；四是投资人的收益仅仅来自他人的努力，即投资者仅需付出指定的费用及成本，并不实际参与项目的运营和管理。②

美国证券交易委员会（SEC）企业融资部的威廉·辛曼（William Hinman）曾经在演讲中强调了判断某些同质化代币是否是证券的标准。其中的部分判断原则也可以应用到 NFT 的性质判断上。一是 NFT 的销售方式。二是 NFT 及底层资产的控制和推广方式。

如果 NFT 被认定为证券，那么就要受到证券法的限制，那么 NFT 项目的发行方就需要在 SEC 进行注册。注册之后，也要受到一系列营销和转让的限制。不合规的 NFT 项目有可能被认定为违反

---

① 杨东，陈哲立. 数字资产发行与交易的穿透式分层监管［J］. 学习与探索，2020（10）.
② 杨东. 市场间接金融、集合投资计划统合规制论［J］. 中国法学，2013（2）.

反欺诈法。如果误导投资者，还有可能面临民事与刑事处罚。如果想要刻意避开 SEC 的监管要求，发行人必须把发行活动转移到美国境外，并且不接受美国投资者参与。

（二）欧盟对 NFT 的监管

2022 年 7 月，欧盟委员会通过了《加密资产市场监管法规》（Regulation on Markets in Crypto-assets，以下简称 MiCA），建议在单一许可制度下对目前失控的加密资产及其服务提供商进行监管，为加密资产提供法律确定性，旨在于 2024 年之前在全欧盟范围内出台统一的虚拟资产监管牌照。大部分的 NFT 应用，如艺术品、无形资产等，都属于 MiCA 规定的商品。

可见，目前 NFT 在欧盟已经受到了一定程度的监管。并且任何拟议的 NFT 发行都需要与各种现有制度一起考虑，包括有关证券、电子资金和众筹，以确保这些法规不会被触发。MiCA 将于 2024 年生效，并将适用于任何在所有成员国发行或提供加密资产服务的人，以及任何寻求在欧盟成员国进行贸易的非欧盟公司。加密资产发行者将需要发行一份类似招股说明书的"加密资产白皮书"。MiCA 对"加密资产"的定义虽包括 NFT，但其发行人不需要发布"加密资产白皮书"。

（三）德国对 NFT 的监管

德国承认几种类型的代币形式的金融工具。除了欧盟金融工具市场法规（Markets in Financial Instrumets Directive，简称 MiFID）之外，德国还颁布了新的电子证券法律。截至 2020 年，该国的银行法包括了一种名为"加密资产"的金融工具。在该修正案出台之前，比特币等加密货币被确认为账户单位。根据《德国银行法》第1（11）节第4句中的法律定义，加密资产是价值的数字表示，其未经任何中央银行或公共机构发行或担保，不具有法定货币的法律地位，但其可被自然人或法人根据协议或实际做法用作交换或支付的手段，或用于投资目的，并可以电子方式传送、储存和交易。

虽然对加密资产定义的某些要素存在很多争议，但立法者在解释该定义时非常明确地指出，将范围扩大到用于投资目的的数字资产，意在涵盖任何可交易资产。不过可替代性并不是加密资产的明确标准，所以只要NFT在技术上是可交易的（无论实际交易或上市），就很可能被视为加密资产，进而根据德国法律被视为金融工具。

（四）英国对NFT的监管

英国并未直接监管NFT，目前立法或监管机构也未就有关法规做出明确声明。加密资产或代币的四类主要类型为：交换代币、安全代币、实用代币和稳定币，但在包括英国税务、海关总署（HMRC）、FCA、英国央行和财政部在内的不同政府部门和监管机构中仍处于不断变化的状态。根据国际金融监管标准，联合各国监管用于洗钱目的的交换代币。自2020年1月以来，FCA拥有监管权，监督加密资产业务如何管理洗钱和反恐融资风险。英国加密资产业务必须遵守反洗钱法规并向FCA注册，尽管FCA承认加密资产通常仍在"监管范围"之外。

证券代币不受直接监管，这可能涵盖NFT使用的各个方面，这反映了将NFT作为投机性投资加以推广，并伴随着推广者的建议，即NFT将由于发行人或推广者的行动而增值。然而，就有关拥有权状况的权利、偿还特定金额和分享未来利润的权利而言，它们可能属于 FCA 证券监管的范围。

在英国引领加密资产定义的 HMRC 将 NFT 视为可单独识别的资产（CGT）。这反映了一种为了简化税收而"汇集"的方法，而 HMRC 认为这种方法对于 NFT、比特币、以太币等必须有自己的相关"池化允许成本"的交换代币是不可行的。

（五）澳大利亚对 NFT 的监管

与英国一样，澳大利亚并不直接监管 NFT。相反，澳大利亚的做法主要考虑监管的可能性，即 NFT 是否代表、认证或导致利益相关者将 NFT 视为受监管的金融服务、产品或资产（如证券）。澳大利亚的金融监管框架由三个机构组成，每个机构都有具体的职能责任：负责审慎监管的澳大利亚审慎监管局（APRA）；负责整个金融系统市场完整性和消费者保护的澳大利亚证券和投资委员会（ASIC）；负责货币政策、整体金融系统稳定性和支付系统监管的澳大利亚储备银行（RBA）。

ASIC 对数字货币的立场并不明确，且澳大利亚专员和联邦政府尚未对澳大利亚的数字资产框架进行审查。澳大利亚发布的主要指南落后于英国和新加坡的指南，ASIC 的信息表 225 "首次代币和加密资产"（INFO225）于 2017 年 9 月首次发布，随后多次更新。它旨在"为作为起点的加密资产参与者提供高级别监管的指示"。与英国一样，ASIC 强调，区块链和加密资产使用情形可能是要求代币发行实体持有澳大利亚金融服务许可证（AFSL）才能运营的金融产品，并明确强调禁止代币销售。与英国的 HMRC 不同，澳大利亚税务局（ATO）并未提供有关加密资产的渐进式定义或声明，ATO 的大部分工作仅限于 2014 年税务指南。

（六）日本对 NFT 的监管

当前在日本，虽然可替代的代币在金融法规下作为安全代币或加密资产进行监管，并且处理它们会触发某些许可要求，但 NFT 的不可替代性质意味着其通常没有结算功能，因此不符合受监管的加密资产的资格条件。因此，许多 NFT 没有受到具体监管，处理它们也不会触发任何许可要求。与区块链上记录的交易卡或游戏内项目相关的 NFT 在日本最为常见，主要是因为日本在线游戏市场是全球最大、最成熟的市场之一。

现阶段日本的监管动态是，最高金融监管机构——日本金融厅（FSA）可能会引入新的法律来监管去中心化金融，在国内运行的与去中心化金融相关的项目——非同质化权证也可能处于风口浪尖。

（七）新加坡对 NFT 的监管

一直以来，新加坡以其灵活的监管政策，成为全球领先的区块链中心。此前拍出天价的 Beeple 的 NFT 艺术作品，其背后的买家是一支来自新加坡的基金。目前为止，新加坡并没有明确的法律指引规定 NFT，但是，如果 NFT 产品被认定为证券，则要受到新加坡金管局的监管，其交易过程也要符合 AML/CFT 的要求。

虽然 NFT 目前在新加坡还没有得到专门的监管，但监管方法一直是超越代币的标签，并检查其特征。如果这些特征在现有的监管框架内，则 NFT 将受到该现有框架下的监管。

如果 NFT 被确定为安全代币类型，表现出证券的特征（如授予或代表公司、合伙企业或有限责任合伙企业的合法或实益所有权权益），它可能会受到证券监管制度的约束，包括遵守证券发行的发行制度和证券交易的许可要求。如果一个 NFT 被确定为一种支付代币的类型（即它是作为商品或服务支付的交换媒介），则会根据《2019 年支付服务法》被进行监管，该法案管理支付服务的提供（包括"数字支付代币服务"）。目前，"数字支付代币服务"的监管范围已延伸到数字支付代币的交易或促进数字支付代币的交换。在此类活动中开展业务的人会触发《2019 年支付服务法》下的许可要求，除非适用相关豁免。如果 NFT 被确定为实用工具代币类型（用于访问商品或服务，不属于前两类），则可能不受管制。

（八）我国对 NFT 的监管

与上述国家一样，我国也还未就 NFT 制定专门的监管规定，但尽管缺乏统一的监管框架，有关加密资产的规则仍分散在中国金融监管机构以及自律组织发出的特别通知和通告中。《关于防范首次发行相关风险的通知》和其他法规均未明确禁止中国居民交易或投资 NFT，但提醒人们与加密资产相关的相关风险。为此，对 NFT 监管规定的分析只能从其他相关的监管规定中探讨。

第一，区块链相关法律监管。NFT 的存在离不开区块链。目前，海外绝大部分的 NFT 平台都是基于以太坊的公链生态搭建的。目前在中国境内并不能连接到以太坊主网，因此届时可能需要在境内自主开发一个类似的公链生态以供 NFT 交易。根据《区块链信息服务管理规定》的相关规定，NFT 平台或被认定为区块链信息服务提供者。因此，若想在境内设立 NFT 平台，需根据相关法律法规报国家和省、自治区、直辖市互联网信息办公室进行安全评估[①]，并通过国家互联网信息办公室区块链信息服务备案管理系统填报相关信息，在提供服务之日起十个工作日内履行备案手续[②]。但NFT交易平台及NFT交易能否通过安全评估，以及能否顺利备案，存在不确定性。

第二，电信服务相关法律监管。NFT交易平台作为电信业务提供方，届时可能会受到相关电信法律的监管。如NFT交易平台作为经营互联网信息服务的平台，届时可能需取得针对信息服务业务的增值电信业务许可证，即ICP证。NFT交易平台作为第三方，为买卖双方提供交易平台，还可能构成通过互联网为用户提供在线数据处理与交易处理业务，从而需要申请针对在线数据处理与交易处理业务的增值电信业务许可证，即EDI证。如NFT平台届时运用新技术试办《电信业务分类目录》中未列出的新型电信业务，亦应依法向相关电信管理机构备案；同时申请人取得经营许可证后，应当持经营许可证向企业登记机关办理登记手续。另外，NFT交易平台作为一个网络交易平台，其运营亦应遵守《中华人民共和国网络安全法》《网络交易监督管理办法》及相关法律法规对网络交易平台的规定。

第三，数字货币相关法律监管。根据现有境外NFT交易平台的运行模式，其所依托的以太坊是一个有偿使用的平台，NFT作品上链即需要支付相应的费用，而买家购买NFT作品通常也需要以加密货币支付对价。因此，如按照现有模式进行NFT交易，能否

---

① 参见《区块链信息服务管理规定》第9条的规定。
② 参见《区块链信息服务管理规定》第11条的规定。

以比特币、以太币等加密货币定价，以及境内创作者和买家如何获取并合法使用加密货币，也是法律上的关注点。我国明令禁止加密货币交易，由于NFT与加密货币存在性质上的区别，因此针对加密货币的相关法律规定未必适用于NFT。

第四，细分行业领域的特殊法律监管。NFT可以细分为各个赛道，其在各个领域的应用必然会受到相关领域法律的监管。以网络拍卖NFT艺术品为例，除前述提到可能面临的电信领域监管外，还可能面临艺术品交易及拍卖相关法律的监管，如相关经营者可能需要取得艺术品经营相关备案、网络文化经营许可、出版物经营许可、网络出版服务许可、拍卖业务许可等。因此，有意从事NFT交易的企业需根据自身经营的具体行业，重点关注其细分领域内的法律监管。

第三节
数字藏品领域的NFT

艺术品与一般的商品不同，并不能用经济学计量单位来对其明码标价，艺术品是凝聚了人类精神创造的特殊商品，有时，优秀的艺术作品创造的财富价值是不可估量的。时至今日，艺术品已成为继股票、房地产以后最热的三大投资领域之一。艺术品是最适合众筹模式的，因为其不涉及金融，与股权众筹不同，风险可控。艺术品最大的特点是，因"艺术品"的特殊性所导致的与其他众筹项目不同。① 通过区块链技术实现的 NFT 与艺术品众筹、产品众筹等比较类似,唯一不同的是非同质化问题,为此 NFT 可以解决物理世界的信任、版权和知识产权证券化风险过大、资产不可信等问题,可以克服传统金融风险过大的问题,降低风险且更加高效便捷。

NFT 基于其独一无二性,可以作为验证数字艺术作品真实性和所有权的电子证书。其他人或许也可以复制下载这幅作品,但是真正的原作只有一件,NFT 解决了虚拟艺术作品真伪鉴定这一最大难题。早在 2017—2018 年,就已经有了艺术品上链,只不过未成气候,现今,人们可以直接购买艺术品,也可以购买了艺术品之后将其通证化,然后进行二次销售。艺术家则可以直接在 foundation.app 这样的一级市场上出售自己的 NFT 艺术,也可以选择 OpenSea 这样的二级市场进行交易。

截至目前,我国有关艺术品交易的法律规范散见于不同的法律文本之中,专门的法律有《拍卖法》《著作权法》《消费者权益保护法》等,部门规章有《美术品经营管理办法》《经纪人管理办法》《博物馆管理办法》《文化市场综合行政执法管理办法》《拍卖监督管理办法》等,还有一些规范性的法律文件和行政法规。这些法律文件和行政法规是目前引导和规范我国艺术品市场交易有序发展的要件,但随着艺术品和区块链技术的结合,艺术品 NFT 出现且形式多样,尤其是艺术品 NFT 要克服众多投机者将其带入"死亡漩涡"的冲动,则更需要完善法律规范,及时填补新事物产生时法律的空白并解决规范的滞后性。法律制度不应成为艺术品 NFT 发展

---

① 杨东,张文君.艺术品众筹 模式·案例·风险·监管[M].北京:人民出版社,2017.

的障碍，针对现实需要，高度回应实践，方是经济法的应有之义。①

一、NFT 数字藏品可能侵犯艺术家的作品完整权

尽管各国法律对著作权的保护范围不同，但是总的来说，著作权包含了保护艺术家对作品的原创性贡献，禁止他人对作品的修改、删除以及对著作的歪曲、伤害和负面影响。一家公司购买了著名街头艺术家班克西（Banksy）的作品《白痴》(Mornos)，然后公开烧毁了该作品，整个烧毁过程通过推特账号进行了直播，随后该公司在 OpenSea 市场上创建了一个 NFT 来代表该作品。但艺术作品本身已经被烧毁，NFT 艺术还能代表什么呢？而烧毁艺术作品的行为，是否侵害了班克西的著作完整权？公开焚烧班克西的作品以此获利，是否还侵害了艺术家的著作财产权？这一系列的问题刚刚涌现，未来还需要法律的更多介入和思考。

二、NFT 数字藏品与作品追续权的法律冲突

《保护文学和艺术作品伯尔尼公约》第 14 条之三（一）规定了追续权：对于作家和作曲家的艺术原著和原稿，作者或作者死后由国家法律授权人或机构，享有从作者第一次转让作品之后在作品的每次销售中分取盈利的不可剥夺的权利。但是公约第 14 条之三（二）也规定，只有在作者国籍所属国法律允许的情况下，才可以对本公约某一成员国要求上款所规定的保护，而且保护的程度应与提出保护要求的国家法律所规定的程度相当。因此，是否可以从转销售中获利，是一项可选择的权利。

---

① 史际春.改革开放 40 年：从懵懂到自觉的中国经济法［J］.东方法学，2018（6）.

在许多国家，传统艺术作品仅能在第一次销售时获利，之后每一次被转售所产生的利润与创作者无关。然而，在加密艺术领域，艺术家通过智能合约技术，在每一次作品被转卖时都可以从中获得一部分收入。那么，NFT技术是否为艺术家提供了突破著作权法规定的可能性？后续，还需要更多的规范、准则、案例，以明确这些法律问题。

三、我国NFT数字藏品的发展

国内多个互联网公司开启布局，如腾讯、阿里巴巴、网易等公司均有NFT产品上线。现阶段NFT最具代表性的应用价值在于数字版权运营领域，NFT化的数字艺术品解决了其作品版权的确认、作品发行和流通数量的控制和盗版防范等问题，并提供了更丰富的互动和商业化方式。

（一）蚂蚁集团

2021年5月，蚂蚁集团推出NFT数字艺术专场，拍卖艺术家万文广等人的多件数字艺术品。6月，支付宝小程序粉丝粒中限量发售"敦煌飞天"和"刺客伍六七"的支付宝付款码皮肤NFT。8月，阿里拍卖与新版链共同建设的"区块链数字版权资产交易"频道在全国上线并开始预展，主要为文学、游戏、动漫、音乐、美术等领域的著作权人提供数字作品版权资产确权认证、上链交易服务，版权资产凭证合法持有人将拥有数字作品除署名权以外的全部权利。8月11日，支付宝《蚂蚁链粉丝粒用户服务协议》更新，明确了支付宝NFT产品的版权归属，并强调禁止用于炒作。8月15日，阿里拍卖上线"光笺"NFT数字收藏产品展示平台，采用树图区块链，主要提供 NFT 存证和展示服务。首批"光笺"将为阿里拍卖的体育、版权、艺术、电竞、卡牌等版块数字拍品提供展示服务，以及为生态伙伴链上数字资产提供跨链接入服务。

（二）腾讯

创建国内首个 NFT 交易平台"幻核"，目前主要发售艺术家联名数字艺术品。其底层区块链技术由"至信链"提供，该链属于国内倡导的无币区块链。

第一批产品是基于腾讯旗下视频访谈节目《十三邀》推出的收藏品——"限量版十三邀黑胶唱片 NFT"，总数量 300 枚，售价为 18 元。第二批产品为与全球游戏美术概念大赛（GGAC）合作艺术家周方圆联名的"万华镜数字民族图鉴"，该作品以中华 56 个民族为主题，每个民族图鉴限量售卖 54 件，总发行 3 136 枚 NFT，售价为 118 元。

（三）网易

2022 年 6 月 26 日，网易文创旗下三三工作室发行 IP 向 NFT 作品——小羊驼三三纪念金币，限量 333 枚，售价 133 元，用户可通过注册"秘宝"接收 NFT。7 月，网易澳洲 NFT 发行商 MetaList Lab 工作室发行《永劫无间》IP 授权的系列盲盒，于币安 NFT 市场上线。

（四）国内 NFT 交易所

2022 年 8 月 25 日，95 后新锐艺术家"咸鱼中下游"在 NFT 中国平台上线的画作《泣》以 200 万元的价格成交，创造了国内交易平台NFT作品的最高成交价记录。但目前国内NFT发展的局限性在于，各个NFT项目较为依赖其背后的中心化运营厂商、商业模式和交易生态，仍处于探索阶段；且受政策影响较大，例如UGC内容、游戏等NFT应用预计需要监管许可，仍需相关法律法规出台以规范行业发展。虽然当前国内NFT市场仍处发展初期，参考海外NFT行业的高速发展，我们认为未来国内NFT行业也有望迎来发展红利。

第四节
我国NFT侵权第一案："胖虎"打疫苗

"胖虎"是漫画家马千里的美术作品，2021年3月，马千里将该作品的著作权使用许可授权给奇策公司，随后，奇策公司发现某用户在原与宙公司经营的NFT平台上铸造并发布了"胖虎打疫苗"NFT作品，故提起本诉。2022年4月20日，杭州互联网法院依法公开开庭审理本案，判决被告立即删除涉案平台上发布的"胖虎打疫苗"NFT作品，并赔偿奇策公司经济损失及合理费用合计4 000元。

一、争议焦点

NFT数字藏品第一案是著作权侵权纠纷，核心要点在于判断涉案NFT数字藏品平台是否存在侵权行为，以及其是否需要对此承担相应责任。以下为本案相关争议焦点认定。

（一）未经许可铸造、交易 NFT 数字作品构成对作品的何种权利侵犯

审理法院认为，NFT 是指非同质权益凭证，是用以标记特定数字内容的区块链上的元数据，其表现为区块链上一组加盖时间戳的元数据。NFT 不存储数字作品文件，只记录数字作品文件的数据特征，即 NFT 本身不具备任何直接转变为画面的数据，不能"观赏"，只是一个抽象的信息记录。NFT 背后所关联的美术作品存储在平台的服务器中。

NFT 数字作品铸造是指平台用户将作品上传至 NFT 数字作品交易平台的区块链上，该作品上链后将形成对应的序列号，该序列号作为上链凭证，是指向发布者的唯一身份标识。当一件数字作品复制件以 NFT 形式存在于交易平台上时，就被特定化为一个具体的"数字商品"。NFT 交易实质上是"数字商品"所有权转移，并呈现一定的投资和收藏价值属性。NFT 交易模式本质上属于以数字化内容为交易内容的买卖关系，购买者所获得的是一项财产权益，并非对一项数字财产的使用许可，亦非对一项知识产权的转让或许可授权。换言之，NFT 作品铸造过程实质上是以技术方式生成权利凭证和起草交易合同。

法院进一步认为，铸造 NFT 数字作品并进行交易的行为不构成作品的发行和复制，而是符合作品信息网络传播行为的特征。一方面，由于 NFT 交易涉及的对象是作为"数字商品"的数字作品，发行权的核心则是原件或复制件所有权的转让，"发行"限定在有形载体上的作品原件或复制件，未经权利人许可将 NFT 数字作品在第三方交易平台的出售行为尚无法落入发行权所控制的范畴。另

一方面，NFT 数字作品的铸造过程中虽然存在上传行为，且该行为是将铸造者终端设备中存储的数字作品同步复制到网络服务器中的必要步骤，但该复制是网络传播的一个步骤，其目的在于以互联网方式向社会公众提供作品，故复制造成的损害后果已经被信息网络传播给权利人造成的损害后果所吸收，无须单独对此予以评价。因此，虽然 NFT 数字作品所有权转让结合了区块链和智能合约技术，但是 NFT 数字作品是通过"铸造"被提供在公开的互联网环境中，交易对象为不特定公众，每一次交易通过智能合约自动执行，可以使公众在选定的时间和地点获得 NFT 数字作品，符合信息网络传播行为的特征。

（二）NFT 数字作品平台应当承担何种责任

在认定是否构成对信息网络传播权的侵犯时，审理法院认为，从交易模式、技术特点、平台控制能力和盈利模式等方面综合评判，NFT 交易平台属于网络服务提供者。并且，由于 NFT 交易平台从 NFT 交易费用和 gas 费中获得直接经济利益，且平台具备审查、下架 NFT 数字商品的控制能力等，NFT 交易平台应当承担更高的注意义务。在明知或应知平台用户利用其提供的网络服务侵害他人信息网络传播权而未采取必要措施时，平台应当承担相应的侵权责任。但是，由于 NFT 平台作为区块链经营者并不直接参与 NFT 作品的铸造、交易，不能认定其构成对作品信息网络传播权的直接侵权，但可能构成间接侵权。

另外，对本案中未涉及的区块链平台（由于大多数 NFT 交易平台都设置在区块链上），法院认为，由于涉案作品仅在交易平台上展示，在区块链上并没有作品展示，仅铸造了作品的数字摘要；

该摘要以哈希值的形式存在，表现为一串由数字和字母组成的、不可直接识读的字符串，没有构成对作品的直接传播；上链行为具有一定的违法性，但并不必然落入信息网络传播权的保护范围，区块链平台并不必然需要承担相应的侵权责任。

二、法律分析

（一）NFT 区块链交易平台的注意义务

部分学者认为，与传统电商平台相比，NFT 交易平台至少存在以下三点区别：一是平台具有控制能力，NFT 平台控制 NFT 铸造和交易的全流程，对平台上交易的 NFT 数字作品具有较强的控制能力，也具备相应的审核能力和条件，亦并没有额外增加其控制成本；二是 NFT 平台在铸造时收取作品 gas 费，而且在每次作品交易成功后收取一定比例的佣金及 gas 费；三是区块链具有不可更改性，倘若上传至区块链的数字藏品存在技术瑕疵，不仅会破坏交易主体之间的信任和交易诚信体系，更会损害交易相对人的合法权益。

因此，由于 NFT 平台使用区块链和智能合约技术提供 NFT 数字作品铸造和交易服务，与借助互联网提供自动接入、自动传输、信息存储空间等网络服务的一般 UGC 平台不同，不能将普通 UGC 平台的注意义务判断标准直接适用于 NFT 平台，亦不能完全按照普通电商模式认定侵权，否则基于"避风港原则"，可能难以有效维护著作权人的合法权益。因此本案中，法院在侵权行为认定思路上进行创新，以求最大限度地维护著作权人的合法权益。

但也有部分学者认为，所谓"gas 费"，即链上手续费，是在以太坊等区块链平台上最为常见的机制。区块链通过这种机制来激励区块链网络的维护者，同时避免区块链网络被恶意用户以分布式拒绝服务攻击（DDoS）、恶意运行无限循环代码等，链上手续费对保障区块链网络的正常运行有着十分必要且积极的作用。在本案中，涉案平台采用的是以太坊侧链技术的区块链，属于联盟链。用户协议中表明，用户每次在平台产生数据都会消耗 gas 费，目前 gas 费固定为 33 元，该固定 gas 费不能被简单理解为"在 NFT 数字作品中直接获得的经济利益"。并且，NFT 平台虽然理论上能控制 NFT 的铸造和交易流程，但出于成本考虑，铸造过程往往由代码直接控制运行，NFT 平台一般不直接、主动参与铸造和交易。因此，不能基于上述两点对 NFT 交易平台提出更高的注意义务。

（二）NFT 作品上链及展示行为的性质

本案判决将涉案 NFT 称为"NFT 数字作品"，强调了 NFT 与数字作品的绑定关系，认为 NFT 数字作品的销售过程是指在交易平台上以出售为目的呈现该 NFT 数字作品，在作品被呈现的情况下，该展示行为使公众可以在选定的时间和地点获得作品。因此，NFT 数字作品的销售行为系信息网络传播行为。并且，法院认为 NFT 数字作品的销售和后续的每一次交易，均构成对著作权人信息网络传播权的侵犯。

本案从判决思路来看，法院采取了极其严格的侵权认定思路，不但给 NFT 数字商品交易平台提出了更高的注意义务，更以将销售行为认定为信息网络传播行为的方式，明确指出未经授权的 NFT 首次出售及后续每一次转售行为都可能构成侵权。对 NFT 数字商品交易平台的运营方而言，这无疑大大提高了其运营风险。

（三）特殊的停止侵权操作可执行性

由于侵权 NFT 作品在 NFT 平台上的每一次交易都构成对作品信息网络传播权的侵犯，因此，NFT 平台必须采取相应的停止侵权措施，NFT 平台理应立即删除其平台上发布的 NFT 侵权作品。但 NFT 数字作品及其交易的相关数据均保存于区块链服务器中，基于区块链技术去中心化的设计，NFT 交易平台上没有一个拥有更高级权限的管理者可以任意改动区块链记载的相关数据，又因为该区块链节点之间无法形成共识，进而在事实上无法删除该侵权 NFT 数字作品，故平台往往会将侵权 NFT 数字作品在区块链上予以断开并打入"地址黑洞"，以达到停止侵权的法律效果。

但是，如果 NFT 数字作品已经出售给众多买家，区块链平台在技术逻辑上是无法将全部涉案 NFT 打入"地址黑洞"的。要想达到这样的制止侵权的效果，需要区块链点上全部买家的配合，但这显然十分困难。因此，停止侵权这一责任承担方式在 NFT 数字藏品交易领域，可能难以完全执行。

三、本案判决的相关争议

（一）发行权认定问题

理论界和实务界的部分学者认为，本案中法院将铸造并销售 NFT 数字作品的行为认定为不构成"发行"行为，是对《著作权法》中"发行"行为的错误理解。首先，NFT 数字作品具有原件和复制件的概念，并具有唯一确定性，达到了与传统发行权要求以有形物质载体呈现原件和复制件相同的法律效果。其次，NFT 交易使特定数字作品复制件的所有权转移，与之伴随的是数字作品内容可在不同所有者账户之间流转，且同一时间内只可在一个地址账户中显现，符合发行权的形式和实质要件。

（二）NFT 数字作品是否适用"权利用尽"原则

"权利用尽"原则是指作品原件和经授权合法制作的作品复制件经著作权人许可、首次销售或赠与之后，著作权人就无权控制该特定原件或复制件的再次流转。传统观点认为，线上作品在复制的同时，特定原件或原复制件不会消失，故而线上作品的"发行"属于信息网络传播行为，不适用于"权利用尽"原则。

对 NFT 数字作品而言，若铸造并销售 NFT 数字作品被认定为构成发行行为，"权利用尽"原则便不存在适用障碍。此外，从现今实践看，对于已经售出的 NFT，特别是公链上的数字作品，平台或著作权人一般不具有控制销毁的能力。而著作权人给 NFT 平台的授权通常具有合作期限的限制，如认定 NFT 不适用于"权利用尽"原则，在合作期限到期后，用户处分 NFT 的行为将侵犯著作权人的复制权，且对于该侵权行为，平台乃至司法机关均无力制止，且阻断"权利用尽"原则的适用将引发一系列诉讼风险问题。

第七章

稳定币：元宇宙中数字资产其二

第七章 稳定币：元宇宙中数字资产其二

第一节
元宇宙中稳定币的运行

稳定币是一种法币价格相对稳定的数字货币，它通过一些模型设计保证价格在其所对标的法币价格上下小幅波动，从而在价格剧烈波动的数字货币市场中发挥着资金避险、交易中介、支付结算等功能。在元宇宙中，稳定币逐渐成为经济体系的基础，投资者能够兑换稳定币进入元宇宙购买商品或服务，也能通过稳定币将元宇宙中的收益转移到现实世界。相较于其他虚拟货币，稳定币与法币之间相对确定的兑换关系吸引着更多人加入元宇宙领域。

一、稳定币的诞生背景

以区块链为底层技术的加密数字货币是去中心化的、支持点对点交易的资产，其中，以比特币为首。比特币无须经过银行等传统金融机构就可以实现价值转移，速度快且成本较低，这些法定货币不具有的优点使其在发行之后就广受关注。稳定币也属于加密数字货币，稳定币的出现自然也离不开数字货币市场迅速发展这一大背景。

稳定币的诞生背景中，一是数字货币市场发展迅速，规模巨大。首先，数字货币数量不断增长。2009年1月，第一个加密数字货币——比特币发行，到2018年末，全球加密数字货币超过2 000种。其次，数字货币总市值大幅度增长。在2017年5月之前，数字货币市值规模较小，随后呈现快速增长趋势，并在2018年1月达到峰值，总价值接近8 000亿美元。之后，数字货币总市值呈下降趋势，但仍超过1 000亿美元。二是加密数字货币市场价格波动剧烈。比特币自诞生以来，其价格已经实现了百万倍的增长，但是由于比特币可以以"7×24"的方式连续交易且没有涨跌幅限制，比特币价格常发生大幅波动。

这种价格剧烈波动带来很多风险，不利于整个市场的发展。到2018年末，市场上有近2 000种加密数字货币，当"熊市"来临时，投资者希望将数字货币兑换成法币，但很多数字货币并没有和法币直接兑换的渠道，需要先兑换成比特币等主流加密货币，再兑换成法币。而在"熊市"过去后，比特币市场的交易则比较冷清，因此，能否成功兑换也存在风险。综上列举出的问题，投资者需要付出很高的成本才能兑换成法币，而稳定币就是基于这样的背景诞生的。根据Coingecko的数据显示，截至2022年4月，稳定币市场总体规模为1 894.2亿美元，日成交量约600亿美元，其中中心化稳定币USDT、USDC、BUSD占据前三位且市场份额高达79.5%。但相较于2021年11月初87.2%的占比，以Terra为代表的一众去中心化稳定币已经呈现出一种相当积极的发展态势。而站在市值的角度来看，时至今日，去中心化稳定币仍存在着极大的增长空间，尤其是在中心化稳定币面临监管掣肘的当下。2021年11月1日，美国政府的金融工作小组发布关于稳定币的报告，将稳定币定性为竞争性的支付手段，强调其必须被监管。美国总统拜登的经济顾问也一再催促国会通过关于稳定币的法律框架，该框架将会首先把如USDT、USDC和BUSD等中心化稳定币纳入监管范围，对其进行类银行形式的监管。

二、稳定币的发展

广义上可以将稳定币分为三种：锚定稳定币、抵押稳定币、算法稳定币。

（一）锚定稳定币

代表：USDT

说明：其将法币代币化，搭建了法币和加密货币的重要桥梁。

（二）抵押稳定币

代表：MakerDAO 的 Dai

说明：尝试构建去中心化的稳定币。MakerDAO 早期以次太币为抵押品，基于市场风险的考虑，后又引入了一些中心化资产作为抵押品，如 USDC、WBTC 等。在引入中心化资产后，Dai 虽然获得了更强的稳定性，但也不可避免地牺牲了部分去中心化特性。

（三）算法稳定币

代表：ESD、BASIS、FRAX

说明：这类算法稳定币参考了之前 Basecoin 的设计，并结合了流动性"挖矿"和弹性稳定币的经验，从而有集大成之势。

算法稳定币是以算法调整其供应量的代币，旨在使代币的价格朝 1 美元的目标价格移动。简单来说，算法稳定币在高于目标价格时会扩大其供应量，而在低于目标价格时则会收缩供应。与其他几种类型的稳定币不同，算法稳定币既不能与美元按 1∶1 汇率兑换，目前也没有加密资产为抵押。算法稳定币通常具有高度反身性——

需求在很大程度上是由市场情绪和动力驱动。

第二节
稳定币的分类

广义上讲,稳定币分为锚定稳定币、抵押稳定币和算法稳定币三种。但普遍认为,锚定稳定币只是法币电子化的一种形式,通过将法币代币化,搭建起法币和加密货币之间的桥梁,其技术形式较为简单,研究价值不高。为此,我们认为,在研究意义上可以将稳定币狭义地分类为抵押型稳定币和算法型稳定币,其中抵押型稳定币又可称为资产抵押型稳定币。

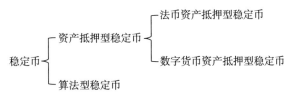

图 7-1 稳定币的分类

表 7-1 不同种类稳定币的特征对比

项目	法币资产抵押型稳定币	数字货币资产抵押型稳定币	算法型稳定币
交易渠道	可以通过币安、OKEX、火币全球站、ZB、Bitfinex、CoinbasePro等多个稳定币交易所交易	可以通过币安等交易所进行交易	可以通过币安、OKEX、火币全球站、KuCoin、Gate.io、MEXC、Bittrex等23家交易所进行交易
交易方式	• 币币交易 • U本位合约 • 稳定币储蓄	• 币币交易 • U本位合约 • 稳定币储蓄	• 币币交易 • U本位合约 • 稳定币储蓄

续表

项目	法币资产抵押型稳定币	数字货币资产抵押型稳定币	算法型稳定币
价格变动影响因素	兑换及场外市场交易（兑换的效率低、到账时间慢，场外交易较多）	目标利率反馈机制：调节目标利率，与抵押资产的价值浮动相适应	• 通过市场供需关系来自发调节价格浮动（如双向铸造/燃烧机制，通过市场套利让价格自发地维持平衡） • 大规模抛售（如市场力量做空）

一、法币资产抵押型稳定币（单一法币托管模式）

法币资产抵押型稳定币主要是为了给法币与数字货币提供一个转换的桥梁，为市场中的交易者提供避险工具，目前在所有稳定币中无论是数量还是流通价值均占据统治地位。尤其是 Tether 公司发行的 USDT，由于本身的交易所背景以及较早进入市场，已经抢占了绝大多数主流数字货币交易所的稳定币地位，可谓一家独大。这也可以看出当前数字货币整体上还是以交易和投机为主。

此类稳定币的机制比较简单，投资者（交易所、机构、个人）将等额的法币（一般是美元，但也存在以欧元为标准法币的稳定币，如 Stasis Euro）存入发币机构合作的资金存管方（一般是银行或信托公司，现在也有发行方自己就是信托公司，如 Gemini Trust），收到存款后发币机构将该数额的稳定币生成并发送至投资者的数字货币钱包。如果投资者希望将自己的稳定币兑换成法币提取出来，则需将稳定币发送至发行方指定钱包并申请提款，发行方通知资金存管方将法币汇出，并将该部分对应的稳定币在区块链上销毁。发行方有责任和义务维持稳定币与抵押法币之间 1∶1 的比例。

> **以 USDT 为例，USDT 目前主要存在以下缺点：**
>
> 1. USDT 超发。目前在网络上能查询到 USDT 市值是 6.75 亿美元，但是 Tether 公司无法提供相对应银行账户的担保。Tether 公司的资金储备情况一直未公开，一年前承诺发布的审计报告已经推迟到了年底。
>
> 2. USDT 的用户免责条款是霸王条款。USDT 发行方 Tether 公司的用户条款里规定免除公司在任何条件下（包括公司倒闭清算时）兑付法币的责任。
>
> 3. USDT 赎回困难。用 UDST 赎回美元时非常困难，时间成本比较高。
>
> 出于对 USDT 弱点的改造，此类稳定币又发展出一些新的品种，例如主动迎合监管的 TrueUSD、Gemini USD 和 PAXOS USD，管理更严格、运行更透明化、资金监管和审计更频繁更公正的 KYC/AML，Gemini 和 PAXOS 甚至已经取得了纽约金融局的许可来开展该业务。
>
> 为了改善 USDT 单中心风险高的弱点，Circle 目前推出了 USDCoin，简称 USDC。USDC 允许多个发行商，各家都可以通过基于以太坊的平台 Center 来发行和销毁 USDC，而且各家发行的 USDC 均可以通存通兑。
>
> 目前 USDC 是市场上第二大的稳定币，流通量为 536.38 亿美元，最大供应量为无限量，总供应量为 480.19 亿美元，流通市值为 53 729 504 195 美元。与 USDT 一样，USDC 自推出以来一直保持着近乎完美的价格稳定性（市场极端波动时期除外）。

二、数字货币资产抵押型稳定币（数字资产抵押模式）

顾名思义，此类型的稳定币是指用数字货币作为抵押物的稳定币，包括早期在比特股（BitShares）中创立的比特元（BitCNY）和 BitUSD，Steemit 中的 Steem USD，以及最近比较火的 Dai。

相比法币资产抵押型稳定币，数字货币资产抵押型稳定币可以通过智能合约在链上实现，因此可以有效避免中心化的风险，而且由于链上所有信息公开可见，透明度也得到了提升。

由于数字货币本身价值波动幅度太大，因此以数字货币作为抵押的稳定币，都采用了比较高的抵押率，以防止市场的大幅波动或者"黑天鹅"事件，以及抵押币价值迅速下降带来的风险。比如，BitCNY 采用了 200% 的抵押率以及强制平仓和强制清算的机制，Dai 则采用了 150% 的基于以太币的抵押率。

Dai 由 MakerDAO 发行，与汇丰银行发行 hsbcGBP 的方式相同：提交一定数量的抵押品（以加密代币的形式），并收到一定数量的 Dai 作为交换。抵押品在智能合约中受到保护，直到 Dai 余额被完全偿还（或智能合约被清算）。Dai 与美元软挂钩，这意味着它被允许在 1∶1 的比例附近有一定程度的波动，这是由于挂钩是由一个激励系统管理的，该系统利用套利者而不是通过完全保留。与银行币不同的是，Dai 没有受益于多样化（代币之间大多高度相关），也没有受益于监管支持。作为交换，它以更高的超额抵押（目前 ETH-A 为 150%）来补偿其主要抵押品风险。正如我们多次指出的那样，Maker 系统的核心是更接近于商业银行，而不是纯粹的技术叠加。

其优点在于架构允许像银行币一样的扩张性货币功能，激励机制仍然有利于 Dai 的稳定和 MKR 代币持有人的健康财务回报。到目前为止，它的效果相当好。而缺点则在于抵押品类型缺乏多样性，代币的高波动性限制了可扩展性，有利于顺周期性。

Maker 系统引入了 MKR 代币，MKR 是一种 Maker 系统的管理通证，持有者可以享受到抵押债仓缴纳的管理费，同时也需要承担诸多风险，例如参数管理，目标价格变化率设定，选择可信的 Oracle，选择全局清算者等一系列责任，更需要在系统抵押资产不足以偿还出借的 Dai 流通值时，来充当买家承担最后的债务（见图 7-2）。

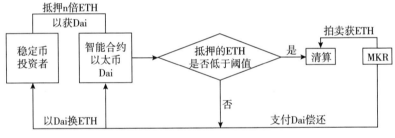

图 7-2 Dai 的流通机制

三、算法型稳定币（算法央行模式）

算法型稳定币具体又称为无抵押算法银行型稳定币，其模拟的是现实世界中央行的发币行为，目前还处于研究阶段。以最近知名的 UST 为例，UST 是 Terra 生态链上拥有最大市值的稳定币，与美元 1∶1 锚定。LUNA 是 Terra 协议的治理代币，主要用于支付公链 gas 费、质押"挖矿"以及协议治理。从某种意义上讲，UST 是一种非典型算法稳定币，它是通过一套链上铸币与销毁机制来实现与美元的挂钩，需要生态内的另一个波动性代币 LUNA 来吸收其波动性。

下面我们简单解释下其中的运行原理。

Terra 设计的算法是让 1UST 等于价值 1 美元的 LUNA，也就是每铸造一个 UST，就必须销毁价值 1 美元的 LUNA，同时价值 1 美元的 LUNA 也可以兑换 1UST。在某种程度上，UST 的双币模式仍旧属于供应弹性模式，在市场通胀和紧缩时将压力和波动转嫁给系统其他代币，从而稳定 BAC 的价格。

根据兑换流程，当 UST 的价格大于 1 美元时，套利者通过销毁 LUNA 铸造 UST 来赚取差价，随着 UST 供给增加，价格逐渐回到 1 美元；当 UST 的价格小于 1 美元时，套利者同样可以通过兑换 LUNA 实现投机，随着 UST 供给收缩，价格回升至 1 美元。

这类稳定币的例子包括 Terra Money、FRAX、Reserve、Ampleforth、Empty Set Dollar、Dynamic Set Dollar 和 Basis Cash，算法型稳定币的表现好坏参半。

这类稳定币的优点在于架构允许像硬币那样的扩张性货币功能，解决了 v2 版稳定币的一些顺周期性问题，无许可的性质加强了围绕挂钩的承诺。缺点也较为明显：稳固性取决于资产负债表的强度，算法的健全性需要在不同的规模点上进行测试，迄今为止，过去的表现好坏参半。

四、LUNA 崩盘

LUNA 是 Terra 稳定币家族获得稳定性、效用和价值的本地抵押资产，既可以作为整个 Terra 经济的抵押品，又可以作为保护 PoS 网络的质押代币。用户可以持有 LUNA，也可以将其作为普通加密资产用来交易，还可以用来质押以获得由交易费产生的网络奖励。LUNA另一个用例是用于发起治理提案并对其进行投票表决。

Terra稳定币家族通过持续的"挖矿"奖励以及不断调整货币供应来实现其稳定性。如果系统监测到Terra稳定币的价格偏离了其锚定汇率,就会施加压力使价格回归正常。目前,Terra稳定币家族成员包括:KRT(与韩元锚定的Terra稳定币)、UST(与美元锚定的Terra稳定币)、MNT(与蒙古图克里克锚定的Terra稳定币)、SDT(与国际货币基金组织特别提款权锚定的Terra稳定币),未来Terra稳定币家族还会增加更多稳定币成员。

下面将以UST为例说明,Terra如何通过其双重代币模型的弹性货币政策来维持稳定币对法币的挂钩。

当UST的单位价值高于美元挂钩时,用户会被激励燃烧LUNA并铸造UST,此时,UST的供应量提升,推动币价下跌,回归1美元的价格。

当单位UST的价值低于美元挂钩时,用户会被激励燃烧UST并铸造LUNA,此时,UST的供应量下降,推动币价上升,回归1美元的价格。

在UST收缩的时候,LUNA的价值会下降,而在扩张的时候,LUNA的价值会上升。LUNA是UST的变量对应物。通过调节供应,LUNA的价值随着对UST的需求增加而增加。截至2022年3月4日,UST的总供应量为132.93亿枚,流通量为4.12亿枚;LUNA的总发行量为10亿枚,流通量为3.57亿枚,目前总供应量为7.86亿枚。

由于UST和LUNA之间可以相互兑换,市场上出现了很多套利者,让这两个虚拟币实现了"左脚踩右脚"价格起飞。事实上,Terra推出的存款应用Anchor接近20%的年化收益曾引来庞氏骗局的质疑。不过，由于 Anchor 的高收益，市场上大部分 UST 都被存在了里面，失去了流动性，而这也为表面上欣欣向荣的 LUNA 币埋下了爆雷的伏笔。2022 年 5 月 8 日凌晨，Terra 为了部署新的流动性池而取出了 1.5 亿美元的 UST，而此时加密货币市场整体处于熊市，这使得本就"地基不稳"的 LUNA 币更加脆弱。多方数据显示，在那时仅仅需要 3 亿美元就可以耗干 UST 的流动性。

事实上，就在 1.5 亿美元 UST 被取出后仅仅 10 分钟，一个新地址突然抛售了 8 400 万美元 UST，严重影响了流动性池的平衡。此时，开始有投资者在链上把 UST 换成其他稳定币，逐渐形成了卖盘，随着多个账户开始以百万美元级别不断抛售 UST，恐慌情绪开始在投资者之间蔓延。

2022 年 5 月 8 日，由于 UST 价格处于 95 美分迟迟返回不到 1 美元，"UST 脱锚"的信息通过市场交流不断发酵，投资者们迅速做出反应，开始大规模抛售 UST。而为了让 UST 价格能提高到 1 美元，LUNA 不断增发，价格也随之不断下跌，但 UST 却在脱锚的路上渐行渐远。5 月 11 日，本应锚定在 1 美元价值的 UST 跌至 26 美分，创历史新低，24 小时内暴跌 44%。投资者们更加惶恐，对 Terra 产生信任危机，纷纷抛售 UST 和 LUNA，局势逐渐失控。

截至 2022 年 5 月 17 日 13 时，LUNA 币的价格仅剩 0.000 182 8 美元。

LUNA 币的暴跌带崩了整个虚拟货币市场。2022 年 5 月 12 日，比特币价格在前一交易日下跌 7.27% 后，再次暴跌，盘中一度至 25 174.8 美元，相比年内高位已接近腰斩。此外，以太币、狗狗币、币安币和艾达币等加密货币跌幅也均在 20% 以上。

第三节
稳定币的法律基础及规制漏洞

一、民法规范的肯定：稳定币的虚拟财产属性

根据2013年12月5日由人民银行等五部委联合发布的《关于防范比特币风险的通知》，我国将比特币等加密数字货币定性为"一种特殊的虚拟商品"。现行的《中华人民共和国民法典》（以下简称《民法典》）第127条规定，法律对数据、网络虚拟财产的保护有规定的，依照其规定。这使我国的《民法典》成为目前世界上第一个对虚拟财产作出规定的法典。因此，虽然对于虚拟财产的权利属性还颇具争议，但不可否认包括稳定币在内作为"虚拟商品"的网络虚拟财产价值属性已经得到《民法典》的肯认。[1]

《民法典》第127条位于各类民事权利的列举之后，民事权利的取得、行使和保护规定之前，从其所处的文本位置可以推导出立法者并未将其认定为一项新的法定权利，而仅是《民法典》列举的某种民事权利的客体。至于稳定币的法律性质，学界还莫衷一是。在此，我们并无意梳理学界关于此问题的观点，相关的争议留待制度规范和司法实践解决似乎更具指导意义。

当前，稳定币市场在我国仍处于萌芽阶段，尚未形成监管共识，法院也没有形成统一的裁判思路，现存的法律体系似乎并不足以对稳定币的特殊性加以规制。申言之，虽然我国《民法典》已经

---

[1] 赵天书.比特币法律属性探析——从广义货币法的角度[J].中国政法大学学报，2017（5）.

为规范稳定币奠定了基础，但由于《民法典》第127条实际指向的对稳定币直接予以规范的民事法律法规在我国依然缺失，稳定币在事实和法理上还没有获得法律的完全承认，这也直接影响了刑法和行政法对稳定币的规范和评价。①

二、刑事规范的欠缺：制度漏洞和刑事评价的模糊

由于稳定币去中心化的技术特征和跨国流通的现实状况，其出现使洗钱、非法集资、传销等犯罪中司法适用的滞后性问题进一步凸显。近年来，犯罪分子利用加密数字货币，以稳定币为媒介的洗钱活动、恐怖筹资和逃避外汇管理等行为屡见不鲜，并呈现异常活跃的态势，但相对应的，我国司法实务给出的答卷却不尽如人意。除洗钱、非法集资等犯罪手法复杂多样外，主要还在于相应的刑事法律规范存在较大的滞后性。受稳定币民商事法律缺位和监管缺位的影响，有关稳定币的刑事法律规范也处于缺失状态，对稳定币的刑事法律评价模糊，直接影响对相关刑事犯罪的打击，致使司法适用明显地不能适应规制以上犯罪的现实需要。

就我国稳定币相关的刑事司法实践来看，相关法律文书共涉及20个罪名，主要集中在：诈骗罪，帮助信息网络犯罪活动罪，掩饰、隐瞒犯罪所得，犯罪所得收益罪，组织领导传销活动罪，占涉USDT刑事裁判文书总数的85%以上。由于对稳定币的财产属性存疑，司法机关在认定犯罪数额时惯以传统银行的法币流水为定案依据，即要求犯罪嫌疑人完成稳定币到法币的转换。在笔者参与讨论的广东省某基层法院审理的稳定币案件中，法官的办案思路就有很

---

① 瞿灵敏. 虚拟财产的概念共识与法律属性——兼论《民法总则》第127条的理解与适用［J］. 东方法学，2017（6）.

强的以上定势思维的印记。但值得期待的是,最高人民法院已经积极关注此类案件并提供指导,将在近期成熟时间发布相关指导案例。

三、监管规则:存在监管"一刀切"的问题

在金融监管领域,我国在金融监管法等法律规范的供给方面存在的缺位问题非常明显。[①] 在梳理后可以发现,我国还没有成型的针对稳定币的金融监管法律。此外,我国目前对加密数字货币金融行政监管范式,在其效力、体系和激进的"禁止性"监管路径上都存在较大争议。

当前关于稳定币的相关立法,多集中于对数字资产的监管,是典型的行政管制型制度。但在这些制度中,普遍立法的层级较低,并非法律或行政法规。行政规章、规范性文件等一般情况下只具有约束行政行为的作用,而不应对民事行为效力产生影响。[②] 并且,从中国的治理经验来看,"运动式""一刀切"等金融整治中惯用的行为模式,抑或治标不治本干扰市场机制的治理规则,以及无法保护投资者合法权益等负面的效应与问题,屡屡遭到市场和学界非议。[③] 在稳定币相关的立法上,当前也存在该问题。从 2017 年人民银行等七部门发布的《关于防范代币发行融资风险的公告》(以下简称《公告》),到 2021 年国家发改委等十部门发布的《关于整治

[①] 我国现有的货币监管法律主要包括《中国人民银行法》《商业银行法》《人民币管理条例》《储蓄管理条例》《外汇管理条例》《非法金融机构和非法金融业务活动取缔办法》《金融违法行为处罚办法》等。

[②] 邓纲,吴英霞.穿透式监管如何嵌入合同治理——以"天策公司和伟杰公司股权代持纠纷一案"为例[J].安徽大学学报(哲学社会科学版),2019(3).

[③] 彭冰.重新定义"老鼠仓"——运动式监管反思[J].清华法学,2018(6);缪因知,证券交易场外配资清理整顿活动之反思[J].法学,2016(1).

虚拟货币"挖矿"活动的通知》(以下简称"1283号文")、中国人民银行等十部门发布的《关于进一步防范和处置虚拟货币交易炒作风险的通知》(以下简称"237号文"),这些规定均对虚拟货币采取了较为严格的监管措施。尤其是"1283号文"和"237号文",对虚拟货币采取了"一刀切"式的处理,可以看到,以上这两份文件的出台对国内虚拟货币行业影响是毁灭性的,存在"一刀切"监管的问题。

第四节
我国司法实践中对稳定币的认定标准

近年来,我国涉及稳定币USDT的案件主要为民事纠纷,且呈现出以下特点:第一,案件数量逐年增加趋势明显。截至2021年8月19日,在中国裁判文书网搜索"USDT",有203份民事裁判文书,其中判决书172份,裁定书31份。第二,194份裁判文书集中在"合同、无因管理、不当得利纠纷"案由,侧面说明USDT已经在我国民事流通与交易中崭露头角。第三,案件当事人绝大多数是自然人。这说明,我国风险识别和风险控制能力较差的自然人恰恰是稳定币的主要用户,因此制定针对稳定币的监管法律有其特殊的紧迫性与必要性。此外,案件涉及全国28个省、自治区和直辖市,呈现出在全国总体地域分布较为分散,但个别地区分布较为集中的特点。

在司法实践中,由于法院对稳定币的性质认识不一,相关案例的裁判规则较为混乱,并无明显规律。一旦法院援引《公告》,多会认定买卖稳定币(如USDT)的行为不具有合法性,进而判定所涉及的民事法律行为无效。如此,过错方不用承担法律后果,对方往往只能无奈承担损失。这与鼓励交易、维护公平交易秩序的民商事立法初衷相悖。通过分析案件结果，涉及稳定币的案件中，诉讼请求得到全部或部分支持的仅有30余件，其余案件的诉讼请求均被驳回。将稳定币认定为虚拟商品、虚拟财产或者虚拟数字资产的法院，大多肯认了涉及稳定币的交易的有效性，给予当事人合理救济。对稳定币性质的认定，往往取决于裁判者能否正确理解《民法典》第127条和《公告》等法律法规、行政规范性文件。正是如此泾渭分明的解读，使得在审判实务中出现了对稳定币截然相反的判断和定性。

第五节 稳定币不稳定？UST风险事件分析

一、UST崩盘事件背景

UST又名Terra USD，本应与1美元"稳定挂钩"，通过与价格浮动的姊妹代币LUNA相互配合来保持供需平衡，从而维持价格锚定在1美元。每次铸造UST时，相当于1美元的LUNA会被销毁或从流通中移除，反之亦然。UST和LUNA从2022年5月7日起突然开始螺旋式暴跌，UST甚至一度跌至每枚26美分的历史最低，随后反弹至49美分，24小时内暴跌44%。

与此同时，负责维持UST稳定的Luna基金会（LFG），也被迫在加密货币市场抛售其持有的7万枚比特币（当时市值21亿美元），套现保护UST。此举立即影响了加密货币大盘，导致市场情绪更加不稳，UST继续扩大与美元脱钩的距离，LUNA市值继续崩跌，LFG手上的救市筹码也快速流失。

5月9日下午，支撑UST的LUNA市值从最高点410亿美元，跌破其所支撑的UST市值166亿，发生死亡交叉，从此LUNA与UST双双断崖式坠落。

二、UST崩盘事件的溢出效应

UST未能实现与美元挂钩，这不仅仅使稳定币的市场信用遭受影响，而且多个稳定币在UST脱钩之后脱锚，这同时极大放大了包含这些稳定币的去中心化金融产品的风险。2022年5月初Anchor原生代币（ANC）的暴跌就是这一风险的印证。而此前，Anchor以高达约20%的年化利率吸引UST存款，可见其运营高度依赖于UST。

此事件后，惠誉评级在2022年5月12日指出，"加密领域消化UST挂钩失败，叠加美国利率上升和股市波动对高风险资产构成压力，事件造成的溢出效应可能会持续"。但欣慰的一点是，由于加密市场和受监管的金融市场之间的风险防火墙的存在，致使其间联系较为薄弱，此事件造成的溢出效应引致更广泛的金融系统性风险的可能性较小。

三、针对UST崩盘等类似事件的监管反应

美国财政部长珍妮特·耶伦（Janet L. Yelen）在参议院、众议院再次呼吁国会授权监管稳定币。她指出，这类资产虽然目前不会对金融稳定构成系统性风险，但一切只是时间问题。对加密货币友好的SEC专员海丝特·皮尔斯（Hester Peirce）在四年度数字货币研究所研讨会上表示，针对稳定币的监管很可能马上到来。

与此同时，英国政府发言人也称，英国随时准备对稳定币采取

进一步行动。英国财政部已明确对出于支付目的的稳定币监管持开放态度，但不打算将算法稳定币包括在内，他们只考虑与法定货币挂钩的稳定币。2022年4月，英国财政部经济部长在2022年英国金融科技周表示，英国计划在其电子支付监管框架内引入稳定币。若稳定币被纳入电子支付监管框架，这意味着稳定币发行人将会受到英国金融行为监管局的监管。

从2022年以来英美两国对加密货币市场的态度可以看出，两国政府都希望在促进本国加密创新的同时，不以牺牲投资者利益和金融稳定为代价。此次UST崩盘带来的市场混乱能够消除市场泡沫，将冒进的、设计不完善的金融产品淘汰掉，为更加安全、高效、自由的加密经济崛起做必要的准备。

另外，据CoinDesk报道，欧盟委员会也正在考虑对稳定币的广泛使用采取更加严格的限制，即监管机构可以命令任何市值超过2亿欧元或每日交易超过100万笔的稳定币发行人停止发行，直到这些数字回到阈值以下。不过报道称该文件被标记为"非正式文件"，代表它不反映委员会的正式立场。

韩国也开始就UST崩盘事件开展紧急动向检查。据韩联社报道，韩国金融委员会和金融监管局将加快制定《数字资产基本法》等相关法律。此外，据最新消息，韩国国会或将就目前情况的原因和保护投资者的措施开设听证会，并考虑让加密交易所高管出席。

四、UST崩盘事件对我国的启示

（一）明确数字货币法律属性

数字货币的文字通胀和语义混淆已经对新型"类金融"的法

律属性识别造成了严重的负面影响，进而对将法律规则适用于数字货币监管形成了阻碍。国外监管机构将不同种类的数字货币定性为支付工具、商品、证券等，而我国在处理数字货币法律问题时经常将虚拟货币、数字货币、加密货币等混淆，甚至将互联网积分也归于数字货币行列。Libra 的运作机理、项目目标和监管合规远较以往的数字货币复杂，主管部门应在合适的渠道向社会清晰地传递 Libra 的真实情况，强调 Libra 与日常统称的数字货币之间的区别，进而为法律的适用铺平道路。在我国日常语境下经常被混为一谈的"数字货币"主要包括如下几个类别。

一是支付宝、微信支付中的余额。其本质属于人民币的电子形式，一般称为电子货币。

二是中央银行数字货币。我国早在 2014 年就开始研究法定数字货币，作为优化法定货币支付职能的产物，同时也能够更为顺畅地传导货币政策。

三是 Q 币等体系内的互联网积分。互联网积分仅能在特定体系内流转，不能与法币实现双向兑换，也不完全符合当前用户的支付习惯，通常被认为是一种财产性权益，而非货币或者金融资产。

四是比特币等数字货币。根据 2013 年印发的《关于防范比特币风险的通知》，比特币被明确认定为虚拟商品，根据域外监管实践和法理，以太币也属于商品。其他绝大多数民间资产本质上属于金融产品，尤其是证券类金融产品，与非法集资无差别，必须加以整治。

（二）以交易平台为抓手传递监管效果

数字货币乱象之所以屡禁不止并非因为我国法制不成熟，而是因为在执法层面上存在不足。比特币和以太币属于商品的认知在国内外形成了一定的共识,但其他实质上属于证券或者金融产品的数字货币也可能套用"商品"的外衣规避非法集资认定。因此,对于客观存在的非法吸收公众存款的数字货币基金和数字货币交易平台应予以重点关注。

交易平台是目前整个数字货币交易的关键和龙头,几乎把持着数字货币全产业的话语权,规制好交易平台能够有效地向数字货币市场参与者传递监管政策意图。在具体的监管操作层面应把握对社会的影响和执行的难易,主要有以下三点。

一是,在比例原则下监管头部交易平台。在监管重拳出击之下,数字货币市场一度遭遇重挫,大量的国内投资者基于政策恐慌抛售数字货币,境外资本也借势极力打压市场价格,国内投资者损失惨重。如能有效遏制数字货币交易,上述严厉打击实属有效,但由于监管政策落地后还存在大量数字货币投资渠道,境外资本利用此前恐慌性杀跌获取的筹码再度大幅拉升数字货币价格,国内投资者跟风涌入再次诱发了市场风险。但是对头部交易平台,暂时不宜重拳出击绝不意味着听之任之,而是在内部沟通中提出严格的监管要求。例如,在我国运营的交易平台在KYC领域的门槛设置形同虚设,而境外合规交易平台的KYC要求极其严格,国内一般投资者根本无法满足,甚至机构投资者都难以在这些平台中交易,有关交易平台的监管政策还需进一步抓严抓实。

二是,严格中小交易平台监管执法。大量中小交易平台的运营方人数少且专业程度极低,不法分子将投资者的本金视为目标(民间称其为"杀猪盘"),涉及严重的违法犯罪行为。对这些交易平台的监管无须另立监管规则,当前的监管政策和刑事法律完全足以将其纳入监管范围。尽快梳理典型案例并打击猖獗的违法行为，也能够给头部交易平台敲响警钟。

三是，惩治违法行为与加强投资者教育。目前各类微信群、微博、知识星球等网络媒体渠道中，充斥着大量的提供数字货币交易信息、诱导投资者的行为。网络监管部门可以联合互联网服务提供商，摸排可能存在的非法行为，在把握行政手段比例原则的基础上要求其整改或者关停。部分观点认为，我国对数字货币的监管过于严格。从规范性文件的文字表述角度看，该观点有一定道理，但在具体实施层面上，我国的监管政策并不严格。美国将数字资产主要置于证券法律监管之下，在监管部门网站上多次发布有关不当宣传数字货币的言论、未经许可发行数字货币的处罚案例，而且处罚极其严格，对社会起到了良好的指引作用。反观我国，对数字货币、数字资产的权威理性分析有所不足。[①]

（三）加紧推进数字人民币的进一步发展

要进一步抓紧推动法定数字货币的发行，特别是在既有国内试点的基础上，有序探索法定数字货币跨境流动。要借鉴支付宝等第三方支付及银联的国际化经验，同时应对 Swift、Chips 等占垄断地位的发达国家跨境支付系统的影响，并应对 Libra 等私营数字货币的新挑战。完善法定数字货币跨境流动中的数据跨境流动、隐私保护、反洗钱反恐怖融资、国际收支申报等基本法律规范，加强与中国电子商务法、金融市场基础设施原则（PFMI）的衔接，将大数

---

① 杨东，马扬.天秤币（Libra）对我国数字货币监管的挑战及其应对［J］.探索与争鸣，2019（11）.

据、人工智能、区块链、生物识别等前沿技术引入监管。适时结合法定数字货币和我国第三方支付取得的既有优势，推动公私合营的数字货币参与全球数字货币竞争。

（四）形塑双维监管，以链治链规制数字货币有序发展

近年来，互联网、大数据、人工智能、区块链等科技驱动的金融创新，产生了大量本质上区别于商业银行、保险公司、证券交易所等传统金融机构的各类新模式。新模式内含技术风险、操作风险，甚至诱发系统性风险的可能，迫使监管者必须予以有力回应。然而，以审慎监管、功能监管、行为监管等为核心构建的传统监管体系和法规是建立在监管技术相对固定的基础之上而形成的最优监管体系和原则，无法有效应对去中介、去中心化的金融交易现状。在数字经济时代，金融的普惠性、流动性等特征应该为统筹城乡区域协同发展、促进基本公共服务均等化做出更大贡献。

因此，对数字货币的监管必须在审慎监管、行为监管等传统金融监管维度之外增加科技维度，形塑双维监管体系，从而更好地应对金融科技内含的风险及其引发的监管挑战。以区块链技术为依托的"以链治链"即"法链"，构建了内嵌型的、技术辅助型的解决政府与市场双重失灵并考虑技术自身特性的有机监管路径。监管者通过实时透明的共享账簿能够在结果恶化之前就识别并予以回应，甚至可以将合规机制直接内嵌于块链系统。

深化机构和行政体制改革……转变政府职能，深化简政放权，创新监管方式，增强政府公信力和执行力，建设人民满意的服务型政府，是推进法治政府建设的必然要求。其中"创新监管方式"的理念对新时期的政府提出了要求，要求构建以数字经济为代表，与

现代市场经济的频繁创新及演进相适应的监管工具、监管方式以及监管理论，科技驱动型监管（Regtech）之提出与该理念不谋而合。①

（五）落实共票理论，均衡数字货币治理秩序

"共票"理论，正是与以链治链相匹配的一套激励机制。在推动实现数字货币的数据联通方面，"共票"理论的优势主要有两点：实现数据价值发现，推动实现数据共享。"共票"可以与数据嵌合，某一段数据可以被单独标识，在不断使用、交换的循环中以单一匹配的"共票"作为定价工具在公开交易市场中实现价值发现的功能，进而锁定高价值特殊数据。在面对重大危机时，"共票"有助于精准、高效地识别关键数据，构建以数据为核心的信息处理、建模分析与预测的有效机制，从而改善政府部门决策信息汲取、归集机制。"共票"能赋予数据以价值，使其不再是一次性交易物，而是在不断分享中增值以回报初始贡献者。

在监管者各部门间，可以引入"共票"作为业务的考核凭据，推动数据在不同部门间的流动，构建监管相关部门之间的实时信息交换机制，在以数字货币为代表的金融风险重大事件中建立起能够有效获取真实、可靠信息的核心政府节点。

---

① 杨东.监管科技：金融科技的监管挑战与维度建构［J］.中国社会科学，2018（5）.

第八章

碳资产：元宇宙中数字资产其三

第八章 碳资产：元宇宙中数字资产其三

第一节
碳资产概述

一、碳资产背景

气候变化已经严重威胁到人类的生存空间，联合国政府间气候变化专门委员会（IPCC）的第六次评估报告（AR6）指出，工业革命后，大量化石燃料的使用，导致人类活动向大气排出过多的二氧化碳，对地球环境产生隐性的严重危害。全球平均温度上升已经超过1℃，美国国家海洋和大气管理局（NOAA）在夏威夷的莫纳罗亚气象观测站（Mauna Loa Observatory）于1958年开始记录二氧化碳水平，到2022年6月，大气中的二氧化碳浓度已经上升至421ppm（见图8-1）。数据显示，每年春天的碳排放量均创下新高。若要在21世纪末之前限制升温幅度，经济发展与能源使用需要彻底转型，而唯一可能的路径为"2050年温室气体净零排放"。

联合国过去一直尝试建立国际规模的碳市场，例如1997年的《京都议定书》，欧盟于2005年根据本协议建立了欧盟排放交易体系；以及2016年通过的《巴黎协定》，其鼓励碳市场形成自上而下的交易模式。根据这些协议，目前在全球四大洲有68个国家和地区已经采用或正在实施碳排放定价方法，其中包含37个碳税制度和31个碳排放交易制度，覆盖的碳排放量占全球排放量的23%，市场总价值为840亿美元。

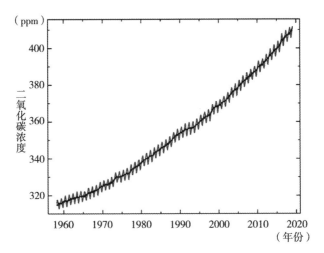

图 8-1　美国夏威夷莫纳罗亚气象观测站大气 CO_2 浓度变化图
资料来源：美国 NASA, https://climate.nasa.gov/news/2915/the-atmosphere-getting-a-handle-on-carbon-dioxide/。

二、碳资产定义

"碳资产"源于国际气候政策领域的两个国际公约——《联合国气候变化框架公约》和《京都议定书》。各国政府选择温室气体排放总量控制及配额交易政策（Cap-Trade Scheme）来应对气候变化，催生了一个以"碳排放权益"为交易标的的市场。1997 年《京都议定书》引入碳排放权交易机制后，碳资产逐渐在世界范围内兴起，尤其是欧盟碳市场分外引人注目。2003 年，欧盟通过第 2003/87/EC 号指令，决定设立欧盟碳排放权交易体系（EU Emission Trade System，简称 EU ETS），并将之作为实现其在《京都议定书》中减排承诺的手段。中国于 2013 年启动 7 个碳交易试

---

① 参见 The Atmosphere: Getting a Handle on Carbon Dioxide, https://climate.nasa.gov/news/2915/the-atmosphere-getting-a-handle-on-carbon-dioxide/，最后访问日期：2022 年 9 月 22 日。

第八章　碳资产：元宇宙中数字资产其三

点并于 2021 年 7 月正式启动全国碳排放交易市场，以电力行业作为首个适用的行业。

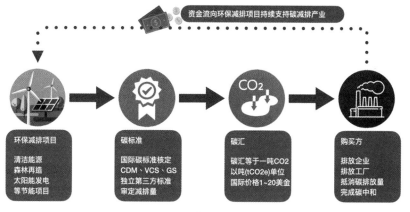

图 8-2　碳中和流程图

在此国际及国内碳交易制度下，碳交易的交易商品主要有以下三类。

• 碳配额（Allowance）：碳交易市场中针对控排企业设置的容许排放量。企业排放二氧化碳需要购买对应的排放许可，一个碳配额等于 1 吨二氧化碳排放量。

• 碳汇（Carbon Credit）：源于《京都议定书》的清洁发展机制（CDM），是针对减排项目设计的一种核定机制，用以计算减排项目的减排量，用于排放企业进行碳抵消和碳中和，一个碳汇等于 1 吨二氧化碳。国内外市场中普遍使用的碳标准为：CDM、VCS、GS、ACR、CAR 和 CCER 等。

• 绿证（REC）：REC 是一种可再生能源证书（Renewable Energy Certificate），代表该项目使用可再生能源，如风能、太阳能等能源产生电力，购买绿证的企业代表他们以可再生能源抵消电力的碳排放，每一张绿证代表了 1 兆瓦时（MWh）能源的环境属性。

国际绿证（I-REC）是全球主要的绿证标准。

碳资产的交易方式有集中交易和场外交易，不同交易市场还会有现货交易和远期交易，以及相关金融衍生品，如碳基金、碳抵押、碳保险、碳债券等金融商品。由此可见，碳金融呈现蓬勃发展之势。

三、碳资产和元宇宙

碳资产就其定义而言就有很强的数字资产属性，但由于交易体系的不同，碳资产的流通被限制在固有的系统内，并借由区块链技术成为一种原生的数字资产，利用区块链的技术特性提供更好的透明度和可追溯性。原生数字资产并不是指将一项现实生活中的物理产品映射到互联网或区块链世界之中，而是指一项产生、运行、交易乃至于消灭的全过程都发生在互联网上或区块链上的资产类型。原生数字资产能够更好地适配数字经济的运行模式，通过算法本身的开源、可靠性和链上治理机制，缓解需要特定的、强有力的第三方进行上链或数字化的监管，赋予气候行动一条更高效的技术路线。

目前来讲，组成碳资产的核证自愿减排量（CCER）和碳排放权配额都是由国家或国际组织作为监管方所发放的。现今的运行机制，尽管采用了相当程度的互联网数据传输技术，但是很大一部分工作仍然是在封闭式的系统或线下进行。采取这样路径并不是因为碳资产的发放只能在特定范围内进行，而是目前的制度框架和制度设计，没有完善地将互联网区块链体系纳入碳资产的运营架构之中。实际上，通过智能电表、大数据、卫星遥感等自动计算机制收集信息后，在区块链之上直接对相关信息采集、计算，再进行碳资产的生成、核证和确权，就可以使得碳资产成为一项完全在区块链之上、通过智能合约得以产生的资产，其交易、抵消和碳中和的过

第八章 碳资产：元宇宙中数字资产其三

程也可以通过区块链进行完整地记录。

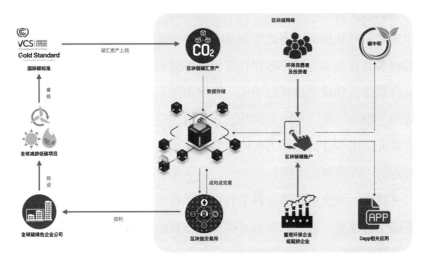

图 8-3 元宇宙碳资产

作为一项原生数字资产的碳资产，不仅有作为一项基础交易产品的潜力，在目前现存的应用和研究之中也体现出可能成为碳票的潜力。一项资产成为货币要求其具有高流通性和广泛的认同性，碳资产正在逐渐实现这种可能。目前，各国都在关注碳资产的交易问题，这样一项为各国所承认和认可的交易资产，具备广阔的发展前景和发展未来。在此意义下，我们可以考虑将碳资产作为一项可能在区块链上发放、运行的货币性资产。区块链之上已经有虚拟货币的货币类型在其体系内不断地运行，元宇宙中也存在以虚拟货币等为代表的相关交易媒介；而在碳资产的领域内部，碳票也可以基于目前以太坊的交易基础设施所提供的相对较为便利且易于获得承认的数字货币发行模式，提供未来碳票可能的制度框架和想象空间。

更进一步地说，碳资产不一定只能在物理空间之中存在。碳资产的运行和发展，可能同时关联于元宇宙的未来空间想象与空间体验。

首先,为了抹去元宇宙在现实留下的碳足迹,碳资产必须作为一个在元宇宙发展过程之中被不断强调的问题并予以重视。尽管元宇宙是一项在虚拟空间之中创造临场感和现实感的技术,但这并不意味着其在现实生活中不存在任何碳排放和相应的碳足迹。为了使这些碳排放和碳足迹得以消灭,元宇宙的企业在进行元宇宙发展运营的过程中,应当考虑如何抹去元宇宙在现实中留下的碳足迹,这要求元宇宙企业同样加入碳资产管理、运营、交易,成为实现双减目标的一项重要的主体。

其次,元宇宙作为一种拟真世界,可以引导现实世界的减排和低碳生活模式,通过元宇宙对碳资产交易的鼓励,能够使得碳资产交易获得更广泛认可和接受。

同时,应当明确,元宇宙不仅仅是意象或观念层面的构想,其伴随着大量的信息基础设施的革新和发展。元宇宙对信息基础设施的革新可以使我们在未来的发展过程之中,让碳资产的交易获得更快的交易速度和更好的信息基础设施服务,从而使得元宇宙给硬件设施带来的改变为碳资产领域的相关基础设施问题提供解决方案。

第二节
区块链－共票理论助力碳资产运营的机制分析

一、区块链－共票理论——碳市场问题的解决方案

(一) 碳资产市场的现存问题

如何在碳中和规划中提供准确的数据基础作为参数,是碳资产

交易市场的基础问题之一。

2020年12月，习近平总书记在气候雄心峰会上提出了四项重要指标，即到2030年，中国单位国内生产总值二氧化碳排放将比2005年下降65%以上，非化石能源占一次能源消费比重将达到25%左右，森林蓄积量将比2005年增加60亿立方米，风电、太阳能发电总装机容量将达到12亿千瓦以上。其中有两个涉及2005年的基础数据缺失。基础数据对减排任务如何分解、效绩考核以及碳市场的定价都至关重要，因此必须把数据基础做实。此外，夯实数字基础，搭建可计量、可核算、可定价、可评估、可激励的绿色治理制度和体系，是使各个部门积极行动、主动落实碳达峰与碳中和目标的关键因素。可适时借鉴和采用MRV（Measurement, Reporting, Verification，可度量、可报告、可核查）体系的一些做法，这些也是构建碳交易市场的核心要素之一。为此，国民经济中相当一部分行业和机构需要参与进来，尤其是高碳行业，如能源行业、交通行业等。对于碳捕获和碳汇，也需要给出相关参数，明确市场的配额余量及配额增量，推动实现碳交易价格合理、稳定、可预期的目标。[①]

然而，在碳资产交易市场领域，基于不同的数据处理和分析模型、测算方法，最终结论可能会有显著差异，且我国碳资产运营在发展中还存在着一系列问题，如市场环境支撑有待改善、碳资产市场统一的交易平台不够健全、碳资产产品创新能力有待提高、碳资产国际地位仍待提高等。基于以上现存问题，我们希望能够通过区块链的方式，以数字经济与智能技术的发展为碳资产机制带来强有力的创新动能。具体而言，基于区块链底层机制，引入共票理论，

---

① 周小川. 实现碳中和目标面临的若干问题和选项［J］. 当代金融家，2021（9）.

促进区块链基础技术逻辑与运行机制的有效且可持续化的运作与实现,使碳资产得以在区块链的架构下产生新的发展潜能与运作空间(见图8-4)。

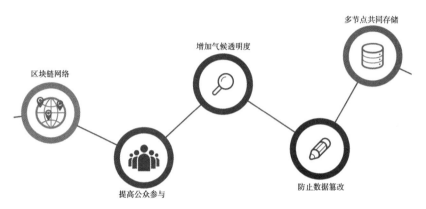

图8-4　引入区块链架构对碳资产运营的有益效果

(二)区块链的共票理论

区块链带来的更多的是理念上的创新,本质上是众筹理念的体现。区块链上所谓的"Token"是吸引系统外资源投入后给予的回报,这种回报通过区块链系统的运行实现价值。作为这种"回报"的所有者,系统参与人既是区块链系统的贡献者(投资者),也是区块链系统的使用者(消费者),同时还是基于民主参与的区块链系统的决策者(管理者)(见图8-5)。这种三位一体的特征充分实现了众筹的价值。众筹是基于前沿信息技术,实现支付清算、资金融通等协同管理功能,具有快速便捷、高效低成本的优势和场外、混同、涉众等特征,并打破资本垄断,实现消费者福利的创新型经济模式。其依托于高速发展的互联网信息技术,能在更广泛的范围内,方便快捷地将资金需求者与资金提供者联系起来,提供平等协同管理的机会,是具有开放、平等、共享、去中心化、去媒介等属性的新业态,能够促使金融回归本质,实现其本应具有的资金融通、资源配置的功能。①

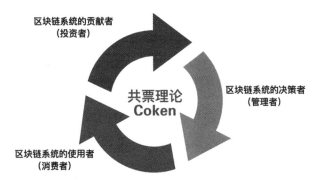

图 8-5 系统参与者角色三位一体

二、区块链 – 共票理论下的碳资产运行机制

传统的 Token 本身具有数据上链和链上运作的基本功能,而且可以具体分为数据上链的赋权、记账本、等价物、密钥以及链上运作的支付工具、付费工具、奖励与承诺的不同部分。而在这些不同部分中,尽管 Token 本身能够以不同的形式呈现在区块链的具体运作之中,但此时面临的问题是:如果缺乏一个真实有效的数据上传机制与可靠且可持续的数据治理机制,Token 的诸种用途最终只能成为一种空洞的表示,无法落到实处。换言之,如果 Token 这样一种模式需要落到实处,就必然需要具体的治理制度予以支持。

什么样的制度可以为这种区块链的内生问题提供有效的帮助?答案是,基于增长红利分享、流通消费和权益证明的"Coken"。Coken 更加强调 Token 中包含的共享众筹理念(Co-Token),从而

---

① 杨东. "共票":区块链治理新维度 [J]. 东方法学,2019 (3).

激励作为 Coken 持有人的区块链参与者，以更加积极的态度参与到区块链的运营过程中来，让区块链的使用者成为区块链的治理者，让区块链的治理者成为区块链的有效治理者。让治理真正落到实处，基于的是 Coken 的众筹分享理念所引领的奖励机制，以及对区块链未来发展愿景的积极承诺。

在这个意义上，我们可以说，Token 的不同用途可以被 Coken 具体落到实处。因为在 Coken 这样一种新的目标理论机制的引领下，Token 不再是一套空洞的脱离治理机制的运行机制，它同时具有了内生的、可持续发展的动力。Token 功能的真正实现，仰赖于 Coken 的价值。下面我们将具体讨论 Coken 如何使得碳金融的具体运作成为可能，以及 Coken 具体为碳资产提供了怎样的区块链运作模式。我们将具体从碳资产如何上链（区块链 - 共票化）的赋权、记账本、等价物、密钥角度与碳资产在链上如何运作的支付工具、付费工具、奖励、承诺角度展开分析。

图 8-6　共票理论的碳资产应用

第八章 碳资产：元宇宙中数字资产其三

（一）碳资产的区块链-共票化

1. 赋权

（1）定义碳资产交易产品

核证自愿减排量，是由核证的可再生能源与农林碳汇等减排项目上链组成。碳配额则根据链上记录的历史碳排放量按内置规则生成，公开透明。智能电表记录实际碳排放量，若在本轮市场中实际碳排放量小于企业拥有的碳排放权余额，则该企业可持有多余的碳排放权作为碳排放权交易的卖方进入市场；若本轮市场中实际的碳排放量大于企业持有的碳排放权余额，则该企业作为碳排放权交易的买方进入市场。①

图 8-7 碳资产的种类

---

① 冯昌森，谢方锐，文福拴，张有兵，胡嘉骅. 基于智能合约的绿证和碳联合交易市场的设计与实现［J］. 电力系统自动化，2021，45（23）：1-11.

265

(2) 设计共票理论下区块链的运行机制

对个人用户而言,能够掌握数据所有权、使用权、支配权和收益权便代表其掌握了全部的数据主权。通过技术赋权来保障用户在数据交易市场中的数据所有权、使用权、支配权和收益权,进而在保障用户数据安全的基础上激励用户分享数据,充分激发数据的价值和活力,是区块链机制设计时应当考量的重点因素。[①]

如何能够让机制成为保障各方参与者利益的一项机制?在比特币等常见的区块链系统中,所有用户均对账本具有查看权,但区块链的写入权是由共识算法所规制的。[②]交易结算采用集体维护的共识机制,让每个参与方皆可直接或间接地参与交易的确认过程,才能实现交易过程和交易结果的透明化与公开化。[③]

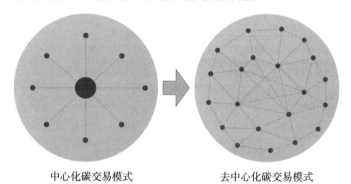

中心化碳交易模式　　　去中心化碳交易模式

图8-8　去中心化与中心化碳交易比较

在此意义上,新兴起的PoS(Proof-of-Stake)共识机制及其变

---

① 周茂君,潘宁.赋权与重构:区块链技术对数据孤岛的破解[J].新闻与传播评论,2018(5).
② 张亮,刘百祥,张如意,江斌鑫,刘一江.区块链技术综述[J].计算机工程,2019(5).
③ 王胜寒,郭创新,冯斌,张浩,杜振东.区块链技术在电力系统中的应用:前景与思路[J].电力系统自动化,2020(11).

第八章 碳资产：元宇宙中数字资产其三

体成为优先选择。PoS 算法由系统中具有最高权益而非最高算力的节点获得记账权，其中权益体现为节点对系统虚拟资源的所有权。PoS 共识算法中的权益一般指用户在区块链上的虚拟资源，常用持有 Token 数量或持有 Token 时间来衡量。根据用户持有权益的大小决定该用户"挖矿"的难度，权益越高，"挖矿"的难度就越低。通过权益的大小来决定记账权可以有效避免资源浪费，进而缩短出块时间和交易的处理时间。[①]DPoS（Delegated Proof-of-Stake）共识算法的基本思路类似于"董事会决策"，即系统中每个节点可以将其持有的股份权益作为选票授予一个代表，希望参与记账并且获得票数最多的前 N 个代表节点将进入"董事会"，按照既定的时间表轮流对交易进行打包结算并且生产新区块。[②]此外，还有 NPoS（Nominated Proof-of-Stake）机制等。但 NPoS 与 DPoS 等此类机制的核心，都在于提前通过投票的方式确定具有区块链写入权的主体。在此意义上，Token 可以作为投票的权益凭证，使区块链参与方能够通过投票确定写入权的归属。

但是，多种类 Coken 的发行或许可以带来更多的机制空间。换言之，不仅仅有买卖各方，同时还可以引入监管方。监管方所持有的 Coken 具备更高的接入查看信息与执行必要操作的权限，由此形成不同的节点与权限。

考虑到碳交易模式中的多元主体利益衡量，将多方主体以不同的层次、不同的权限接入区块链，是有必要的（见图 8-9）。

[①] 张亮,刘百祥,张如意,江斌鑫,刘一江.区块链技术综述［J］.计算机工程,2019（5）.
[②] Larime D. Delegated Proof-of-stake（DPoS）. http://bitsharestalk.org /index.php?topic=4009.60.

元宇宙与数字资产

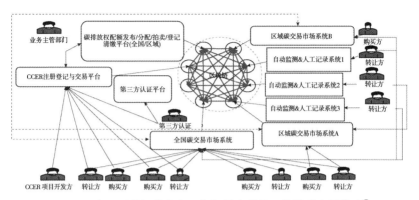

图 8-9 主要利益相关者和业务场景合成的区块链碳交易模式①

这种将基于不同 Coken 所赋予的不同权限的多元主体连接到同一链上来，进行综合激励与治理的方式，在雄安新区的规划中已得到了初步的考察。在"千年秀林"项目中，通过搭建碳普惠交易平台，秀林碳汇和碳普惠的业务具备了向政府、企业和个人等多元参与主体方向延伸的技术支撑（见图 8-10）。②

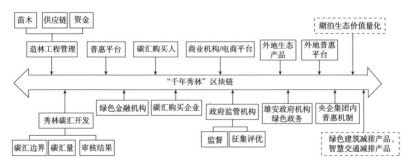

图 8-10 区块链技术在"千年秀林"项目中的应用③

---

① 周莉，张生平，侯方淼，张伦萍. 基于区块链技术的碳交易模式构建［J］. 中国水土保持科学，2020（3）.
② 管志贵，田学斌，孔佑花. 基于区块链技术的雄安新区生态价值实现路径研究［J］. 河北经贸大学学报，2019（3）.
③ 管志贵，田学斌，孔佑花. 基于区块链技术的雄安新区生态价值实现路径研究［J］. 河北经贸大学学报，2019（3）.

268

2. 记账本

区块链究其本质是一种开放的分布式账本,能够以可验证和永久的方式有效地记录双方之间的交易。① 在区块链技术介入下,新型的"数据账本"将逐渐打破传统的以各大运营商服务器为中心的数据存储和割据状态,促进"冻结"的数据在统一分布式数据平台上进行充分流动,进而弱化渠道价值,激活数据流通。② 区块链可以在去中心化系统中自发地产生信用,能够建立无中心机构信用背书的金融市场,在很大程度上实现了"金融脱媒",对第三方支付、资金托管等存在中介机构的商业模式来说是颠覆性的变革。③ 当然,分布式记账技术依靠节点的共同参与来维护交易信息,不再依靠中心化机构的权威性来取得信任。区块链金融一旦实现,势必对现今的政府(或其授权的)管理部门的地位以及现行法规构成挑战。④

在以区块链为底层技术的开放式数据库中,所有的信息主体、信息需求方、信息提供方及监管方都作为一个节点接入公共总账本链,监管方主要负责审核运行标准、监督各节点遵守规则、处理各类投诉,保障整个平台运行的合法良好氛围。所有的交易信息都以加密的方式加载到区块链上。⑤ 各项信息都可以以 Coken 为单位,将交易流程记录到区块链系统之中。

3. 等价物

在能源领域,数字代币的发行可以促进可再生能源发展、激励

---

① M. Iansiti, K. R. Lakhani. The Truth About Blockchain. Harvard Business Review. 2017: 4.
② 周茂君,潘宁. 赋权与重构:区块链技术对数据孤岛的破解[J]. 新闻与传播评论,2018(5).
③ 袁勇,王飞跃. 区块链技术发展现状与展望[J]. 自动化学报,2016(2).
④ 崔志伟. 区块链金融:创新、风险及其法律规制[J]. 东方法学,2019(3).
⑤ 王懋雄. 基于碳足迹的绿色金融发展路径探索[J]. 西南金融,2018(12).

绿色能源投资,发挥市场导向性作用。① 关于此,已经有过一系列的研究与实践。

譬如,在比特币协议的基础上,通过设定输入脚本中的序列号生成彩色币作为电能交易的数字证明,可以完成电能资产的数字化。②

此外,在比特币的基础框架之外,基于以太坊或其他区块链机制,也可以发行不同的数字资产作为区块链交易中的等价物,例如用于实现可再生能源交易的数字货币——NRG 币③、由 Solar Change 发行的用于奖励光伏发电以实现全球能源结构的绿色低碳转型的太阳币(Solar Coin)。④ 研究者认为,能源币基于对用户的激励,以指导用户行为、节约聚合商成本,并且可以存在与法定货币进行兑换的空间。⑤

基于区块链所发行的 Coken,可以作为在区块链系统中发行的等价物。如果仅在项目系统内使用以购买项目系统本身提供的服务、产品或其他,可理解为项目系统内的"代币";如果在项目系

---

① 周洪益,钱苇航,柏晶晶,卫志农,孙国强,臧海祥.能源区块链的典型应用场景分析及项目实践[J].电力建设,2020(2).

② 王健,周念成,王强钢,王鹏.基于区块链和连续双向拍卖机制的微电网交易模式及策略[J].中国电机工程学报,2018(13).

③ Mihaylov, M., Jurado, S., & Avellana N.(2014). Virtual currency for trading of renewable energy in smart grids. In 11th International Conference of European Energy Market (EEM). Mihaylov M., Jurado, S., & Van Moffae R. K, et al.(2014)NRG-X-change: A novel mechanism for trading of renewable energy in smart grids. In Proceedings of the 3rd International Conference on Smart Grids and Green IT Systems.

④ Solar Coin, https://solarcoin.org/,最后访问日期:2022 年 1 月 13 日。

⑤ Zhang, T., Pota, H., Chu, C. C., & Gadh, R.(2018). Real-time renewable energy incentive system for electric vehicles using prioritization and cryptocurrency. Applied Energy, 226, 582–594.

统外亦可使用，这个意义上可以将其理解为私人发行的数字货币，其价值取决于社会共识程度。①Coken可以作为一个便利区块链系统内部结算交易的代币，在系统内作为支付工具购买碳资产，或用于支付维持区块链系统服务的费用。

当然，Coken也存在直接作为碳货币的潜力。在此意义上，可以将Coken的发行锚定于总量控制下的碳排放配额和基于基线而产生的核证自愿减排量，将可交易的碳资产以Coken的形式记录在区块链之中，通过Coken的交易直接进行碳资产的交易。Coken也可以逐渐从区块链系统内部的交易单位，转化为一种可对外交易的、锚定于碳资产的数字货币。

4. 密钥

区块链平台整体上可划分为数据层、网络层、共识层、智能合约层和应用层5个层次（见图8-11）。数据层采用合适的数据结构和数据库对交易、区块进行组织和存储管理；网络层采用P2P协议完成节点间交易、区块数据的传输；共识层采用算法和激励机制，支持容错和解决分布式一致性问题；智能合约层通过构建合适的智能合约编译和运行服务框架，使开发者能够发起交易及创建、存储和调用合约；应用层提供用户可编程接口，允许用户自定义、发起和执行合约。②

---

① 杨东."共票"：区块链治理新维度［J］.东方法学，2019（3）.
② 张亮，刘百祥，张如意，江斌鑫，刘一江.区块链技术综述［J］.计算机工程，2019（5）：2.

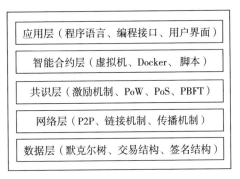

图 8-11 区块链平台的层次[1]

其中,具体的不同场景的应用,是在应用层获得实现的。换而言之,不同的区块链参与者,是通过应用层的 API 接口进入应用层,完成其所想要实现的买卖操作或监管行为,从而实现区块链碳交易的具体运作(见图 8-12)。

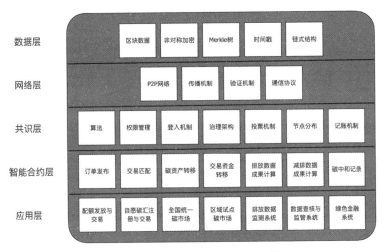

图 8-12 基于区块链技术的碳交易模式

---

[1] 张亮,刘百祥,张如意,江斌鑫,刘一江.区块链技术综述[J].计算机工程,2019(5):2.

（二）碳资产的区块链 – 共票运作

1. 支付工具

Coken作为支付工具，可以与智能合约结合，在智能合约中写入交易模式，让碳金融区块链交易直接通过产消者的报价进行自动撮合并认证交易。

智能合约有许多非形式化的定义，尼克·萨博（Nick Szabo）创造性地提出：智能合约就是执行合约条款的可计算交易协议。[①] 利用区块链自动化智能合约和可编程的特点，能够极大地降低成本和提高效率，避免烦琐的中心化清算交割过程，实现方便快捷的金融产品交易。[②] 区块链有助于实现能源交易市场的自动化业务处理。通过智能合约自动执行能源市场的交易过程及其他能源业务，根据能源实时供需关系生成实时能源价格，交易完成后自动触发能源传输和控制，实现全网能源调度平衡。[③]

智能合约的实现，本质上是通过赋予对象（如资产、市场、系统、行为等）数字特性，即将对象程序化并部署在区块链上，成为全网共享的资源；再通过外部事件触发合约的自动生成与执行，进而改变区块链网络中数字对象的状态（如分配、转移）和数值。智能合约可以实现主动或被动地接受、存储、执行和发送数据，以及

[①] Szabo N.（2006）. Smart Contracts. https://www.fon.hum.uva.nl/rob/Courses/InformationInSpeech/CDROM/Literature/LOTwinterschool2006/szabo.best.vwh.net/smart.contracts.html.

[②] 袁勇，王飞跃.区块链技术发展现状与展望［J］.自动化学报，2016（4）.

[③] 陈晓红，胡东滨，曹文治，梁伟，徐雪松，唐湘博，汪阳洁.数字技术助推我国能源行业碳中和目标实现的路径探析［J］.中国科学院院刊，2021（9）.

调用智能合约,以此实现控制和管理链上的数字对象。①

根据市场交易机制与竞价机制,市场监管者部署智能合约到区块链网络中作为绿证与碳排放权公共智能合约来使用。代码中用"If Then"和"What If"语句预置了合约条款的相应触发场景和响应规则,智能合约经多方共同协定、各自签署后随用户发起的交易提交,经P2P网络传播、矿工验证后存储在区块链特定区块中,用户得到返回的合约地址及合约接口等信息后即可通过发起交易来调用合约。矿工受系统预设的激励机制激励,将贡献自身算力来验证交易,矿工收到合约创建或调用交易后,在本地沙箱执行环境(如以太坊虚拟机)中创建合约或执行合约代码,合约代码根据可信外部数据源(也称为预言机,Oracles)和世界状态的检查信息自动判断当前所处场景是否满足合约触发条件,以严格执行响应规则并更新世界状态。交易验证有效后被打包进新的数据区块,新区块经共识算法认证后链接到区块链主链,所有更新生效。②

2. 付费工具

区块链系统从搭建到运营都需要持续投入各种各样的资源。一个健康的区块链系统的运作,应当是至少能够支撑其自身运作所需要支付的费用;而这样一个系统所依赖的运作费用,可以通过其使用者来获得。在此意义上,区块链系统的健康运行不仅需要区块链社区本身持之以恒地进行数据维护,同时还需要区块链服务的使用者向区块链的搭建方、运营方提供必要的费用。尽管区块链是一个

---

① 贺海武,延安,陈泽华.基于区块链的智能合约技术与应用综述[J].计算机研究与发展,2018(1).
② 欧阳丽炜,王帅,袁勇,倪晓春,王飞跃.智能合约:架构及进展[J].自动化学报,2019(3).

第八章 碳资产：元宇宙中数字资产其三

去中心化的机制，但其运营仍然会产生各种各样的费用。尤其是在PoS机制等新共识算法所带来的具有一定中心化特质的机制下，这些常设机制在维护区块链社区健康运行的时候，可能会为区块链系统带来更为固定化的成本投入。

在此意义上，Coken作为区块链社区内部的交易工具，不仅仅可以作为购买碳资产的代价，同时也可以用于支付提供服务的服务方，使区块链的整体服务得以持续维持。由此，一方面，区块链服务的使用者能够持续享受到区块链系统所提供的服务，包括碳汇信息真实性的审核与验证、交易确定之后的智能合约认证机制与交易信息打包上链以及智能合约的持续维护。另一方面，对作为区块链管理委员会或其他相关的管理机制，比如碳汇资产审查委员会等监管机制与维护机制的提供方而言，通过在区块链上向他人提供服务而获取Coken，也能够使其成为一个稳定、健康且可持续发展的运行机制。

3. 奖励

奖励产消者的交易：在企业交易的同时，可以通过区块链技术，根据交易量的大小对交易双方进行补贴，这种补贴可以因地制宜地将政府的直接补贴转变为政府补贴加市场交易的有效组合，推动绿色转型，这样不仅可以鼓励企业投身碳金融市场，还有利于我国相关补贴机制的构建。[①]

奖励产消者完成减排行为：当供应链采用区块链技术时，消费者能准确得知低碳产品的碳排放信息，并由此激发消费者对产品的信任，进而影响社会福利、碳减排率和低碳产品产量。在对经济运

---

① 冀宣齐.基于区块链技术的碳金融市场发展模式初探［J］.价值工程，2019（7）.

行状况作整体测算的基础上,政府还能通过技术或产量补贴获得更高的社会福利、碳减排率且更能促进企业减排。[①]

奖励验证节点的打包行为:验证节点负责执行各种区块产生操作,例如交易打包、交易验证、交易记账、区块打包与区块验证。成功产生区块的验证节点将获得 Coken 奖励,这种节点产块的奖励是可能设有上限的增发 Coken,而不是由交易方向产块节点进行支付的。

4. 承诺

伴随着区块链技术的逐渐发展,区块链系统可能会呈现出越来越广的运用前景和越来越大的应用市场。

一方面,作为一种等价物可以进行市场交易的 Coken,其价值可以被进一步发现。Coken 本身可以作为一种等价物,随着其不断的交易,交易的认可度得到逐步提升,其不仅仅能够在区块链系统内部作为碳汇交易与服务提供的代价,同时也可以在一定程度上具有公共性,成为与碳资产深度关联的、可以对外进行交易的基础交易产品。由此,Coken 本身就可以进行进一步的金融设计与金融运作,被包装成不同的金融产品投入市场与市场流通之中,获得更为广阔的应用。持有 Coken 的人,不仅可以在碳资产区块链上享受到碳汇资产所带来的交易收益,同时也可以通过这种与碳汇资产挂钩的交易资产的金融包装与金融运作获取利益。

另一方面,作为权益凭证与分配机制的 Coken,可以充分分享区块链系统的未来价值。Coken 不仅仅是作为一种等价物而存在的,它同时还具有基于赋权的区块链治理凭证与权益凭证的多种含义。

---

① 张令荣,彭博,程春琪.基于区块链技术的低碳供应链政府补贴策略研究[J].中国管理科学(录用定稿,网络首发,暂未刊发)。

在此意义上，它不仅仅是一个可以进行金融化的获取金融利益的等价物，同时也是一项可以让使用者积极参与区块链治理、有权参与区块链治理过程的重要工具。

区块链碳资产本身的发展可以让基于区块链所进行的碳交易的可担保性与可靠性得到进一步确认，从而吸引更多的交易在区块链上进行，由此形成对区块链碳资产体系的社会信任的良性循环，便于区块链之上的碳资产与Coken形成依附于交易手段的增值可能。更直接地说，一个流动性更强、信誉表现更好的资产，更有可能获得相对于一般产品的溢价。

如果区块链系统本身在碳资产交易的过程中能够得到长足发展，逐渐成为世界碳汇交易的一个重要阵地，那么在此意义上，谁能够决定具体的验证节点由谁来控制，将成为一个日益重要的问题。作为验证节点产生的投票权的凭证，Coken的价值就不仅仅是金融价值，同时也是区块链社区内部信任的标准。

（三）共票对区块链碳资产的机制升华

在本节的起始部分，我们已经讨论了Token。作为Token的一种改造机制，Coken能够有效地支撑区块链碳资产的可持续发展运行。在此部分我们将进一步强调Coken所具有的特殊功能。通过对Coken特性的进一步强调，我们可以发现这种运作机制的合理性和可发展性。

1.Coken的增长红利分享功能与特性

首先，Coken运作的基本特性之一是增长红利分享。此项尤其突出地体现在作为承诺的Coken和作为奖励的Coken方面。作为承诺的Coken，一方面向Coken的持有者承诺金融价值的增长；另一方面，基于投票权设计的共识算法机制，使得作为投票权权益凭证的 Coken 能够在系统进一步发展的未来，充分实现其作为区块链治理基础机制的重要性。

在这个意义上，Coken 不仅是一个受认可的基础产品，用于后续资产的进一步打包、运作和金融流通，同时，它也可以作为区块链持续有效治理的重要抓手。在区块链治理的过程中，一方面，Coken 将决定谁是具有更高权限的验证节点，谁能够对区块链的具体运行掌握更大的话语权和规则制定权；另一方面，拥有更多 Coken 的一方同时也可以更进一步地分享区块链治理的远景。

由此，作为 Coken 持有人的一方，不仅仅是作为区块链碳资产运作的参与者，同时可以努力成为区块链碳资产的规则制定者与标准提供方。中国需要向世界提出中国方案。然而，在这之前，中国需要获得足够的话语权，使得中国智慧、中国方案能够得到世界的有效承认。区块链 Coken 机制为这样的一种预想提供了一个可靠的机制性出口：中国所提供的碳资产运作发展远景，可以在区块链机制中得到共识算法的承认，进而成为区块链信任下的共识，进入智能合约与区块链碳资产运作的具体治理活动之中。

此外，作为奖励的 Coken 也可以将区块链资产系统中的持续增长不断分享给区块链资产的积极参与者。

作为积极参与区块链治理活动的验证节点，其打包行为可以得到区块链系统的充分认证并给予 Coken 奖励；通过 Coken 的增发对完成了打包的验证节点进行奖励，可以使其算力消耗得到有效补偿，以激励其进一步有效、可靠、持续地进行数据打包。

对于在区块链碳资产运营系统上进行碳中和活动的主体，我们也应该提供必要的帮助。一方面，这样的奖励机制能够激励各方更加积极主动地使用区块链进行碳资产交易，从而达到碳中和的长期愿景；另一方面，我们也可以将对减排本身的奖励机制嵌入智能合约之中，使得对减排行为的奖励与减排交易、减排数据认证直接挂钩，使得区块链碳资产不仅仅是一个僵化的交易机制，同时也包含着弹性的、流动的、对每时每刻发生的减排行为的持续监控与奖励。

在这个意义上，区块链碳资产体系不仅是一个交换碳排放权的体系，同时也是一个激励自愿减排量的更多创造的体系。这不仅仅是一个单纯进行资源交换以获取金融支持的体系，也是一个引领企业和大众更多地进行自愿减排，实现低碳生产、低碳生活的有效的激励机制。由此，Coken 分享的不仅仅是区块链系统内部的增长红利，同时也是整个社会在智能技术引领下向未来低碳生活更好发展的增长红利。

2.Coken 的流通消费功能与特性

基于 Coken 的流通消费职能，我们也可以发现，Coken 作为一种支付工具，同样能够加速资源在区块链系统内部的有效配置。市场是资源配置的有效手段，但是如何能够使得市场在资源配置的过程中充分发挥其效力，且尽量避免产生无效竞争或者信息不对称等诸多不利情况，是一个需要解决的难题。

区块链本身可搭载的智能合约机制，能够使交易双方将交易的重点放在交易机制本身，降低交易成本，避免双方因为对实际交付可能性的担忧而影响交易。智能合约本身就是合约触发机制与合约履行机制之间的一个计算机程序性的有机结合，通过程序运行完成合约的执行，从而避免不必要的纠葛。

由此，再引入 Coken 作为支付工具，可以更进一步地在区块链系统内部形成更加便利的智能合约交割体系，使区块链的智能合约能够具体地落到实处，让区块链基于智能合约所形成的流通消费支付功能更具体地被应用。更直接地说，一个内生于区块链系统的Coken机制，对智能合约的应用更加适配，更加便利，更加便于智能合约直接调用系统中的资源完成交付，从而避免不必要的争端，并充分发挥智能合约所具有的便捷性与可靠性的特征。

3.Coken的权益证明功能与特性

以等价物形式出现的Coken，在我国目前的虚拟货币监管体系中存在具体应用中的困难。但是，作为权益证明的Coken，至少可以基于投票权的共识算法机制，得到具体实施。正如之前所论述的，一方面，Coken可以与具体的碳资产进行勾连，在具体的交易过程中能够与具体的碳排放权交易形成更加深度的联合；另一方面，基于NPoS算法等投票权意义上的区块链共识算法机制，能够有效地发挥Coken作为投票权权益凭证的功能，使Coken能充分地被运用到区块链的治理过程中来。Coken就是人们对区块链不同节点信任程度的选票，这样的一种民主机制能够使区块链的治理更加吸引参与者的参与。它不仅能让区块链上的参与者更加积极主动地参与活动，同时也能吸引之前没有在区块链系统上进行碳资产的主体，更加积极主动地参与到这个公开、透明的数字经济碳资产交易系统之中来，从而使得技术的发展能够充分地运用于生活，并改造生活。

4.Coken-共票引领多元主体的区块链碳资产体系的参与及治理

基于Coken对传统区块链机制的改造，我们可以更进一步发现，传统的碳金融运行机制在区块链共享理论的改造下也出现了新

第八章　碳资产：元宇宙中数字资产其三

的发展。

此前，我们所传统构想的碳资产运营监管模式，监管的重点更多地放在不同的主体身上。譬如，要监管作为参与者的碳资产提供方，还要监管作为消费者的碳中和需求方；在此之外，其实可能还需要关注作为交易所的碳资产交易中介服务提供方。这种监管本身更加分散，相对而言也更加孤立。

区块链机制提供了一种新的可能，即在链上实现多功能的统合。一方面，区块链以其分布式记账和不可篡改的性质，可以实现碳金融全生命周期的融贯性监管；另一方面，区块链同时也可以基于多权限节点的共识算法承认，使得不同主体的多元参与成为可能，并构成治理的基础框架。在这个意义上，我们可以进一步发现，基于共票理论改造后的区块链能够充分发挥其"以链治链"的特性，在链上进行治理。一方面，多元的监管主体、产消主体、服务主体通过分享不同的权限，在区块链上各司其职地进行运作，实现区块链整体的"以链治链"的目标；另一方面，我们希望实现依法治理，通过一套行之有效的规则，实现区块链金融的有效运行和监管。

此外，我们也希望这套机制能够与区块链基础架构进行充分的融合，使得区块链机制具备内生的、向好发展的动能。在这个意义上，Coken 的增长红利分享、流通消费和权益凭证的特殊特性，能够为这种动能提供必要的分配正义机制。

资源的分配不是一蹴而就的，区块链碳资产机制的发展也需要一个持续的发展空间。但在这个过程中，一个基于众筹理论、鼓励多元参与、支持积极可持续发展的共票机制，能够为区块链碳资产运营提供更为有效的内生动能。一方面，区块链碳资产的未来是可持续的，因为这样的一种机制能够满足目前多元主体共同参与监管运营的需求；同时也能够将数字经济与技术智能技术发展的成果，与碳中和的未来生活发展愿景进行有机结合。另一方面，这又可以成为新的中国方案、中国标准，从而为世界提供世界性问题的中国思考。

全球生态治理不仅是中国的问题，也是世界的问题。全球生态治理不仅仅需要中国的参与，也需要世界的参与。区块链这样一种超越国界、以网络相连的形式，能够有效地超越传统意义上国境的限制，努力将碳中和的愿景与全球相分享。同时，基于共票理论的改造，这样一种与全球相分享的生态愿景能够以更切实际的、更积极的姿态吸引更多主体的参与，从而使得区块链碳资产未来发展成为一个更具有活力和潜力的碳资产运营平台。

第三节
共票理论助力碳资产交易：案例分析

一、区块链–共票理论解决碳资产问题之技术原理的案例分析

区块链有两大技术形式，分布式记账和智能合约。这在碳资产项目中同样有用武之地。在这一部分，我们将重点介绍区块链技术应用于碳资产项目中去解决供应链问题时其所发挥的作用。首先，我们将介绍在物联网中，两项技术发挥作用的原理。其次，我们将结合具体案例，分析减碳项目中如何利用相关技术，优化透明和信任问题，以提高碳资产项目的价值和可信度。最后，我们将回归区块链技术的共票思想本质，结合"以链治链"来做一个小的总结。

第八章 碳资产：元宇宙中数字资产其三

在物联网中，某一产品单元生产完成后，可以生成该产品的关键信息，比如生产设备加工该产品时采用的工艺数据，测试设备对该产品进行质检后得到的量测数据，这些数据可以被记录、被打包。随后该产品单元会经过物流系统流转到下一个地点，借助物联网，可以获得产品在运输过程中的关键信息。而在区块链网络中，每一个区块的数据结构，包括时间戳、消息、前一个区块的哈希值等数据。假设区块链技术应用于物联网中的每一环节，类似于生成或运输，其中数据都被区块节点发布，实现的效果即是"无法二次修改"，进而实现了供应链端到端的全程监控，解决商品质量溯源、安全监管等问题。在这个可追溯的效果中，我们同时实现了真实、透明。由于区块链每一步上传的信息都可以对应到不同环节、不同厂家，减少了较长供应链中的推诿、扯皮现象。但需要注意的是，"无法二次修改"并非绝对真实。但某种程度上，明确的责任划分也可以形成倒逼的效果，责任倒逼提升了企业的作假成本，进而提高了可信度。此处运用的技术就是分布式记账，即供应链上所有企业都能得到一份共享且完全相同的账本数据。

智能合约在标准化系统下能够实现监测、报告反馈和验证的治理效果。智能合约，可以被理解为区块链网络上的法律合同，通过标准化智能法律代码形成一套合同模板，只要加入要素条件就能自动执行合同。最典型的案例是以 Kaiote 为代表的，以区块链技术管理用水及其计费的物联网项目。[①] 通过该案例，我们可以发现，应用区块链技术，即分布式记账，可以优化碳资产项目中存在的既有问题。

---

① Climate Ledger Initiative.（2018）CLI Navigating Blockchain and Climate Action, p.49.

肯尼亚的水务设施每年因非收入水（NRW）而遭受重大收入损失，其原因在于给出的水和收到的水差距巨大，而水务设施的收入只来自收到的水。这些损失被分类为网状网络内的泄漏和公用事业水库的溢流造成的物理损失，或因仪表故障、各种形式的偷水、数据处理错误和未计费的授权消费而带来的商业损失。基于此，水务部门决定将部分损失转移给消费者由消费者承担，这遭到了消费者的强烈抗议——消费者显然是不相信中心化平台所谓的需要由消费者承担其损失的说辞的。

对此，物联网公司 Kaiote 给出了解决办法：Kaiote 开发了一套由连接到物联网的智能电表和区块链辅助在线平台组成，来管理用水数据、水务设施和移动支付等服务的系统。相当于用分布式记账的方式来监控用水情况，确保消费者可以跟踪自己的数据，并根据智能电表收集的数据准确计费，增加信任度。水务部门只能依赖区块链分类账中的数据，而不是在计费时进行估计、靠人工来确认，并将确保计费信息和支付不被篡改以减少欺诈。智能手机应用程序将允许消费者监控自己的用水。

Kaiote 目前正处于推出该水管理项目的第一阶段——为期三个月的试点，初始阶段将推出 2 050 个住宅智能电表。后期该项目将扩大规模，以将区块链应用纳入该公用事业和其他公用事业。目前的试点公用事业运营了 20 000 多个活动电表。

联合利华也正在开发一个跟踪和奖励可持续农业实践的系统。有关农产品的信息，包括质量、可持续性指标和价格，都存储在区块链上，然后由银行等参与者进行评估，银行可以以优惠条件奖励农民。Bext360 和 Moyee 咖啡这两个平台基于区块链技术提供的商品具备可追溯性和可量化的特征，Bext 率先推出了首款区块链可追

第八章 碳资产：元宇宙中数字资产其三

溯咖啡，Moyee 则是世界第一家 fair-chain 公司，允许顾客在享用咖啡时直接给农民小费。在我国，京东与蒙牛合作通过区块链追溯乳制品全流程，利用区块链和物联网技术解决溯源信息的真实性问题，涉及跨境商品、原产地真品、产业溯源和食品监管等溯源方案。[①]

因此，利用分布式记账技术提高信息在透明、可追溯前提下的可信度，是区块链在碳资产项目供应链中发挥的作用之一。例如在 Lightning Technologies[②] 开发的一个食物托盘中，加入了蓝牙跟踪系统，能够采集重量、大小、原材料、表面涂层的安全性等相关数据。当这些数据指向的产品指标开始超出一个规定设置的标准时，会自动向责任方发送消息，进行产品的更新利用。[③] 这种对数据提前设置标准、直接采集、达到标准自动发送信号的规定动作及实时监控的装置或系统，对产品的更换以及未来研发是意义重大的。

以上案例与共票理论相结合，我们可以看到，物联网采集信息，区块链分布式储存并记录信息，智能合约处理信息，物联网反馈信息就形成了一个正向的闭环。其中，智能合约处理信息的结果可以作为共票的权益证明，物联网反馈信息就是共票的奖励支付，而前期分布式储存为共票的可信度背书，增强了共票的实用性。同时，这也符合笔者提出的"以链治链"思想。智能合约就是借助以链治链思想，在区块链技术下实现对区块链应用行业的监管。因为

[①] Climate Ledger Initiative.（2018）. CLI Navigating Blockchain and Climate Action, p. 77.
[②] Lightning Technologies 是一家加拿大科技公司，总裁为里奇·麦克唐纳（Rich MacDonald），目前正致力于开发下一代数字 MRV 方法，该方法规定了额外数字技术、数据系统和分析的要求，以支持更具成本效益的分辨能力和可信任保证。
[③] Climate Ledger Initiative.（2019）. CLI Navigating Blockchain and Climate Action, p. 69.

规则可以规定技术的标准、归属和技术风险的规避等，但对技术的运作本身却难以干涉。适度有效地监管区块链不仅需要规则供给，还需打破传统的监管路径依赖，采取智能合约等新型方式，将交易规范内嵌入区块链技术之中，从而使交易规范的执行通过代码实现，减少人为干预。

二、区块链－共票理论在碳资产领域的具体展开

区块链－共票理论在碳资产领域的展开紧密围绕着 Web 3 的场景布局，其应用范围极其广泛，各场景协同补充将构成一个完整的资产流通系统，包含场外主体联动机制、场内资产上链及流通、场内外资产互兑等。该领域是数字经济与生态经济深度融合发展的前沿典范，其实践将广泛促进生态资源的资产化，防止数字经济脱实向虚，为现代金融提供有益补充和无限可能，并助力实现全球范围内的双碳目标。

以 Klima DAO 项目为例，项目基于 DeFi 的金融模式，构建起生态资源的应用体系。首先进行碳资产上链（见图 8-13），设定数字货币购买的支付方式，以便于资产的流通支付，并促进系统上资源配置的优化。再通过金融获益模式，吸引系统外部参与并贡献于内部系统。其一是质押，当用户通过 Klima DAO 质押 KLIMA 以产生回报时，用户会获得收益。其二是债权，用户通过其"绑定"机制获得 KLIMA，即将 BCT 等其他池内代币存入 Klima DAO 的国库以换取折扣 KLIMA。每种债券都有自己的贴现率，具体取决于财政部对此类资产的需求。

第八章　碳资产：元宇宙中数字资产其三

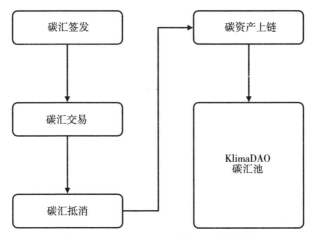

图 8-13　KlimaDAO 碳资产上链流程

（一）主体倡议类联动平台——Climate Chain Coalition

在 2017 年 12 月 12 日于法国巴黎举行的"一个星球"峰会（巴黎协议签署两周年）期间，一个由 12 个致力于分布式记账技术的区块链组织组成的利益小组举行了一次会议，同意合作并建立一个名为气候链联盟（CCC）的开放式全球倡议。自 2017 年成立以来，CCC 与联合国气候变化框架公约和世界银行密切合作。2020 年 1 月，该联盟帮助发起了 Hyperledger 气候行动和会计特别利益小组，并担任该小组的共同主席。2020 年 7 月，该联盟加入了 InterWork 联盟的可持续发展业务工作组，为制定气候行动代币标准做出贡献。截至 2022 年 1 月，50 多个国家的 300 多个组织已加入 CCC。

作为一个开放的全球倡议，CCC 旨在支持成员和利益相关者之间的合作，以推动区块链（分布式记账技术）和相关数字解决方案（如物联网、大数据）的普及，并指导各方开展能力建设、联网、研究、治理、示范和试点项目等活动,帮助调动气候融资,并增强 MRV,以扩大缓解和适应气候行动的规模。①

(二)系统提供类基础设施项目——ECO2 Ledger

ECO2 代表去中心化的分布式减排共识,旨在以区块链技术实现《巴黎协定》"自下而上"的气候行动,由 ECO2 基金会提出的全球减排科技方案,采取分布式自治组织的营运方式,提出针对全球温室气体减排的一系列应用,让人类免于被因全球升温引起的气候灾难影响。

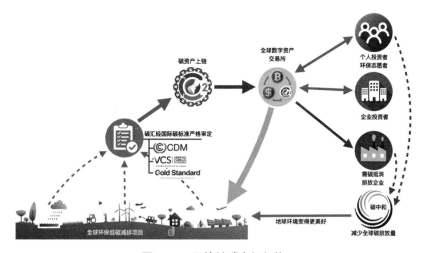

图 8-14　区块链碳市场架构

ECO2 的应用,其核心是 ECO2 公链(ECO2 Ledger)。这是一个专为碳排放交易(也称为碳交易)设计的区块链,是去中心化的分布式绿色资产存储系统。通过使用 ECO2 Ledger,网络上的用户会通过其交易费用自动为碳中和做出贡献,交易费用集中起来用于

---

① 参见 https://www.climatechaincoalition.io。

购买真实且可验证的碳汇资产，然后用于抵消 ECO2 Ledger 的碳足迹，从而确保其在去中心化碳交易、碳中和与碳资产存储过程中维持碳中和。该过程是透明的且受社区治理内的各个利益相关者监督，包括 ECO2 持有者、验证者节点和经选举的委员会成员，他们受到激励来维护网络的安全性和可靠性。ECO2 Ledger 不仅是碳中和的碳交易应用平台，在其合约层的设计中，任何第三方都可以在 ECO2 Ledger 上建立自己的应用。ECO2 Ledger 已具有专为个人碳市场设计的应用程序（碳库），并计划在链上迁移，成为去中心化生态系统的一部分，未来可能嵌入可持续性发展领域和区块链行业的国际合作。[①]

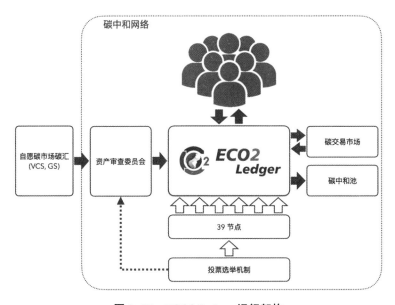

图 8–15　ECO2 Ledger 运行架构

---

① 参见 ECO2 基金会《ECO2 Ledger 白皮书 3.0》。

（三）技术提供类基础设施项目——Toucan 和 EW-STACK

1.Toucan

Toucan 于 2021 年 10 月推出，是第一个碳参考代币基础碳吨（BCT）的基础设施提供商。通过 Toucan 协议在链上转移遗留碳信用的过程如下。首先，从传统市场购买来自特定项目和年份的一批碳信用额。然后，这些信用通过 Toucan 碳桥在链上转移并变成"Batch NFT"，这是一个 NFT，其中包含碳封存或减少项目的详细信息（例如类型、年份、位置、碳吨位）。在推出的第一个月，BCT 的交易量达到了 20 亿美元，约为 2021 年全年自愿碳市场交易量的两倍。此外，在推出后的两个月内，超过 150 000 个令牌化信用被注销（通过链上令牌燃烧）。

长期以来，有害做法肆无忌惮地继续，而我们的经济体系却无法激励必要的变革。碳市场试图解决这一错位，Toucan 通过改进 Web 3 中环境资产的基础设施，帮助解决关键的市场问题：碎片化、效率低下、缺乏统一数据和访问受限等。Toucan 作为碳资产上链的基础设施，为 Web 3 带来了可编程碳，释放了其再生经济的潜力，使建设者和创新者能够将气候融资融入经济交易结构。[1]

2.Energy Web Chain

Energy Web Chain 是建立在能源网络链之上的一套开源工具，是世界上第一个为能源行业量身定制的公共、企业级区块链，其所建立的链上能源网络旨在加速全球经济的低碳化。为此，Energy Web Chain 与 100 多个能源市场参与者组成的全球社区一起，为能

---

[1] 参见 https://toucan.earth。

源网格部署数字操作系统。该操作系统有三个层次，它们协同工作，为能源部门和其他部门开发和部署分布式应用程序，同时系统使清洁能源资产支持未来电网变得简单、安全和高效。

目前 Energy Web Chain 已经发展成为世界上最大的能源区块链生态系统，在 21 个国家为 41 个合作伙伴开发了 46 个项目。[①]

（四）链下实现类流通激励项目——Solar Coin

Solar Coin 是一种激励使用太阳能的加密货币。目前，在地球的某些地区，太阳能的发电成本低于 12 美元/兆瓦时，且成本也不断下降。Solar Coin 项目分发 Solar Coin 作为对使用太阳能装置的奖励。当太阳能币的价值和价格超过能源的生产成本时，项目认为，能源实际上是免费的。其工作原理在于：其一，赚取 Solar Coin，太阳能生产商通过其监控系统或平台申请注册其太阳能装置，参与人下载一个与以太坊兼容的钱包，如 Meta mask，以创建一个类似银行账户的接收地址。监控系统将发电量发送给 Solar Coin 基金会，该基金会又将 Solar Coin 以每 1 兆瓦时经验证的发电量 1 Solar Coin 的速率发送到参与人的钱包。参与人可以根据自己的意愿储蓄、交换或使用 Solar Coin，并可以在未来 20—30 年内获得持续补贴。其二，消费 Solar Coin，Solar Coin 被发送到数字钱包中的地址（账户），并用作货币。Solar Coin 可以在加密货币交易所交易为政府货币，也可以在接受这些货币的企业使用。[②]

---

① 参见 https://www.energyweb.org。
② 参见 https://solarcoin.org。

图 8–16　Solar Coin 商业架构

（五）链下实现类服务承包项目——Climate Trade

Climate Trade 旨在将有愿意抵消碳排放的公司与大量经验证的环境项目联系起来，通过提供创新的排放抵消服务，应用于环境补偿领域，并在这些操作中实现明确的可追溯性，借助其多节点信息存储系统，提高服务提供项目的透明度和速度，帮助企业实现碳中和。

目前 Climate Trade 项目规模大，旗下包括有 500 多家注册公司、2 700 多个终端用户、300 多万吨碳抵消和来自 20 多个国家的 60 多个项目。[1]

综上所述，区块链技术在全球碳交易相关应用中已逐渐受到重视，各个国家中的多项创新正逐步开展，以提升碳资产的流动性与透明度来强化绿色金融支持能力，未来将会有更多落地的应用来推动多方面节能减排的技术发展，区块链技术的广泛应用，解决了跨国家、区域和系统的信任问题，将能加速科技驱动的新一代绿色革

---

[1] 参见 https://climatetrade.com。

第八章 碳资产：元宇宙中数字资产其三

命到来，结合多领域的新时代创新，链接国际社会在气候治理方面的实践，一同为实现人类生命共同体的理想而努力，尽早完成碳达峰和碳中和。

中国人民大学元宇宙研究中心

为加快建设在人文社会科学领域"独树一帜"的世界一流大学,坚持党的领导、传承红色基因、扎根中国大地,走出一条建设中国特色、世界一流的新路,中国人民大学交叉科学研究院于 2022 年 2 月 27 日成立了全国高校首家元宇宙研究中心。旨在通过对元宇宙这一当前全球前沿创新领域的探索,推进学科交叉助力新文科建设,统筹校内外力量形成"有组织的科研",激发学科建设活力,加快推进学科交叉、交叉学科学术交流和人才培养。

元宇宙概念及其引发的系列问题涉及众多学科,如哲学、理论经济学、应用经济学、法学、社会学、新闻传播学、统计学、公共管理、信息与资源管理、智能科学与技术、区块链等,是中国人民大学交叉科学研究院开展"数字经济+""人工智能+"学科交叉和交叉学科建设的重点领域,进一步实现"学科发展极""学术创新源""人才育成地"的关键步骤,也是交叉科学研究院学科建设的重点与亮点。同时,为学校构建"引领的马克思主义理论学科,卓越的基础学科、顶尖的社科学科、创新的交叉学科"学科布局作出关键性贡献,为我国学科交叉与交叉学科事业进步作出原创性贡献。

借助元宇宙研究中心,人民大学将在推动全国元宇宙技术、元宇宙产业、元宇宙风险防范、元宇宙治理、元宇宙监管与法律、元宇宙文化传播等发展，搭建全国元宇宙领域政产学研合作交流平台。为党和政府科学决策提供智力支持与决策咨询，促进政、产、学、研的深度融合和创新发展。

元宇宙研究中心将发挥数据生产要素的功能，推出研究报告，出版中英文书籍和发表高质量论文，面向本硕博开设人才培养相关课程，推送组织国内外元宇宙学术活动及行业峰会，承接地方政府及相关部门委托课题，促进我国元宇宙行业的规范化发展。

此前，中国人民大学交叉科学研究院及元宇宙研究中心揭牌，来自国内和美国、英国、加拿大、澳大利亚、日本等国的两百余名政产学研等领域专家参加了会议。揭牌仪式受到人民日报、新华社、光明日报、中国教育报、中央电视台等各大新闻媒体的大量报道，总阅读量超过400万次，引起了社会广泛关注。交叉科学研究院将大力推动和支持元宇宙研究中心的建设与发展，更好地开展元宇宙相关的跨学科人才培养、队伍建设、科学研究、社会服务、产学研合作与成果转化等工作，为促进元宇宙健康发展、推动"数字中国"建设贡献"人大智慧"和"人大力量"。

中国人民大学交叉科学研究院

习近平总书记指出，要用好学科交叉融合的"催化剂"，加强基础学科培养能力，打破学科专业壁垒，对现有学科专业体系进行调整升级，瞄准科技前沿和关键领域，推进新工科、新医科、新农科、新文科建设，加快培养紧缺人才。中国人民大学交叉科学研究院是学校立足优势学科发展基础，统筹整合校内外优质资源，以推进学科交叉融合与交叉学科孵化建设为核心使命的实体教研机构，是人民大学全面推进改革创新的"学科特区"和"人才培养特区"，旨在于学科交叉融合中以"取得原创性"促进"学科交叉性"，探索出一条兼具"人大特色"与引领示范价值的新时代人文理工交叉融合发展之路，打造"学科发展极""学术创新源""人才育成地"。

目前交叉科学研究院的工作主要着力于学科建设和人才培养两方面。在学科建设方面，交叉科学研究院立足"双一流"跨学科重大创新规划平台体系的优质基础，按照"广泛培育、深度聚焦、精准打造"思路，更加瞄准国家战略发展需求、更加凸显人文理工交叉特色、更加聚焦数字社会科学领域，明确"数字社会科学"四个重点方向：数字+经济、数字+治理、数字+人文、数字+管理，聚力培育人文理工交叉全国领先的标志性成果，为学科交叉融合与交叉学科建设贡献"人大智慧"和"人大力量"。在人才培养方面，交叉科学研究院积极促进新技术背景下的多学科交叉和跨学科人才培养，进一步打破学科、专业壁垒，打造以人工智能、大数据、区块链为底层架构的"数字社会科学"集群，开展交叉型博士生培养试点工作，基于跨学科交叉平台和成熟导师团队单独配置博士生招生名额，开展学科交叉专项博士后项目，并逐步开展复合型本、硕人才培养探索，集中在交叉科学研究院开展学习、科研和实践。

交叉科学研究院秉持"大平台、大团队、大交叉、大协作、大项目"建设思路，坚持"问题导向、项目牵引、平台支撑、团队协同"，突出人文理工深度交叉融合的核心特色，打造研究水平高、发展潜力大、战略聚焦性强的高水平跨学科团队，加快培养复合型高层次创新人才，促进自然科学与人文社会科学间深度交叉融合，围绕数字经济、人工智能、大数据等关键领域培育新兴交叉学科，推进学科交叉政产学研协同，为学校构建"引领的马克思主义理论学科，卓越的基础学科、顶尖的社科学科、创新的交叉学科"学科布局作出关键性贡献，为我国学科交叉与交叉学科事业进步作出原创性贡献，为助力国家建设高等教育强国、繁荣中国特色哲学社会科学和实现科技自立自强作出历史性贡献。

中国人民大学区块链研究院

中国人民大学区块链研究院是国内最早成立的人文理工交叉的区块链研究机构。人民大学在区块链领域人才培养起步较早。2014年起率先开设"数据竞争理论与案例""区块链与数字货币""元宇宙导论"等10多门本科和硕士区块链与数字经济等相关课程，并设立了全国首个"区块链与数字经济"荣誉辅修学位。团队教学研究成果"国家急需法学交叉人才培养模式探究——以区块链与数字经济为例"获北京市高等教育教学成果一等奖。

团队成员杨东教授率先提出法链、以链治链、共票等7个中英文原创性理论。国内知名财经媒体零壹财经数据显示，人民大学在区块链领域的学术论文发表数量居国内首位。据知网年度报告，人民大学2021年度在与区块链密切相关的数字经济领域发文114篇，居国内首位。杨东教授有18篇学术成果，位列高产作者TOP10榜首。截至2022年12月，袁勇教授2016年发表的《区块链技术发展现状与展望》已获得3 755次引用和近9.6万次下载，居区块链论文引用数量国内第一。团队主持"加密数字货币监管技术框架研究""区块链环境下海量多模态数据管理关键技术与系统"等国家重点研发计划课题4项，以及工信部课题1项。

研究院多名专家应邀赴中南海国务院办公厅、全国人大、教育部、中央网信办、人民银行、发改委等单位讲授区块链理论与实践，受广东、云南、四川、贵州、重庆等地常委、政法委书记等领导邀请为累计数十万名干部和公务员作区块链专题报告。

2019年教师节，研究院执行院长杨东教授在人民大会堂受到习近平、李克强、王沪宁等党和国家领导人的亲切接见。

2016年，研究会成立了中国第一个大数据区块链与监管科技实验室，为政府和企业布局区块链战略提供了指导。研究院执行院长杨东教授早在2014年底就把区块链介绍给时任贵阳市委书记陈刚，使区块链战略率先在贵阳落地；2015年开始对青岛、娄底、深圳、重庆、成都等地方政府区块链实践进行指导推广，并担任四川省、贵阳市、杭州市、深圳市、青岛市、重庆市、娄底市等地方政府的专家顾问或担任课题组负责人。

在研究院指导下，诞生了中国第一个大学生区块链创业公司金股链，该公司在湖南省娄底市不动产区块链信息共享平台建设项目中，发行了全国乃至全球首张不动产区块链电子凭证，目前正在参与北京、重庆、成都等地的区块链系统建设，为区块链场景应用作出贡献。

2022年1月19日，联合国环境署发布题为"全球南方可持续能源和气候的区块链：用例和机遇"的报告。报告中区块链案例部分包含基于人大区块链研究院核心概念所建立的区块链应用ECO2 Ledger。ECO2 Ledger是人大区块链研究院的一项重大研究成果，由杨东教授带领的林宇阳博士生区块链团队主创，可为全球气候问题提供重要解决方案。

北京数字经济与数字治理法治研究会

在数字经济蓬勃发展的态势下,新技术集群与实体经济不断深度融合,社会经济生活正从工业经济的"生产大爆炸"向数字经济的"交易大爆炸"加速度推进升级,各类新技术、新业态、新组织、新产业层出不穷引发"数据大爆发",推动数据成为数字经济创新发展的新动能和人类社会向"数字文明"转型的关键生产要素。垄断、不正当竞争、隐私保护、数据和网络安全等问题层出不穷,给现有的治理策略和治理工具带来了巨大挑战。在此背景下,为适应新一轮科技革命和产业变革趋势,探索促进数字技术和实体经济深度融合,赋能传统产业转型升级,中国人民大学联合九家单位发起成立北京数字经济与数字治理法治研究会(以下简称"研究会")。

研究会率先成立了元宇宙专委会、数据要素专委会,并团结全国其他相关组织联合发起全国数字经济与数字治理研究联盟,加深对数字经济发展与法治的专门研究,提供数字经济基础制度建设的学理基础,提高数字经济的创新水平和治理能力,开展法律、经济、科技等跨学科、多维度的交叉科学研究,促进数据要素作用发挥,提升重点领域的数字治理能力,为服务中国式现代化贡献力量。

研究会宗旨及主要任务包括五个方面:一是顺应时代发展需

要，全面认识数字经济结构及数字治理挑战，引导数字经济主体走向健康有序的发展；二是回应深化国家治理模式改革需要，探索利用区块链技术开辟数字治理新路径，服务于深化国家治理模式改革的需要和国家整体战略发展；三是健全数字经济生产要素市场化配置基础制度，发挥乘数效应赋能经济高质量发展，服务"数字中国"战略；四是提高金融科技、社会治理、民生等重点领域数字治理能力，规范数字经济健康发展；五是立足数字经济发展实际、坚持问题导向，促进学科交叉，繁荣交叉科学研究。

研究会团结凝聚首都数字经济与数字治理的理论界、实务界、工商企业界和有关各方关心数字经济与数字治理法治理论与实务研究的人士和机构；开展数字经济与数字治理法治理论研究、学术交流和课题研究；为党委、政府、人民法院、人民检察院以及企事业单位提供政策咨询论证服务和法律专业培训；为数字经济与数字治理相关条例、规章制度、政策文件等的制定提供必要支撑；开展数字经济与数字治理等对外学术研讨、交流与合作、承办委托事项；编辑数字经济与数字治理法治理论专业刊物和研究报告；开展数字经济与数字治理发展评估工作；设置鼓励与促进数字经济与数字治理发展的相关奖项；组织开展数字经济与数字治理普及宣传活动等。